FIGURAÇÕES DO REAL
(LITERATURA BRASILEIRA EM FOCO VII)

FIGURAÇÕES DO REAL

(LITERATURA BRASILEIRA EM FOCO VII)

ORGANIZAÇÃO
Andréa Sirihal Werkema
Ana Lúcia Machado de Oliveira
Marcus Vinicius Nogueira Soares

Relicário

CIP –Brasil Catalogação-na-Fonte | Sindicato Nacional dos Editores de Livro, RJ

F477

Figurações do real : literatura brasileira em foco VII / Organização Andréa Sirihal Werkema, Ana Lúcia Machado de Oliveira, Marcus Vinicius Nogueira Soares. -- Belo Horizonte, MG : Relicário Edições, 2017.

316 p.

Inclui referências

ISBN: 978-85-66786-46-0

1. Literatura – História e crítica – Teoria.I. Título. 2. Literatura – Discursos, ensaios, conferências. II. literatura brasileira em foco VII

CDD 801

COORDENAÇÃO EDITORIAL Maíra Nassif Passos
PROJETO GRÁFICO & DIAGRAMAÇÃO Ana C. Bahia
REVISÃO Lucas Morais e Pedro Furtado

RELICÁRIO EDIÇÕES
www.relicarioedicoes.com
contato@relicarioedicoes.com

APRESENTAÇÃO

Este livro nasceu das aulas dadas no Curso de Especialização em Literatura Brasileira do Programa de Pós-Graduação *Lato Sensu* da Universidade do Estado do Rio de Janeiro (UERJ), e carrega consigo as marcas das pesquisas desenvolvidas e das discussões promovidas por seus vários autores ao longo do ano de 2015. São esses autores professores e pesquisadores especialistas do campo literário; mas suas origens diversas, assim como suas formações variadas, respondem pela riqueza do painel que aqui se desenha, característica já observável no referido Curso de Especialização, cuja força está na diversidade de vozes que o compõem, para ganho evidente dos alunos que aí se formam, anualmente.

Os artigos aqui reunidos trazem questões pontuais da literatura brasileira em autores obrigatórios de nosso cânone e em autores pouco discutidos, que encontram aqui leitura generosa: são as discussões prementes da autoficção, das fronteiras borradas entre ficção, memória e confissão; são as possibilidades de construção de imagens e valores próprios da poesia; são os problemas estruturais encontrados por escritores em suas tentativas de criar formas novas que respondam aos anseios da representação/expressão. No entanto, em meio à trama tecida por fios tão diversos, um padrão que talvez se reconheça e que está na origem do livro é a ideia de realismo(s), em amplo espectro. Realismo(s), desde suas definições mais didáticas para o estudioso e professor de literaturas até o seu entendimento enquanto maneira de representar, ou de fabricar uma nova realidade que se faz, na verdade, à revelia daquilo que se representa – realismo, já sabemos, é ilusão, é fabricação, é ficção.

A maioria dos artigos aqui reunidos não trata diretamente da questão da *representação fiel*, pelo contrário. Como marca de nossa época, importa refletir acerca das maneiras de evitar e de problematizar o pesado sistema da escrita ocidental, e brasileira, centrada na necessidade de descrever, figurar, afirmar. O que se vai ler aqui é principalmente o comentário sobre as variantes, as respostas enviesadas às demandas do realismo – o que não nega, é claro, a insistente atualidade do problema: longe está de cessar a discussão sobre formas de representação ou de negação da mesma. O debate resiste nas obras que abandonam a imagem em prol de sua materialidade textual, assim como em todo trabalho que quer reverter clichês e evitar reproduções analógicas de algo pré-concebido. Escritas que se fazem ao lado da literária, como a escrita da história, das memórias ou diários, da notícia jornalística, enfrentaram todas, em algum momento, o mesmo problema ao ter seu princípio de *verdade* questionado. Como admitir que se escreve (e se lê) o que não aspira a nenhuma forma de fidelidade ou honestidade, fundando sua própria realidade enquanto gesto de escritura?

Uma parte da questão está respondida nos artigos deste livro: literatura brasileira, realidade brasileira, seus escritores, além de aspectos políticos, sociais, estéticos, éticos, subjetivos – construção de um painel forte e colorido que atesta a vitalidade de nossos debates sobre o literário. Que nossos leitores tenham a chance de visitar tais lugares críticos, na boa companhia de quem não se imobiliza em certezas objetivas, preferindo dar voz ao gosto do debate, via para o aprendizado.

Nós, organizadores do livro, gostaríamos, por fim, de dedicar todo o trabalho aqui reunido aos nossos alunos da Especialização em Literatura Brasileira, público primeiro, razão por trás de nossa reflexão.

Com o nosso agradecimento,

Andréa Sirihal Werkema
Ana Lúcia Machado de Oliveira
Marcus Vinicius Nogueira Soares

INTRODUÇÃO

CONCEITOS DE REALISMO:

estratégias de fundamentação e paradigmas-objeto

Pedro Dolabela Chagas

Este artigo é sobre Erich Auerbach, Wayne Booth, Roland Barthes e Monika Fludernik, ou sobre Zola, Henry James, Mallarmé e uma piada contada no boteco da esquina. Ou melhor, ele fala da importância de Zola, James e Mallarmé e a tal piada para os conceitos de realismo de Auerbach, Booth, Barthes e Fludernik: se um objeto é paradigmático para a definição de um conceito, o conceito será formado à luz das propriedades atribuídas ao objeto. Em Barthes, *Um lance de dados* confronta o realismo calcado em *Germinal*; em Booth, *Pelos olhos de Maisie* dá ao realismo certo ar aristotélico; em Fludernik, a narrativa oral revela o realismo como efeito do processamento cognitivo da informação; em todos esses casos, o valor atribuído ao objeto paradigmático tem implicações para a definição do realismo e para o valor que lhe é concedido. O objetivo inicial deste artigo é localizar, na história dos conceitos de realismo, a sobreposição de estilemas teóricos mobilizados para estabelecer distinções valorativas dentro do campo literário a parâmetros analíticos usados para descrever os efeitos de leitura da prosa realista. Como a história do romance moderno deixa claro, os conceitos de realismo nunca estiveram imunes à influência do juízo de valor moral e artístico, com consequências para o nosso vocabulário crítico; por isso, é naquela história que observaremos alguns momentos chave na teorização do conceito, notando como a análise do fenômeno foi tantas vezes permeada e, não raro, obscurecida por valores de outra ordem.

Muitos personagens da história resgatada nas páginas seguintes – Richardson, Fielding, Balzac, Borges... – são bem conhecidos do leitor, mas o ponto de chegada em Fludernik implica revisitá-los com um objetivo específico: compreender a insatisfação com o quadro da discussão sobre o realismo na segunda metade do século XX, o que motivaria a buscar uma via conceitual alternativa. Essa interlocução com Fludernik é motivada por outro objetivo deste artigo, que justifica seu giro pela história: a contrapelo do "giro linguístico" – das noções da "artificialidade do signo", da "crise da representação"... –, acredito que a teoria da leitura oferece a direção empírica e epistemologicamente mais consistente para a compreensão do realismo como fenômeno persistente na narrativa literária, particularmente no romance. Mas isso só ficará claro – ou, pelo menos, assim espero – ao final do percurso.

Primeira vida do realismo: o debate setecentista inglês em sua "longa duração"

Poucas coisas trazem mais confusão à discussão sobre o realismo que a sobreposição de dois significados do termo: o realismo como *mimesis* (ou "representação do real" materializada como "texto") e o realismo como "estilo de época". Se o realismo é um "estilo de época", está claro que o romance, como gênero, não é necessariamente realista. Mas se realismo é *mimesis*, o quadro se altera, pois o romance chegou a reivindicar a "justa representação do real" como sua vocação específica. Um argumento central para sua afirmação na Inglaterra do século XVIII foi justamente sua condição "desencantada", i.e., sua recusa do mágico e do sobrenatural: seus enredos eram racionalizados em suas implicações causais, os acontecimentos poderiam acontecer no mundo real, os personagens se comportavam como pessoas reais... O romance era "verossímil", em suma – mas o que esse termo significava naquele momento?

Se o debate inglês legou a matriz conceitual que faria do realismo um esteio para a canonização do romance, é porque ele mobilizou a verossimilhança como instrumento de distinção da "banalidade", da "vulgaridade", do "incentivo ao extravio moral" atribuídos a narrativas de outro tipo. Em sua nomeação tardia na Inglaterra, o gênero se definiria como *novel*: *a novel genre*, decretando sua diferença do gênero com o qual o romance não admitia ser confundido: o "romance romântico" – ou apenas "*romance*", em inglês. À diferença do "*romance*", que se destinava ao "entretenimento rasteiro", o *novel*, para seus defensores mais célebres, afirmava seu valor pela sua função social elevada, cujo exercício implicava rejeitar a fantasia pela representação do real: como no *prodesse* horaciano, ela propunha conciliar o prazer na leitura à *formação* do leitor. Não se tratava apenas, pois, de produzir representações verossímeis, mas de exercer uma função cujos efeitos estariam para além do texto. Mas que representações – que procedimentos de escrita – serviriam melhor à finalidade moral? A questão seria minada pela ambiguidade, variando com o gosto e as crenças do argumentador; particularmente famosas se tornariam as posições rivais de Richardson e Fielding.

Em *Pamela*, Richardson anunciava o romance como fonte de exemplos para a boa conduta, a serem observados no conflito entre "o coração e a consciência" (Vasconcelos, 2007, p. 159). Tal como na hagiografia, a conduta moralmente elevada da personagem principal faria da sua estória de vida um modelo ético universal. Fielding, por sua vez, definia *Tom Jones* como um "épico em prosa", um panorama social que oferecia ao leitor "um espelho realista e uma reflexão crítica sobre a vida de seu tempo" (Vasconcelos, 2007, p. 160). No enredo, inúmeros personagens vivem tramas paralelas que convergem ao final do enredo, e no decorrer das quais se revelam ao leitor a "afetação" e a hipocrisia de tipos representativos de lugares sociais variados: a educação moral viria dessa exposição à mentira e ao ridículo, implicados na contradição entre a imagem pública e o comportamento privado.

No plano da composição, o enredo epistolar de *Pamela* pretendia substanciar as suas pretensões ao realismo *psicológico*: na escrita dirigida ao interlocutor de confiança, a personagem revelava o seu drama íntimo. Mas Fielding ironizaria a personagem de Richardson, que era pura demais para ser verossímil: nenhuma pessoa é tão boa assim... Ele oferecia então a sua versão do realismo: o enredo como um grande painel social, cujas tramas paralelas se fechavam numa unidade "aristotélica" – mas seria esse fechamento de fato verossímil? Pois, para fazer com que as tramas convergissem, Fielding abusava do acaso e da coincidência, levando a possibilidade lógica (ou causal) ao limiar da inverossimilhança. Em suma, o realismo de Richardson transparecia no drama de uma personagem idealmente pura, e por isso – no julgamento de Fielding – improvável demais, ou simplesmente inverossímil; enquanto isso, o realismo de Fielding residia em uma crítica à hipocrisia desenvolvida em um enredo rocambolesco, cujo fechamento, mesmo que logicamente possível, era muito improvável – ou inverossímil, portanto. Observa-se que a rejeição do mágico e do sobrenatural por si não definia as condições da verossimilhança, e o atributo "realismo" podia abranger produções muito distintas. Importava que, à sua maneira, a representação *parecesse* verossímil, e nunca houve como apagar esse componente de *impressão* – ou fenomenológico – da definição do conceito: realista é a representação que *parece* real; quanto aos modos de produzi-la, isso fica em aberto.

Observa-se também que, na condição de fundamento valorativo para a afirmação do romance na Inglaterra do século XVIII, o realismo prometia três coisas: uma preocupação *epistemológica* com o conteúdo representado (o "verossímil"), uma estética ou técnica de representação (que *parecesse* real), a função social de elevação moral do leitor. Epistemologia, moral e estética, o velho tripé do pensamento ocidental: na história posterior da conceitualização do realismo, essa combinação desapareceu de cena? Certamente não, pois a combinação daqueles termos era robusta intelectualmente a ponto de se sobrepor a proposições rivais, mas suficientemente vaga para permitir que inúmeras realizações fossem feitas em seu nome. E ela afinal seria decisiva para a consagração do romance como "alta cultura", no decorrer do século XIX.

Nesse processo, a França foi decisiva. Lá, o romance mais uma vez apelou ao realismo para se impor contra o gênero vizinho do qual ele queria se distinguir – o "romance sentimental", criticado como "passatempo gratuito" pelas suas estórias de amor entre "belas almas" vitimadas pela "coação da subjetividade" à norma social "opressora"... Ao descrever dessa maneira a "alienação" do leitor "pusilânime" naqueles dilemas do "pequeno eu", Balzac, em troca, oferecia um lançamento à "verdade do mundo" que dignificaria a sua literatura e, logo, o gênero no qual ela se inscrevia (Cohen, 1999). O realismo iniciava assim a sua trajetória política: da representação da conduta moral na vida privada, passava-se à representação da ação individual na esfera pública. Nisso, a associação entre epistemologia, moral e estética seguia atuante, fundamentando o realismo como atributo reivindicado pelo romance em seu processo de consagração, e assim pavimentando a primeira longa vida do conceito: o realismo como fundamento da *rationale*, o que abriria caminho para a canonização do gênero romanesco.

De fato essa parece ter sido a importância de "longa duração" das noções herdadas do século XVIII, com consequências que se estenderiam ao século XX. Tomemos o *Mimesis* de Auerbach como exemplo. Dos elementos daquele tripé, pode parecer que Auerbach fosse indiferente às implicações morais e políticas do realismo; ao discutir a verossimilhança como um cavalo de batalha no debate naturalista (nos Goncourt, em Zola), ele não se engajava nos termos da disputa (ele não subscrevia as pretensões morais dos autores), mas apenas mostrava como o jogo fora jogado. E ao definir o realismo como a quebra da doutrina dos níveis – a mistura do "alto" e do "baixo", do "ordinário" e do "elevado" que permitia ver o real em sua heterogeneidade essencial –, ele se afastava do realismo como "estilo de época" para identificá-lo em Petrônio, Rabelais, Joyce, que teriam oferecido versões contextualmente específicas da visão realista do mundo. Parece então que, em Auerbach, os termos do debate do século XVIII não eram acionados, pois ele não apelava explicitamente àqueles fundamentos epistemológicos, estéticos e morais para dignificar o seu objeto de estudo.

Mas o caso é que, àquela altura, aqueles pressupostos já estavam naturalizados. Que Auerbach elegesse o realismo como característica trans-histórica da grande tradição literária ocidental, tal proposição era legitimada – ou mesmo estimulada – pelo sucesso do romance realista no século anterior. Se Auerbach não reduzia o realismo à condição de "estilo de época", é porque o romance oitocentista havia cristalizado a percepção do realismo (da *mimesis*, da verossimilhança) como atributo inerente ao gênero e, em geral, a toda narrativa literária digna de *status* elevado, noção que, por implicação, legitimava a extensão do atributo a momentos anteriores da história. A canonização do realismo como atributo *valorativo* tornava plausível o argumento de Auerbach, que dava assim a sua contribuição para preservar pressupostos judicativos originados no século XVIII. Isso o ajudou a se desviar da teleologia modernista e recusar a superioridade da literatura recente sobre a literatura anterior: Woolf e Joyce não eram "pontos culminantes" de uma longa tradição; num espírito historicista, cada segmento histórico devia ser lido "em seus próprios termos". Mas a tradição do romance realista, àquela altura consolidada, fornecia o *a priori* conceitual da sua narrativa, o conjunto de pressupostos no qual ela se apoiava; que ele subscrevia as suas implicações morais e políticas, por exemplo, isso ficava claro, em negativo, nas suas escolhas: ele jamais falaria de *Frankenstein*, *A ilha do tesouro* ou *Alice no país das maravilhas*, obras que sequer eram mencionadas. A batalha (epistemológica, estética, moral) estava ganha, e ele podia simplesmente ignorar a produção volumosa contra a qual o realismo havia lutado em seu processo de afirmação: em meados do século XX, o realismo não era mais uma arma na distinção entre literaturas rivais, mas um atributo imanente de um gênero consagrado.

A ascensão do "paradigma do texto"

Mas o realismo não teria vida fácil. Em sentido contrário à sua valorização anterior, ele viria a ser julgado não como técnica da ilustração ou elevação moral do leitor, mas da ilusão, do mascaramento, da falsificação do real. E um dos grandes sintomas dessa mudança de percepção aparecera antes mesmo da publicação de *Mimesis*, numa das periferias da "República Mundial das Letras": a Buenos Aires de Jorge Luis Borges.

"Tlön, Uqbar, Orbis Tertius" foi publicado em 1940. Quem conhece o enredo sabe que Tlön era um mundo completo: tinha línguas, leis, religiões, geografia, história, ciência, filosofia, arte, literatura... Era completo a ponto de ser apresentado em uma enciclopédia: tal como a *Enciclopédia Britânica* era a suma do conhecimento sobre o nosso planeta, Tlön, no conto de Borges, vem a público em volumes cheios de verbetes que totalizavam o saber a seu respeito. E quando a enciclopédia foi descoberta, as pessoas, fascinadas, quiseram saber mais e mais sobre aquele mundo; elas se envolveram, se deixaram seduzir, até que objetos de Tlön começaram a aparecer na Terra – e toda a Terra se tornou Tlön...

Ao final ficamos sabendo que uma sociedade secreta se reunira no século XVII para criar inicialmente a enciclopédia de um país ficcional, Uqbar, mais tarde passando à criação de todo um planeta: sucessivas gerações de intelectuais, artistas e cientistas colaboraram na empreitada; cada um indicava o discípulo que seguiria o trabalho após a sua morte. O projeto foi mantido em segredo, sendo descoberto apenas no século XX, quando o entusiasmo sobre Tlön faria com que ele literalmente se disseminasse pelo nosso mundo – pois, ao mergulharem naquele mundo inventado, as pessoas lhe atribuíam realidade... O que isso tinha a ver com o realismo literário? Tudo a ver.

Tlön era organizado, ordenado e descrito, e assim *explicado*. Era um mundo dotado de organização e estrutura: um mundo estranho, mas pleno, compreensível e autossuficiente – e por isso irresistível... Tlön era mais envolvente que o nosso mundo, que é sempre confuso, insuficiente, inacabado e, acima de tudo, desprovido de direção, de *telos*, de uma ordem global cujo sentido possamos discernir; em si, o nosso mundo não tem sentido, ou tem apenas o sentido que conferimos a ele – à diferença de Tlön, tão diferente daqui, mas tão logicamente ordenado... Daí a tentação de aplicar a sua lógica ao nosso mundo, com isso atribuindo realidade, em retorno, ao mundo do qual ela advinha. E para fazê-lo era preciso apenas esquecer o óbvio: Tlön era uma invenção. Eis a ironia de Borges contra o realismo: sempre tão abrangente, minucioso e coerente na construção das suas representações, o realismo é tão convincente porque ele é, afinal, mais realista que o real. A representação realista tem lógica, completude, sentido, enquanto o real é contraditório, fugaz, instável... O realismo torna o real compreensível por lhe conferir uma ordem (uma "narrativa") que ele, em si, não possui, algo que o escritor alcança mediante um uso sofisticado da escrita: produzir uma versão do real tão convincente demanda um trabalho meticuloso, que supõe, do outro lado, a cumplicidade ou ingenuidade de um leitor passível de convencimento, ou predisposto a ser convencido.

Mesmo que os termos fossem outros, esse pressuposto da "ilusão" ou do "engano" antecipava o debate sobre o realismo no terceiro quarto do século XX.[1] No segundo pós-guerra, em seus posicionamentos mais extremos, a defesa do realismo como *engajamento* político-social enfrentaria a crítica do realismo como *ilusão*. A poética do engajamento apostava numa interpretação literal da *mimesis* como "representação do real", enquanto a "crítica da ilusão" trataria a representação como "artifício" ou "construção". De um lado, a crença no poder da linguagem como fonte de transmissão de conteúdos sustentava a crença na função moral e política do realismo; de outro, o escrutínio da linguagem como *meio* levava ao ceticismo quanto ao seu poder de comunicação e, consequentemente, ao exercício daquelas funções. De ambos os lados, havia um pareamento da epistemologia e da política: ou bem a linguagem expressa o real, ou a sua condição de fabricação humana impõe que ela represente apenas a si mesma ou aos interesses do enunciador; se a linguagem de fato expressa o real, o potencial de impacto social do realismo existe; caso contrário, esse potencial é ilusório ou manipulativo. Eis a polarização sobre a qual incidiriam as seis

1. Para antecipar um mal-entendido, Borges não subscreveria literalmente os termos da polêmica estruturalista: para ele a literatura não importava pelo que ela "tivesse a dizer" ou como "finalidade em si mesma"; pouco importava a sua "autoconsciência formal" ou o "impacto social" (Chagas, 2012). Como veremos, o que ele e Barthes compartilhavam era uma compreensão da escrita como "artifício".

páginas de "O efeito de real", cujo impacto faria da crítica do realismo um lugar-comum da teoria literária.

Barthes iniciava discutindo a representação realista do pormenor descritivo, dos detalhes de cenários, paisagens e objetos: por que tamanha dedicação a elementos diegeticamente irrelevantes? Note-se a condição *modernista* da pergunta: era a crítica ao ornamento como "mascaramento da verdade da obra" – em Mallarmé, em Le Corbusier, em Mondrian... – que suscitava em Barthes a colocação do pormenor descritivo como *problema*. Daí o tom de denúncia com que ele identificava no realismo a pretensão de fazer com que o significante *fosse* o referente (que a palavra "pedra" não apenas significasse "pedra", mas que ela "fosse" a pedra): eliminar a mediação pela linguagem para produzir a impressão – o "efeito" – de que as palavras *são* as coisas, tal "*ilusão referencial*" seria a pretensão maior do realismo. Para Barthes, os detalhes da prosa realista "não dizem (...) senão isto: *nós somos o real*; é a categoria do real (e não os seus conteúdos contingentes) que é então significada" (Barthes, 1987, p. 136). De acordo com essa leitura saussuriana, em sua versão moderna, o realismo pretendia alterar "a natureza tripartida do signo para fazer da notação o puro encontro de um objeto com a sua expressão" (Barthes, 1987, p. 136), estética que Barthes considera "regressiva", "feita em nome de uma plenitude referencial, ao passo que aquilo de que se trata hoje é, ao contrário, esvaziar o signo e fazer recuar infinitamente o seu objeto até por em causa, de modo radical, a estética secular da 'representação'." (Barthes, 1987, p. 136). Como a citação deixa evidente, a postura de Barthes pressupunha um modernismo canonizado, ao mesmo tempo em que dava a sua contribuição própria para a canonização da "pesquisa formal" como parâmetro valorativo e paradigma analítico: ao mencionar placidamente "aquilo de que se trata hoje", Barthes naturalizava a teleologia modernista que pretendia conferir a toda literatura o mesmo programa. Essa eleição das poéticas do modernismo como referência valorativa teria um impacto importante sobre a *reputação* do realismo em décadas recentes: se "aquilo de que se trata hoje é esvaziar o signo e fazer recuar o seu objeto até por em causa a estética secular da 'representação'", o que restaria ao realismo senão sua condenação como anacronismo, "verossímil inconfessado", ou coisa que o valha?

Apesar das suas limitações evidentes, essa visão logo se disseminaria, dada a vulnerabilidade da crítica à confusão entre o juízo de valor e o juízo de fato, a ontologia e a deontologia da literatura, a poética e a epistemologia.

O artigo de Barthes teve grande repercussão, amplificada pela crítica da autoria que ele e Foucault proporiam quase simultaneamente: o autor não mais como um "sujeito empírico", mas como um *efeito* das funções de classificação e de autoridade na circulação social do discurso, um nome que "permite reagrupar um certo número de textos, delimitá-los, dele excluir alguns, opô-los a outros [, funcionando] para caracterizar um certo modo de ser do discurso: [uma] palavra que deve (...) receber um certo *status*" (Foucault, 2001, p. 273-4). Assim desconstruída a autoridade institucional do autor, a que posição o realismo seria relegado? Já Auerbach lembrava que Zola e os Goncourt tinham fortes pretensões à autoridade: falar assertivamente sobre o real pressupunha firmar uma posição social que permitisse fazê-lo. Mas agora parecia que qualquer ambição a uma tal função estava *a priori* desacreditada: pela dramatização barthesiana, o século XIX vira no texto a "mensagem do Autor-Deus", até que o aparecimento do *scriptor* mallarmaico, ou proustiano, reconfigurasse o texto como "um espaço de dimensões múltiplas, um tecido de citações saídas dos mil focos da cultura" (Barthes, 1987, p. 52). Entre o texto realista e o texto do *scriptor* haveria uma diferença ontológica, com implicações sobre o *politicum* inerente à circulação social do saber e da literatura. Mas vale perguntar se o escritor jamais de fato recebeu tal *status* "divino"; se não, a hipérbole que tanto exagerava a estatura do "inimigo" a ser "dessacralizado" só se explicava pela intenção de modelar certas preferências literárias como paradigmas-objeto radicalmente contrastantes com o paradigma a ser *combatido* – de outro modo, como poderíamos interpretar a afirmação que, em Mallarmé e em Proust, "o *scriptor* não tem já em si paixões, humores, sentimentos, impressões; o livro é um tecido de signos" (Barthes, 1987, p. 52)? Isso não faz sentido algum, a não ser para modelar Proust e Mallarmé como antíteses perfeitas de um realismo caricaturado: sob a aparente descrição dos fenômenos, insinuava-se uma interpretação peculiar da história da literatura, de fortes pretensões à objetividade.

Era o "paradigma do texto" em ação. A literatura não seria composta por "obras" (conceito iluminista-romântico debitário da noção de "gênio"), mas por "livros", "signos", palavras impressas no papel. De maneira tautológica, a crítica que tomava o modernismo como paradigma teórico pressupunha o modernismo como paradigma valorativo. Com a "morte do autor", "a pretensão de 'decifrar' um texto torna-se inútil" (Barthes, 1987, p. 52); em mais uma hipérbole retórica, recusar o sentido estável era "recusar Deus e as suas hipóstases, a razão, a ciência, a lei" (Barthes, 1987, p. 52). Pobre do realismo, então, que costumava sugerir a interpretação que ele mesmo deveria receber: de acordo com o imperativo cético quanto à representação do real pela escrita, noções de "objetividade" e "verdade" seriam traduzidas como "discurso" e, logo, politizadas – em Foucault, em Barthes, em Derrida... – como *autoritarismo*, forma de imposição ao leitor do significado do texto (e, por extensão, do "mundo") que lhe roubava o direito à própria interpretação. Contudo, não seria autoritária justamente essa figuração de um leitor *a priori* ingênuo, propenso a se deixar influenciar passivamente pelo texto? Por detrás do espírito aparentemente "democrático", imperava a condescendência...

Voltemos ao ponto inicial: paradigmas-objeto têm implicações diretas sobre a formulação dos conceitos. Ler o realismo com Zola em mente é diferente de vê-lo a partir de Mallarmé, o que implica que não houve nada de "natural" ou "necessário" na direção imposta ao debate pelo estruturalismo francês. Isso nos sugere um pequeno experimento mental: que direção o debate teria assumido se Wayne Booth, e não Roland Barthes, tivesse alcançado maior influência na narratologia? Não há como saber, mas talvez a dramaticidade e a polarização belicosa da tradição francesa pudessem ter sido evitadas.

Vejamos. Em *The rhetoric of fiction*, Booth, assim como Barthes, queria compreender as implicações de certa prosa moderna sobre alguns pressupostos da crítica. O objeto de investigação não era o detalhe descritivo, mas a expressão do valor: Booth propunha que obras ficcionais podem comunicar valores de todo tipo mesmo sem enunciá-los explicitamente, mas apenas "performando-os" retoricamente – estratégia tanto mais insidiosa quanto mais imperceptível ela for. A motivar a colocação do problema estava a recepção crítica de Henry James, autor moderno, mas não "modernista", cujas obras se davam a ler como "realistas" (no padrão do século XIX), mas cuja técnica privilegiava o "mostrar" em detrimento do "contar", produzindo o efeito de colocar o leitor diante da cena sem a mediação do narrador (que parecia não intervir na visão dos acontecimentos). Assim, o seu texto parecia delegar a interpretação ao leitor, "livrando-o" da tutoria do narrador e, com isso, dando manifestação à estética que Barthes defenderia normativamente – mas era de fato assim? Booth desconfiava que não: mesmo que James, à diferença de um Homero, não apelasse à "retórica direta da autoridade" para sugestionar ao leitor os valores a serem atribuídos aos conteúdos narrados, era possível identificar as estratégias pelas quais ele manipulava retoricamente as suas escolhas interpretativas. Isso revela que Booth, ao contrário de Barthes, não tomava o seu paradigma-objeto como modelo normativo: pelo contrário, ele o lia a contrapelo de suas intenções declaradas, priorizando o escrutínio analítico à eleição do seu juízo de gosto como padrão estético e, com isso, identificando na inovação uma diferença de grau, e não um abismo ontológico capaz de instaurar uma bifurcação (ou cisão) "irreversível" na história literária.

Gradação: Booth postulava que a distinção entre *showing* e *telling* era sempre arbitrária e a insinuação do juízo valorativo estava sempre presente. No "puro mostrar" existe "contar", proposição que eliminava a teleologia: James não demarcava a superioridade de uma literatura sobre qualquer outra, pois mesmo ele "tutorava" o leitor (mais sutilmente, decerto). Assim, a escolha de James como paradigma-objeto imprimia seu curso à discussão: se, para o próprio James, todo romance deveria ser "envolvente", e, para tanto, "convincente", com enredo e personagens bem construídos a ponto de suscitar a "ilusão de realidade", esta era uma defesa da ilusão como construção e artifício, e não uma crítica. A verossimilhança ajudava a engajar o leitor na leitura, evitando que a sua atenção fosse distraída por inconsistências lógicas ou psicológicas – em James, como em Aristóteles, e à diferença de Richardson e Fielding, a defesa da verossimilhança assumia a condição de artifício da forma literária. A apresentação do conteúdo verossímil demandava boa capacidade de fabricação, e James chegava a ser específico: o autor devia estar pronto para "dissimular" e "condensar" a passagem do tempo, sacrificar pontualmente a ordem natural dos acontecimentos, ou mesmo o respeito à "verdade factual" relativa a lugares e coisas representadas – verossimilhança pressupõe "falsificação", proposição analítica que, tivesse ela prevalecido (e com alguma dose de sorte), poderia ter dissociado o debate sobre o realismo da canonização da estética modernista.

Seja como for, logo a ficção "pós-moderna" iria "implodir" as noções de personagem e enredo, e uma epistemologia cética se propagaria pelos estudos literários, rebaixando a "objetividade" como "ilusão cientificista". Tendo se afirmado num mundo que já não compartilhava sistemas estáveis de valores, o romance realista pretendera, justamente por isso, produzir interpretações genericamente válidas de realidades compartilhadas, ambição que a literatura jamais deixaria de manifestar – no século XVIII como ainda hoje. Mas para a porção da intelectualidade que se tornara desconfiada e descrente na estabilização de significados daquele tipo, analisar o realismo pressuporia o descrédito da *mimesis*: o crítico que por ele se interessasse não poderia aceitar a validade dos seus pressupostos morais, estéticos e epistemológicos iniciais, devendo ler o texto, ironicamente, como uma manifestação do fracasso daqueles mesmos pressupostos. E, com o tempo, a crítica antimimética que inicialmente estabelecia uma diferença ontológica entre texto e realidade passaria a borrar essa distinção – em nome do texto. Discretamente, o narrador do conto de Borges ainda observava o real à distância e enunciava afirmações fáticas a seu respeito, mas, para certas porções da crítica, a certa altura todo o real se tornou "construção social", "simulacro", "discurso" – enquanto o realismo, que não se reconhecia como tal, era um eco distante de um passado ingênuo... Mas fica exposto o calcanhar de Aquiles: sempre tão preocupado em estabelecer distinções de valor, estéticas e políticas, entre literaturas diferentes, o "paradigma do texto" nunca soube explicar de que maneira as palavras faladas ou impressas no papel produzem no leitor e no ouvinte os efeitos estéticos e políticos que o próprio "paradigma do texto" lhes atribui. Sem esse conhecimento mínimo, será que realmente sabemos do que estamos falando?

A via cognitiva

Estamos tão habituados ao "paradigma do texto" que tendemos a pensar o realismo apenas como uma propriedade imanente da escrita, passível de identificação material. Em direção contrária, pensar no leitor – como Iser já indicava – impõe investigar o processamento da informação no ato da leitura: o que acontece se pensarmos o "realismo" como um fenômeno cognitivo?

Conforme veremos, nas proposições de Fludernik – que agora passamos a discutir – segue vivo o pressuposto da condição de "construção" da prosa realista, mas considera-se que o seu processamento pelo leitor é relacionado, e, portanto, similar, a padrões cognitivos espontaneamente empregados para o processamento da linguagem oral e de fenômenos ambientais de toda ordem. Isso sugere que a construção da prosa ficcional é direcionada para estimular padrões cognitivos naturais e/ou culturalmente internalizados pelo leitor, padrões que tanto orientam a composição dos textos, quanto impõem limites para a sua compreensão. Ao mesmo tempo, os padrões individuais de processamento da informação textual vão sendo fertilizados pela própria experiência da leitura, eventualmente criando nichos de leitores mais sofisticados que permitem aos escritores a experimentação de novos códigos, cujo processamento estará novamente limitado pela possibilidade de correlação entre o estímulo textual e a cognição do ambiente social e natural ao redor. Ao longo desse processo, padrões cognitivos naturais e culturalmente internalizados se estimulam e se modificam mutuamente, e o realismo se revela uma referência epistêmica importante para a leitura da narrativa. Toda consideração moral ou política se torna secundária: o realismo é uma referência epistêmica para a literatura mais "popular" e para a literatura mais "experimental", cujos códigos não deixam de apelar a ele como medida de referência.

Destaquemos os pontos principais da narratologia de Fludernik. Numa definição preliminar, em *Towards a natural narratology*, o realismo é uma "evocação ilusionista de uma realidade ficcional verossímil, cuja apresentação convincente se correlaciona em particular com a verossimilhança psicológica ou motivacional" (Fludernik, 1996, p. 131, tradução minha): a verossimilhança é um elemento constitutivo do realismo, mas não exatamente uma propriedade do texto – é uma atribuição de certas propriedades ao texto pelo leitor, motivada pela correlação entre a representação textual e certos padrões de funcionamento do mundo que ele intuitivamente considera regulares ou "típicos". Demarcações espaço-temporais do texto, por exemplo, são sobrepostas a coordenadas mobilizadas na vida real ("trinta anos atrás", "na capital do país", "recentemente no Suriname"...); da mesma maneira, o leitor recorre à sua psicologia intuitiva para interpretar o comportamento dos personagens: para Fludernik o verossímil psicológico lida com "a ação e a motivação humana, com a probabilidade de certos desdobramentos e reações, e com o estabelecimento ou projeção pelo leitor das disposições mentais do personagem: (re)ações são verossímeis apenas quando firmam um padrão reconhecível" (Fludernik, 1996, p. 160, tradução minha). A noção do realismo como efeito do processamento mental da leitura pede, então, por aquilo que Fludernik anuncia no título da obra: a *naturalização* parcial do conceito. Não se trata de uma naturalização integral, mas de um exemplo precoce da aproximação entre "natureza" e "cultura" que hoje predomina nas ciências cognitivas, na psicologia evolutiva e na filosofia da mente. De acordo com ela, o realismo não está no texto, mas é resultado do estímulo da escrita sobre atividades mentais que o leitor pouco controla:

o processamento mental do texto tem muito de espontâneo, revolvendo padrões naturais *e* culturais de percepção e interpretação dos estímulos à nossa volta. Vejamos como isso funciona.

O conceito de narrativa de Fludernik substitui os pressupostos formais da "narração" e da "agência" pelo pressuposto cognitivo da "narratividade", definido como o modo específico de processamento de representações que evoquem o que ela chama de "experiencialidade humana". De acordo com essa terminologia, existe narrativa quando o leitor atribui "narratividade" a certo volume de informação: ao texto, ao drama, ao filme, à piada. A "narratividade" é um parâmetro cognitivo aplicado pelo leitor (ou ouvinte) à informação, e por isso Fludernik define a leitura como um processo parcialmente inconsciente, no decorrer do qual os leitores "constroem significados e impõem molduras às suas interpretações tal como as pessoas interpretam experiências reais sob os esquemas que têm disponíveis" (Fludernik, 1996, p. 13, tradução minha); ou seja, tal como em qualquer outra situação de comunicação, o leitor processa a leitura com o aparato cognitivo que ele traz internalizado. Se ele, afinal, "narrativizar" o texto, é porque a condição narrativa lhe apareceu espontaneamente como modo adequado de ordenação daquele conjunto de informações: ela não é um atributo do texto, mas uma moldura interpretativa intuitivamente aplicada pelo leitor. O texto apenas provoca no leitor a "escolha" por esse padrão – mas quais recursos textuais favoreceriam uma tal "escolha inconsciente"? Na contramão da narratologia tradicional, a "narratividade", para Fludernik, não se faz sugerir pela representação do conflito (como no modelo da deflagração-desenvolvimento-conclusão), da ação (como no modelo actancial), ou mesmo pelo ato da narração (i.e., pela atuação do narrador): a "narratividade" pressupõe a representação da "experiencialidade humana".

Tal "experiencialidade" o leitor identifica na situação ficcional cujo processamento pressupõe um esquema cognitivo baseado na condição corpórea dos personagens envolvidos. O leitor tende a identificar "experiencialidade humana" diante da presença, extensa no espaço e contínua no tempo, de um agente *corporificado* dotado de pensamentos, intuições, emoções e desejos. A nossa condição humana – mental, intelectiva, sensorial, corpórea... – limita-nos ao processamento (consequentemente limitando o escritor à produção) de personagens antropomorfizados, investidos de personalidade, identidade, comportamento. Isso tem uma implicação importante: sendo a atribuição de "narratividade" dissociada do enredo e da ação, ela pode ocorrer mesmo que a estória não esteja progredindo, que ninguém esteja fazendo coisa alguma ou que narrador algum esteja em ação – existe "narratividade", pois, no monólogo interior de Molly Bloom em *Ulysses*. Há ali suficiente "corporificação da experiência" para suscitar no leitor o apelo a parâmetros cognitivos ordinariamente mobilizados para a lida com situações reais, as quais, assim como o momento vivido por Bloom, "são sempre situadas em um quadro temporal e espacial específico, [permeado por] aspectos motivacionais e experienciais da agência humana relacionados à consciência da nossa presença física no mundo" (Fludernik, 1996, p. 30, tradução minha). No monólogo de Molly Bloom, transborda o aqui-e-agora de uma experiência "encharcada de mundo", dando manifestação ao índice elementar da "experiencialidade": "a reação física e emocional do protagonista (...) que confere um elemento dinâmico básico à estrutura. [Como] os seres humanos são conscientes e pensantes, [tal elemento] sempre pressupõe (...) a consciência do protagonista" (Fludernik, 1996, p. 30, tradução minha), "[o seu] centro mental de autopercepção, intelecção, percepção e emotividade" (Fludernik, 1996, p. 26, tradução minha). E se a contiguidade entre ação e pensamento é mais decisiva para a atribuição de "narratividade" que a teleologia do enredo, isso explica a atribuição intuitiva de "narratividade" ao filme e ao drama.

Como a mente do leitor opera essa atribuição de "narratividade" ao texto? Até aqui o processo cognitivo não foi explicado, e é então que o paradigma-objeto de Fludernik – a narrativa oral espontânea – revela sua potência. Pois o processo de narrativização, conforme antecipado, demanda a confluência de padrões cognitivos culturais, internalizados com o aprendizado da escrita, e padrões cognitivos naturais, consolidados durante o aprendizado da fala.

Seguindo um pressuposto elementar das ciências cognitivas, cuja origem remonta à *Crítica da Razão Pura*, nossos padrões de processamento da informação ambiental são parcialmente inatos e, portanto, naturais à espécie humana. Eles estarão na base do aprendizado posterior de padrões *culturais* de processamento da informação, como aqueles mobilizados na comunicação oral: o aprendizado desses novos padrões – que, sob variações culturais e individuais, são igualmente universais na espécie humana – pressupõe o bom funcionamento e o amadurecimento adequado dos padrões inatos. Eles orientam o processamento inicial de narrativas orais espontâneas (que não se confundem com as narrativas orais ritualizadas, como o sermão religioso), tais como a piada, a fofoca, a estória contada na mesa do almoço, assim como também, posteriormente, o aprendizado da leitura: o aprendizado da leitura envolve o recurso aos padrões cognitivos já disponíveis. No começo, lemos estórias simples, que apelam a parâmetros visuais, auditivos, táteis, olfativos, imediatamente relacionados ao ambiente e ao corpo humano, e com enredos facilmente interpretáveis sob padrões familiares de agência, percepção, comunicação e motivação, o que permite a rápida interpretação das situações. Essas primeiras leituras "evocam mimeticamente" o mundo familiar, mas também promovem um novo aprendizado, qual seja: a internalização gradativa dos códigos da escrita, convenções culturais que, com o tempo, serão *naturalizadas* pelo leitor. É à medida que nos familiarizamos com esses códigos, prestamos menos atenção a eles e passamos a "mergulhar na leitura", que assim poderá suscitar uma experiência análoga à da narrativa oral – marcada, como ela é, pela impressão de imediatez. Mas importa notar que a cognição natural e os padrões culturalmente aprendidos convivem em intercâmbio constante: assim como a fala é permeada por códigos originados na escrita, a ficção escrita apenas muito raramente deixa de apelar a molduras cognitivas naturais.

Nessa condição de conjunto de molduras aplicadas à recepção da informação, Fludernik sugere que a cognição opera em dois níveis simultâneos durante a leitura: no nível macroestrutural, "uma moldura abrangente é estabelecida" (Fludernik, 1996, p. 315, tradução minha); no nível microestrutural da estrutura linguística de superfície, "sinais específicos (...) se correlacionam com pontos discursivos cognitivamente salientes e (...) textualizam a estrutura projetada pela moldura narrativa maior" (Fludernik, 1996, p. 315, tradução minha). Uma moldura global é atribuída ao texto, que será lido como "romance", "epopeia", "autobiografia" e assim por diante; ao mesmo tempo, essa moldura global é mediada por signos textuais discretos, que singularizam a experiência da leitura. Nem a moldura macroscópica é uma entidade essencialmente definida, nem os signos microscópicos são impostos ao leitor: ambos operam como estímulos contingentes a um processo individual de narrativização do texto (Fludernik, 1996, p. 315, tradução minha).

A partir desses pressupostos, Fludernik propõe quatro níveis heuristicamente distintos, mas simultâneos e convergentes, de processamento da leitura. O nível I é constituído pelos padrões que nos orientam na experiência do mundo real: "esquemas de [interpretação da] agência como um processo orientado a fins ou uma reação ao inesperado, de configuração de ocorrências vividas e avaliadas, e de compreensão [de] eventos processuais observados, incluindo explicações de causa-e-consequência" (Fludernik, 1996, p. 44, tradução minha). Esse primeiro nível envolve nossos padrões espontâneos de processamento da informação, fazendo convergir, por exemplo, a nossa propensão à atribuição de causas, finalidades e consequências às ações observadas, com a nossa propensão a avaliá-las ou julgá-las. É o que acontece quando alguém nos conta uma estória: compartilhamos não apenas sua percepção sensorial dos acontecimentos (a *visão* do acidente, a *audição* do grito, a *degustação* do menu...), quanto as mediações interpretativas evocadas, quer concordemos com elas ou não.

No nível II, Fludernik elenca cinco esquemas elementares de acesso às narrativas: "o 'roteiro' factual do *contar*; o esquema factual da percepção (*ver*); e o acesso à própria experiência narrativizável (*experienciar*)" (Fludernik, 1996, p. 44, tradução minha), às quais ela acrescenta as perspectivas da "*ação*" e da "*reflexão*". Já não se trata de parâmetros aplicados ao texto pelo leitor, mas de códigos textuais que indicam modos de acesso à estória – espelhando parâmetros naturais, sem se confundirem com eles (assim como o "era uma vez" não se confunde com qualquer demarcação temporal de uso cotidiano). Tal como as narrativas orais, narrativas escritas possuem estratégias próprias para *contar* coisas, para fazer *ver* lugares e cenas, para nos colocar diante de *experiências* narradas e *ações* cujos sentidos podemos interpretar, e para apresentar-nos *reflexões* sobre os conteúdos apresentados. À diferença das molduras cognitivas do leitor, esses meios de acesso à estória estão localizados no texto.

O nível III compreende padrões de enredo, situações diegéticas e maneiras de contar histórias que, por serem natural ou culturalmente recorrentes, acabam sendo internalizados pelo leitor: "Como contar estórias é uma atividade humana universal e espontânea, observável em todas as culturas, ela provê os indivíduos de padrões [diegéticos] culturalmente distintos" (Fludernik, 1996, p. 45, tradução minha). No nível III ocorre o processamento de códigos (micro e macroscópicos) culturalmente aprendidos, incluindo os gêneros literários – que nada mais são, sob essa perspectiva, que "molduras cognitivas de larga escala" (Fludernik, 1996, p. 45, tradução minha). O aprendizado do leitor é sempre nalguma medida, individualizado, além de histórica e socialmente contextualizado, mas ele sempre resulta na internalização de parâmetros cognitivos próprios para o processamento da narrativa oral, tais como "a relação do contador com a plateia e com a estória contada (...); a tradição como um elemento da memória; a *performance* como [um] elemento constitutivo da narrativa natural" (Fludernik, 1996, p. 45, tradução minha). Com a alfabetização, tal aprendizado deriva de parâmetros próprios para o processamento da narrativa escrita, tais como os conceitos narratológicos ou de gênero ("o conceito de narrador, de reordenação cronológica [...], de onisciência autoral[, e] parâmetros de gênero [como] o romance histórico, o *Bildungsroman*, etc., à medida que eles são adquiridos pela exposição à literatura.") (Fludernik, 1996, p. 45, tradução minha). Tal como acontece nos níveis I e II, esses parâmetros podem ser internalizados a ponto de se tornarem automatizados pelo leitor.

Por fim, no nível IV opera-se o processamento da informação não familiar. Ele envolve as capacidades interpretativas "pelas quais as pessoas conectam materiais desconhecidos ou estranhos com aqueles já familiares, tornando a estranheza interpretável e 'legível'" (Fludernik, 1996, p. 45, tradução livre). O leitor consciente ou intuitivamente mapeia os processos ocorridos nos níveis I, II e III para processar, de maneira pessoal, as informações novas, especialmente aquelas que dificultam a fluência da leitura. Uma leitura fluente é aquela em que o nível IV opera facilmente como "um processo dinâmico que tudo abrange" (Fludernik, 1996, p. 45, tradução minha); em direção oposta, uma leitura cujo processamento encontre pouco amparo no aprendizado prévio do leitor lhe será cognitivamente custosa, demandando-lhe maior esforço consciente de interpretação.

Podemos voltar agora ao nosso tema principal. Diante do que foi exposto, como Fludernik define o realismo? Parecendo inicialmente seguir a definição tradicional da historiografia inglesa, ela diz que a ficção realista "evoca" o real em uma perspectiva sociológica e psicologicamente verossímil, na qual "explicações seculares ou não fantásticas podem ser dadas para o enredo. (...) O realismo se conecta à experiência pessoal do leitor e à disposição verossímil do texto" (Fludernik, 1996, p. 37, tradução minha). Os atributos imanentes do texto são importantes, mas eles não bastam: a impressão de "realismo" resulta de um modo específico de "narrativização", pois realista é a representação da experiência individual "que se apoia cognitiva e epistemicamente no conhecimento do mundo real[, e este] é um efeito semântico[:] é o resultado da ilusão mimética trazida ao processo de leitura pela urgência de narrativização do leitor" (Fludernik, 1996, p. 38, tradução minha). Realista é o texto cujo processo de narrativização confirma intuições elementares sobre as relações sociais e a psicologia humana, e por isso o atributo "realismo" não se vincula a códigos estéticos específicos, comportando-se como uma propriedade regular do romance moderno entre Aphra Behn e o modernismo: tal como em Auerbach, mas sob uma perspectiva diferente, também em Fludernik *Ulysses* e *Mrs. Dalloway* manifestam a pretensão realista de dar representação à "experiencialidade humana", que então alcançava a representação da consciência dos personagens.

O realismo seria, pois, o efeito mental produzido pelo processo de narrativização baseado na confirmação das expectativas que o leitor, consciente ou inconscientemente, mantém sobre o funcionamento do mundo. Assim não surpreende que o realismo assuma uma posição paradigmática na narratologia de Fludernik, pois a própria narrativização, como tal, implica o processamento do texto de maneira análoga ao processamento de toda sorte de informação ambiental circundante: a narrativização "se apoia sobre parâmetros diegéticos realistas. [Ela] alcança os seus limites precisamente onde os modos realistas de compreensão deixam de ser aplicáveis" (Fludernik, 1996, p. 316, tradução minha). Isso é situar o realismo como medida subliminar a orientar o leitor na narrativização: em consórcio com a cognição natural, sempre ativa, tendemos a moldar toda ficção sob parâmetros realistas – o que nem sempre funciona, é claro. Em todo caso, na condição de moldura cognitiva o realismo seria uma "estratégia mimética de interpretação pela qual os signos textuais são tomados como relativos a uma realidade ficcional que compartilha um grande número de qualidades com o mundo 'real', [i.e., eles] são *conformados* a parâmetros do mundo real" (Fludernik, 1996, p. 316, tradução minha). É justo supor que, majoritariamente, o leitor espera da ficção esta condição "realista" – seja na leitura de *Ulysses* ou de *O Senhor do Anéis*.

Seguindo esta direção, Fludernik identifica um componente mimético mesmo na subversão meta-literária da *mimesis*: a quebra programática da *mimesis* só faz sentido mimeticamente, por preservar a *mimesis* como expectativa de fundo contra a qual a diferença é estabelecida. Ela destaca também o processo pelo qual, na história do romance realista, a evocação inicial de parâmetros cognitivos naturais fomentou aprendizados de leitura que afinal possibilitariam aos leitores a narrativização de parâmetros "inerentemente não naturais" (Fludernik, 1996, p. 177), ou seja, o aprendizado de códigos cada vez mais específicos à literatura, mas que eram internalizados a ponto de permitirem a narrativização de textos cada vez mais complexos. Um leitor erudito pode hoje narrativizar William Faulkner, Thomas Pynchon, David Foster Wallace... O que não significa que, na condição dúplice de parâmetro cognitivo e efeito da cognição, o realismo possa ser tensionado de infinitas maneiras: ele é sempre limitado por padrões de verossimilhança condicionados pelas nossas expectativas quanto ao funcionamento regular do mundo. E ele pode ser também limitado, é claro, pelo processamento dos códigos, que podem inviabilizar a narrativização realista do texto. *Finnegans Wake*, por exemplo, não parece mimético em seu anti-mimetismo, e seus códigos são tão irregulares que a sua internalização parece impossível. Talvez ali esteja interrompido o *continuum* histórico que o romance realista havia estabelecido, pelo qual, diante de cada código inovador, o leitor eventualmente poderia internalizá-lo e passar a processá-lo realisticamente. Na leitura do *Finnegans Wake* isso não funciona: ali o processamento da informação é custoso a ponto de inviabilizar a narrativização; ali o realismo, pelo menos para a maioria do público, é colocado em suspenso.

Realismo redescoberto?

Abandonada a herança setecentista – a fundamentação epistemológica, moral e estética do realismo –, passada a tempestade em copo d'água da "crise da representação" e fatigada a "hermenêutica da suspeita", Fludernik retornava à *mimesis* e à verossimilhança para lhes dar um lugar paradigmático no processamento cognitivo da narrativa, em uma afinidade surpreendente com um contemporâneo que ela não mencionava, mas que àquela altura defendia, no Brasil, ideias parecidas: Luiz Costa Lima (2000). Isso não resume o lugar do realismo no debate atual, pois outras vias foram abertas (por Peter Brooks e Franco Moretti, por exemplo). Elas manifestam, em comum, certa insatisfação com o "paradigma do texto" e a vontade de reabrir a conceitualização do realismo – com o tempo veremos se a escolha de novos paradigmas-objeto, em cada um destes casos, estará ampliando ou limitando a fecundidade dos novos conceitos. No mínimo, parece que a polarização belicosa das últimas décadas ficou para trás; em Fludernik, pelo menos, esse é o caso. Isso me parece motivo bastante para lermos suas proposições com atenção, especialmente porque elas não fazem do realismo nem o passado nem o futuro da história literária, mas uma referência epistêmica constante da narrativa de ficção em geral, sempre contextualmente renovada pela incorporação de novos códigos textuais. Sem grandes dramas, então, continuemos a observá-lo.

REFERÊNCIAS

AUERBACH, Erich. *Mimesis*. São Paulo: Perspectiva, 1998.

BARTHES, Roland. "A morte do autor". In: *O rumor da língua*. Lisboa: Edições 70, 1987. p. 49-53.

______. "O efeito de real". In: *O rumor da língua*. Lisboa: Edições 70, 1987. p. 131-6.

BOOTH, Wayne. *The rhetoric of fiction*. Chicago: The University of Chicago Press, 1983.

BORGES, Jorge Luis. "Tlön, Uqbar, Orbis Tertius". In: *Ficciones*. Buenos Aires: Emecé, 1995. p. 13-46.

CHAGAS, Pedro Dolabela. "O insólito e a teoria da narrativa em Borges e Bioy Casares". *Revista Letras&Letras* (UFU), v. 28, p. 717-731, 2012.

COHEN, Margaret. *The sentimental education of novel*. Princeton: Princeton University Press, 1999.

FLUDERNIK, Monika. *Towards a 'Natural' Narratology*. London/New York: Routledge, 1996.

FOUCAULT, Michel. "O que é um autor?". In: *Ditos e escritos III*. Rio de Janeiro: Forense Universitária, 2001. p. 264-98.

LIMA, Luiz Costa. *Mimesis*: desafio ao pensamento. Rio de Janeiro: Civilização Brasileira, 2000.

VASCONCELOS, Sandra Guardini. *A formação do romance inglês*. São Paulo: Hucitec, 2007.

ENSAIO SOBRE A POBREZA

Ana Chiara

I. O mundo indiferente

"...let me tell you about heartache/ and the loss of god/ wondering... wondering in the hopeless night."

Jim Morrison[1]

Deus criou o mundo e, entediado, voltou-lhe as costas. Condenado à indiferença divina, o homem busca entender os desígnios da criação. O mundo é o deserto; o homem, a servidão às coisas indiferentes. Perdido em meio à materialidade profusa e ao silêncio assustador, ele quer respostas, mas as perguntas se detêm em face de um único e incomensurável não. A procura faz o homem lançar um olhar inquieto ao azul infinito; nesse momento, seu coração se contrai angustiado e ele se volta para as coisas: olha-as, remira-as, prova-as, toca-as, encosta-as à concha do ouvido. Nada. Relegado a si mesmo, o homem cria respostas evasivas para imprimir sentido às coisas do mundo. Dar nome aos objetos, sentimentos, processos, fenômenos e pessoas é uma das estratégias humanas para recuperar o significado perdido, o segredo das coisas, que Deus levou consigo nesse atemporal e terrificante bocejo com que se ausentou de sua criação. À atitude humana de palmilhar o mundo, conferindo-lhe a existência, batizando-o, a partir das possibilidades da medida humana, chamamos realista. O realismo é, nesse caso, um modo de incorporação do mundo à consciência humana. O reconhecimento de estar separado dele simultaneamente à possibilidade de ligar-se a ele pelo conhecimento. Separado do mundo, mas desejoso do mundo, constrói para

1. MORRISON, Jim. "Stoned Immaculate" *in* The Doors. CD BMG Ariola, 1991.

si a imagem do mesmo – a realidade –, considerada como representação do mundo segundo a consciência do sujeito, ou em outras palavras, uma construção perceptiva, cognitiva, discursiva.

A atitude realista, todavia, não se reconhece como criação do homem, como um modo de ver, de conceber, de recriar a cada mirada humana, o mundo em si; tampouco admite que se inscreve em uma cadeia interpretativa ou explicativa, de forma a dar continuidade às imagens preconcebidas, aos códigos suspeitos de isenção. Ao contrário, a atitude realista pretende-se imparcial, desinteressada e escrupulosa com relação ao real; sua tendência é confessar-se neutra e legítima (porque neutra), ser, em essência, mimética, porque deseja representar o mundo tal como se apresenta.

À exceção das manifestações do maravilhoso ou da transfiguração da linguagem altamente metaforizada da poesia, percebe-se na arte ocidental, desde a epopeia clássica, uma inclinação, dotada de maior ou menor intensidade, para a atitude realista. Como resultado do desejo de conhecimento humano, como objeto de experimentação do mundo, como fonte de volúpia em que se transforma a apropriação do mundo pela subjetividade humana, considera-se, neste estudo, a atitude realista em arte como uma das formas de paixão (que se disfarça em imparcialidade) do real. Toma-se, como objeto temático, a questão da literatura e da pobreza como um tipo de atitude realista em arte levada ao paroxismo, como uma promessa de tudo dizer, tudo enunciar, de levantar todos os véus, romper todas as distâncias que separam o homem das coisas, em suma, como uma tentativa de concretizar o mito do realismo total. Com efeito, a Escola Realista do século XIX voltou-se para as camadas pobres da população, com a promessa de devassar, para os leitores, realidades até então vistas sob o véu da comicidade em detrimento de um estilo sério. A pobreza vem substituir os grandes mitos trágicos, dando contornos inéditos ao papel do escritor. Não tratarei, contudo, da evolução nem da complexidade do tema. Quero, ao contrário, ir ao coração da linguagem, tratá-la como abertura da pobreza ao desejo de literatura e aos modos de a linguagem lidar com o mundo representado (século XIX até meados do século XX) ou com a presentificação do mundo. A arte da pobreza e a pobreza da arte funcionariam, então, como modos de transcender a indiferença do mundo, por meio de contágios, presentificação, ressensibilização.

2. "É preciso juntar Machado de Assis com Ferréz"

A frase "É preciso juntar Machado de Assis com Ferréz" foi dita por Marcelino Freire em uma entrevista ao canal de televisão Arte 1.[2] Chegarei até Marcelino daqui a poucas linhas. Eu diria (à maneira de Sobral Pinto na passeata das Diretas em 1984, mudando um pouco o contorno da frase): "A arte é do povo, emana do povo, é para o povo" (de memória). Dito assim, o que pretendo é compartilhar o antídoto contra o rebaixamento simbólico ao qual estamos submetidos pelo mundo do estardalhaço. Estamos todos pobres. Tornamo-nos subalternos a uma espécie de máquina que governa nosso desejo, que reproduz em escala infindável palavras de ordem e nos faz perder a noção de valor político, estético ou existencial. Todavia, é necessário retomar algumas posições críticas e experiências estéticas acerca do problema da pobreza para torná-lo mais claro no pensamento. Volto, por conseguinte, à representação da pobreza na literatura para nos pensarmos pobres também! De modo a fazê-lo, contudo, deverei torcer um pouco o senso comum, (inclusive a opinião da crítica sociológica acerca da pobreza), descolar-me do campo da perspectiva piedosa e, nessa via de raciocínio, retomar os preceitos realistas para virá-los ao avesso. Deverei proceder assim como fez Barthes a propósito da novela de Balzac "Sarrasine", no livro S/Z (1970), quando cria o método da leitura constelar, deixando à vista as várias camadas de leitura que a literatura propicia, ou quando, no texto "Efeito de real" (1984), o ensaísta explicita as transformações por que passam os preceitos realistas ao "pôr diante dos olhos" do leitor algo que era, a princípio, apenas um efeito retórico (na idade clássica) e depois passou a ser indicial (a preocupação realista referencial do século XIX), para evidenciar a indistinção cada vez maior entre realidade e ficção da prosa contemporânea (moderna). Essa perversão de limites borrados para produzir o "efeito de real" estende-se sobre o tecido narrativo não para assegurar de que "ali está o real", mas para questioná-lo. Investigarei como algumas ocorrências literárias, ao porem a miséria diante dos olhos ou a jogarem na cara do leitor e da crítica literária, podem escavar os processos que envolvem o sujeito nas malhas do ideológico, criando armadilhas de leitura. Fico com Roland Barthes quando diz: "em nossos comentários e

2. Trata-se do programa "Com texto", assistido em 2015. Ferréz, neste caso, não é o fotógrafo Marc Ferréz, contemporâneo de Machado, mas o escritor paulistano, do século XX, que adotou esse nome.

digressões, nunca devemos perder de vista que nosso ponto de partida é a evidência siderante de um objeto de linguagem que cortamos de seu artifício discursivo e de sua facticidade ideológica" (Barthes, nov. 2015, p. 194). Ele continua mais adiante: "portanto, basta desfazer a frase para desfazer o estereótipo e recuperar o valor" (p. 215). Será, portanto, por meio de pequenos deslocamentos com relação aos estereótipos da pobreza, não para repetir, mas para pôr a nu a perversão da empreitada ideológica que envolve a literatura e pobreza, que me proponho a rever não só essas ocorrências, mas também alguns cacoetes da crítica.

3. A "in-corporação"

> *"Toda emoção sai de você, amplia um meio;*
> *ou sobre você se funde e incorpora."*
>
> Mallarmé, Outro estudo de dança. *Divagações.* (s/d. p. 127)

O livro *Os pobres na literatura brasileira* (1983), organizado pelo crítico Roberto Schwarz, reúne 34 artigos sobre a representação da pobreza na Literatura Brasileira, cobrindo um período que vai do século XVII ao século XX. São muitas as pobrezas de que falam os artigos, desde aqueles que comentam a situação material das classes desfavorecidas, ensaios de substrato político e econômico, àqueles como o "Arte pobre, tempo de pobreza (...)" de Haroldo de Campos, que atacam o cerne da linguagem literária; de caráter linguístico, eles deslocam o termo para a acepção positivada de pobreza da economia de linguagem, opondo-se à enxúndia palavrosa da tradição retórica da política. Pensemos na expressão "uma faca só lâmina", do poema de João Cabral, poeta que, citado no artigo, confere a essa "literatura do pouco" seu poder de corte. No livro de Schwarz, são muitas as perspectivas desfolhadas que tentam apreender a pobreza como aquilo que é da ordem estigmática em nossa cultura, mas também como um modo de resistir à voragem sedutora do capitalismo e aprender, com o outro, como arrancar a alegria e o saber (Mário de Andrade diria: a sabença) do pouco, viver ao rés do chão, como no humilde cotidiano de Manuel Bandeira, título do artigo de Arrigucci, que analisa a despoetização da expressão e a poetização do cotidiano. Nesse estudo, o crítico observa a capacidade de o poeta de extrair da linguagem comum o fenômeno do alumbramento – forma epifânica da "experiência do ser solidário que, antes de tudo, observa, ouve, medita e incorpora, se é o caso" (p. 117). Essa solidariedade do poeta com o pequeno, com o que é desprezado – como a estatueta de gesso de que extrai uma lição sobre o tempo, lembra outro poeta modernista também enfocado no livro.

Convoco, então, à cena da representação da pobreza, a presença de Mário de Andrade, pela perspectiva de Telê Porto Ancona Lopez. No livro citado, em "Riqueza de pobre" (p. 123-128) sobre Mário, a reconhecida professora demonstra, já nos poemas iniciais, o sentimento de solidariedade próximo ao que movia Bandeira. Desde o primeiro livro *Há uma gota de sangue em cada poema* (1917), ganhando vulto em *Pauliceia Desvairada* (1922), o poeta paulistano 'pinta' *tableaux* paulistanos com figuras do povo (as costureirinhas, os mascates, imigrantes pobres, bêbados e as putas ou mariposas da sua Pauliceia) e neles, progressivamente, como já sabemos, incorpora a "fala do povo". A professora paulistana percebe, na obra imatura *Há uma gota de sangue em cada poema*, a antecipação de forças que fariam de Mário de Andrade um dos poetas mais solidários com o povo em nossa literatura. Diz a professora que, no livro de estreia de Mário de Andrade

> [...] estão as raízes da narração de foco ágil, dialogizadora, do narrador capaz mais tarde de se expressar no feminino com Fräulein (*Amar verbo intransitivo*, 1927), ou do narrador que 'desgeografica' em sua linguagem para, absorvendo o popular, fundir Brasil como em *Macunaíma* de 1928. (Lopez *apud* Schwarz, 1983, p. 124)

O sentimento de solidariedade do primeiro Mário, forjado em leituras católicas e na própria educação familiar, segundo Lopez, vai-se firmando em uma convicção de fundo marxista que está madura no poema "Café" (lembro-me de que, na Conferência da Casa do Estudante, de 1942, Mário reconhece o erro de o intelectual querer marchar à frente do povo). Eis o que argumenta a professora:

> Na expressão popular é que Mário de Andrade conseguirá para "Café" o verso profético, apocalíptico, para comandar a resposta revolucionária do oprimido; verso que foi buscar na tradição do índio e do brasileiro. Dá-lhe o destaque de um grito, através das maiúsculas:
>
> EU SOU AQUELE QUE DISSE:
> Os homens serão unidos

Si a terra deles nascida
For pouso de qualquer cansaço.
[...]
EU SOU AQUELE QUE DISSE:
Eu sou a fonte da vida
Não conta o segredo aos grandes
E sempre renascerás. (*apud* Schwarz, 1983, p. 128)

Chamo atenção, por conseguinte, para o fato de o tratamento da pobreza, na obra de Mário de Andrade, estar ligado ao procedimento de quebras de hierarquias do alto e do baixo por meio da linguagem, quando incorpora as falas recalcadas do povo, escolha e fruto de seu humanismo e de seu espírito libertário. Esse procedimento de acatamento do outro atinge a poética da qual emana poder para revolucionar. Como se sabe, a tradição da lírica brasileira foi, aos poucos, sendo afetada por essa atitude articuladora de Mário de Andrade e também de Oswald de Andrade, mantendo-se as diferenças entre os dois. Em Oswald, menos a "contribuição milionária de todos os erros", mais a radicalidade poética, nos termos de Haroldo de Campos (cf. prefácio a *Poesias Reunidas de Oswald de Andrade*), cujo exemplo mais flagrante é a economia do poema "amor/humor".

Começo, então, por deslocar a representação da pobreza como tema para o limite da pobreza, como busca de linguagem a que Mário de Andrade se dedica, partindo da perspectiva do intelectual que poderia ser o mediador da contribuição popular – ainda uma visão do alto, para o lugar horizontal onde os homens partilham a vida comum, a língua da qual o povo surgirá (penso aqui na "comunidade por vir"). Deixemos esses exemplos modernistas e passemos a considerar outros casos posteriores, em que pobreza é temática e também trabalho de linguagem.

Como sabemos, isso foi dramatizado no narrador de *A Hora da Estrela* (1ª edição em 1977), por Clarice Lispector, tendo sido exaustivamente examinado pela fortuna crítica da autora. Clarice, ao performatizar um narrador homem que não vai "lacrimejar piegas", encena o confronto agônico entre a repulsa e a simpatia, entre a crueldade e o amor diante da pobreza e do desamparo de Macabéa, sem se deixar capturar em uma rede de bons sentimentos. Isso porque a nordestina, segundo a narrativa, deve permanecer como espanto para o pensamento. Ao se perguntar sobre Macabéa, o narrador não poderá fechá-la em um conceito apenas: se a pobreza dela era "feia e promíscua" (Lispector, 1984, p. 28), ela também "vivia de si mesma" (p. 45), o que provoca inevitável desconcerto diante dessa alteridade irredutível, pois a nordestina tinha em si mesma certa "flor fresca" (p. 47). A perplexidade do narrador diante da possibilidade de momentos gloriosos em meio a toda mesquinhez de um cotidiano apagado, sujo, pobre, pode passar a ser a perplexidade do leitor: "quem sabe achava que havia uma gloriazinha em viver?" (p. 34). Clarice Lispector coloca o leitor diante de uma pobreza que, diferentemente de igualar a todos, obriga-o a ver outro de si naquele pobre, a subjetividade como uma frágil flor. Esse olhar trocado volta-se para a própria fragilidade de quem lê, a fragilidade dos que possuem muito. Deixo, por enquanto, Macabéa ouvir a rádio MEC.

De outra perspectiva, ou seja, da perspectiva paródica da camada mais pobre, Hilda Hilst, no livro *Cartas de um Sedutor*, na pele de um mendigo/escritor que cata no lixo o melhor da alta cultura, faz crítica severa ao meio editorial e à sociedade de consumo. Os jogos de linguagem de Hilda com as potencialidades da língua transtornam a visão estreita da economia de índices sobre PIBs, défices, financiamentos, subsídios, pacotes e cortes. Hilst denuncia outro tipo de empobrecimento: os bens simbólicos que se perdem. Em um cenário de restos, espaço onde o pensamento se arruína, seu personagem é tanto um mendigo, Stamatius, que cata coisas do lixo, quanto um escritor blasfemo, Karl. A narrativa conjuga, portanto, duas vozes: de um lado, na primeira parte, o conjunto das vinte cartas parodia a literatura maldita por meio de uma violenta oscilação entre a linguagem libertina, o jogo refinado com o obsceno e a baixa pornografia, o baixo calão; "falso" preciosismo de um libertino Karl (Marx?) que escreve cartas à irmã Cordélia (irmã de Goethe?), em uma intrincada rede de referências intertextuais (como Laclos – de *Ligações Perigosas*, Kierkegaard com *Diário de um Sedutor* e Goethe de *Fausto*). Além dessas referências aludidas, o narrador cita nominalmente: Karl Marx, Otto Rank, Michel Foucault, Sigmund Freud, João Silvério Trevisan, Bruno Giorgi, Roberto Piva, Genet, Nietzsche, Lou Andreas Salomé, Kafka, Virginia Woolf, as irmãs Brontë. O tema das cartas é o incesto, a transgressão de todas as regras morais. Como diz o narrador, citando Bandeira, "fora do corpo não há salvação". Na segunda parte, o mendigo Stamatius, que se ocultava sob o disfarce de Karl, trava uma luta surda contra as veleidades do mercado das letras. Stamatius encena um diálogo com Eulália (a bem falante: diálogo amoroso, erótico, entre o escritor e a Língua) e narra desventuras sexuais também entre a efusão profanadora "efusão farturosa de bocetas/ e naquela efusão... a boceta na cama... a fartura na mesa" (Hilst, 1991, p. 122) e a derrelição do pensamento: "(...)a noite está fria e há estrelas. São atos como esse (cortou um dedo à amante), vejam bem, que fazem desta vida o que ela é: sórdida e imutável" (Hilst, 1991, p. 50).

Não é à toa que uma das epígrafes desse livro vem de Georges Bataille: "(...) um esplendor infinitamente arruinado... o esplendor dos farrapos e o obscuro desafio da indiferença" remetendo à noção de *A Parte Maldita*, livro do filósofo. Stamatius está oco, está no vão, no oco "das astúcias" da linguagem: "Dizem que agora vive catando tudo quanto há, é catador de lixo percebes? Vive num cubículo sórdido com uma tal de Eulália que deve ter nascido no esgoto" (Hilst, 1991, p. 50). Do fundo dessa perdição, ele faz a crítica da cultura, satiriza a sociedade do excesso, do acúmulo, da banalização. No entanto, não se engane o leitor com Hilda Hilst. *Cartas de um sedutor* não deve ser lido apenas como crítica da cultura de mercado, como as entrevistas de Hilda, sobre sua trilogia pornográfica poderiam fazer pensar; o livro funciona também como uma plataforma contra a invisibilidade da autoria feminina. Em entrevista concedida a Luíza Mendes Furia, "Hilda e seus personagens não param de pensar", a escritora chama atenção para o pouco prestígio de mulheres como pensadoras:

> [...] Sabe, uma mulher pensando-se nunca é muito levada a sério. Por mais que você seja brilhante, uma filósofa. Por isso, é difícil você encontrar uma grande pensadora a não ser algumas poucas, definitivas. Mas gozam um pouco delas. Nunca ninguém fala muito a sério. Falam das físicas, da madame Curie, por exemplo. Mas, quando entra no negócio do pensar, todo mundo põe um pé para trás. Então eu sempre senti que, digamos, a intensidade desse meu pensar era demasiado para o outro se posta numa mulher. Eu sentia, como ainda sinto, essa dificuldade de ser mulher. Como quando eu era jovem e diziam que eu era bonita demais para escrever o que escrevia e aí fiz tudo para enfeiar mesmo. Mas só agora estão realmente pensando no meu trabalho. Apesar destes 47 anos escrevendo sem parar. (Hilst *apud* Furia, 2015)

Partindo dessa constatação, o que, afinal, está em jogo, nesse curto e escandaloso livro? Trata-se de um livro que pensa os limites do pensamento. Pensar além do limite da palavra, além do jogo ilusório de luzes sobre o escuro, como a sensação de luminosidade ótica que acompanha o narrador: "Sinto-me mal. Não posso respirar tão fundo a vida. Sento-me.

Não há nada no mar. Nenhuma luz. Nenhum navio. Luzes novamente no meu olho esquerdo. Como é que o cara disse? Fosfenas" (Hilst, 1991, p. 193). Respirar fundo a vida é metáfora do pensar e coloca-se como um complexo de interdições, de limites, de irrespiráveis. O limite da própria linguagem - dizer o impossível - é limite do próprio Real, limite da realidade social de um país desigual e com desníveis de poder, mas também, sobretudo no caso de Hilda, um limite de gênero, como declarou na entrevista citada. Hilda, nesse sentido, incorpora a figura da pobreza intelectual que cerca a mulher escritora num país de tradição machista, travestindo-se de homem para desafiar o poder masculino de forma irônica.

Clarice Lispector e Hilda Hilst foram mais radicais que Mário de Andrade na busca pela arte pobre. Sem redes de segurança: nem solidariedade, nem piedade, nem utopias de libertação dos oprimidos, atiraram no rosto do leitor, no próprio rosto, a minguada vida, a penúria existencial e, arrisco dizer, a miséria espiritual em que mergulha a vida contemporânea: poço sem fundo, queda livre. Todavia, é notável como a força de sua arte ainda se alimenta da força do outro e este outro nos aparece nestas figuras destituídas de poder, mas investidas de saber, personagens à margem da sociedade de trocas e usuras. Clarice e Hilda trabalham nessas figurações da pobreza o impressentido poder da Alegria extraída da arte e na arte. Alegria sem conforto "suspensa no nada e privada de qualquer base" (Rosset, 2000, p. 8). A gaia ciência nietzschiana que aproxima o lúcido conhecimento do pior com a face dionisíaca do melhor. O problema que está colocado é se a privação material, a exclusão social ou a submissão a um poder autoritário poderão ser vencidas pela alegria que é a aprovação da existência. Ressalte-se que Alegria aprovadora não elide a indignação para com as condições de pobreza material e exclusão da maioria da população, mas, ao contrário, impede que esta indignação se transforme em força reativa, em sentimento estoico de "libertação dos oprimidos". Trata-se de uma alternativa imprevista e não de um conformismo boboca. O sentimento de Alegria concebido e conquistado pela Arte e na Arte pode libertar o subalterno que há em cada um e fazê-lo falar e, se fala fora do compasso da ortodoxia, se fala do lugar de seu desejo conquista poder de transformação.

Este deslocamento da pobreza para uma perspectiva positivada (que não se confunde com o imobilismo perverso de manter estratos sociais), mas que libera a arte da literatura da subordinação à carga ideológica do uso da linguagem para torná-la corpo é o que busco neste trabalho, tornando mais próximos os casos estudados.

No livro de contos *Angu de sangue* (2005), Marcelino Freire deixa que uma catadora de lixo tome um lugar totalmente oposto ao da visão hegemônica sobre restos, lixo, coisas sem serventia. "Muribeca" é o título do conto e também de uma favela no Ceará. João Alexandre Barbosa chama atenção, no prefácio do livro, para a transformação do lixo em luxo "dando – lhe um sinal positivo, a alegria possível da carência" (Barbosa *apud* Freire, 2000, p. 13) e recolhe da fala da mulher:

> Lixo? Lixo serve pra tudo. A gente encontra a mobília da casa, cadeira pra pôr uns pregos e ajeitar, sentar. Lixo pra poder ter sofá, costurado, cama, colchão. Até televisão [...].
> Roupa nova, véu, grinalda. Minha filha já vestiu um vestido de noiva, até a aliança a gente encontrou aqui, num corpo. É vem parar muito homem morto, muito criminoso. A gente já está acostumado. [...] você precisa ver. Isso tudo aqui é uma festa [...]. (Barbosa *apud* Freire, 2000, p. 14)

Marcelino Freire consegue dar o giro do intelectual e colocar-se no lugar do outro, do pobre, incorporá-lo. Ele está liberto dos estamentos de classe. Vai e volta sem preconceitos ou julgamentos de valor. Foi dele a sugestão: "É preciso juntar Machado de Assis com Ferréz". Marcelino sabe que "miséria pouca é bobagem" e que é preciso coragem para enfrentá-la e transformá-la, não sentimento de culpa. Vejamos outros casos de artistas que extraíram do precário a potência que libertou sua arte.

Carolina de Jesus escreve no quarto de despejo da favela; Estamira fala de dentro de um monturo no lixão e convoca os ventos como rainha – como Iansã; Arthur Bispo do Rosário faz arte no manicômio. Neles, a Arte transcende a pobreza, o que não é o mesmo que sublimar a pobreza.

Reginaldo Ferreira da Silva é o escritor Ferréz, autor de *Fortaleza da desilusão*, *Capão pecado*, *Manual prático do ódio* e do infanto-juvenil *Amanhecer esmeralda*. Ferréz declara, em várias entrevistas, que "A educação transforma tudo. O conhecimento é a cura para tudo. Se não tiver conhecimento, se não tiver uma autogestão do saber, você não vai chegar a lugar algum." Ferréz, como ninguém, sabe o poder da literatura. Disse, em entrevista, ao ser perguntado se tinha noção de sua responsabilidade como escritor:

> Tenho essa responsabilidade desde o dia em que fui a um presídio e um juiz libertou, durante uma ação que a gente estava fazendo de poesia, seis presos.

> Aquele dia foi determinante para mim. Eu falei: 'Nossa!'. O cara falou: 'Eu sou seu fã. Adoro sua literatura – doutor Jaime, o nome dele – e hoje, já que estamos em uma ação de poesia, a gente vai liberar seis presos que estão livres. A gente vai chegar neles e falar que eles estão livres'. E aí eu o vi falando isso na frente dos familiares, todo mundo emocionado. E eu falei: 'Nossa, o tanto que eu tenho nessa liberdade'. Porque os caras estavam fazendo um curso de poesia. Era uma coisa que tinha a ver com a literatura. Olha o impacto que o peso da palavra tem! Para depois o autor falar que ele não tem responsabilidade. E aí, um desses caras, depois de anos, na rua, passou e falou: 'Cê lembra de mim?'. Eu falei: 'Não'. Aí o cara me pagou um café e falou: 'Você tava, naquele dia, no presídio na hora que o doutor me liberou. E aquele foi o dia mais feliz da minha vida, mano'. Eu falei: 'Cê tá fazendo o quê?'. 'Hoje, tô trabalhando, mano. Sou motoboy.' Então, é muito louco quando você vê o poder da literatura [...]. (*Revista da Cultura*, 14/09/2004)

Importa também lembrar aqui o artista que não sabemos que somos, que ainda desconhecemos. Nossa arte pobre, feita de materiais ordinários, inacabados, nossos restos de sonhos, nossas hesitações, sensações que não chegam a se articular em formas, sentimentos calados que explodem em somatizações: dores, feridas na carne, fazendo do corpo suporte para expressar o ainda inassimilável. Todos somos, de algum modo, artistas pobres, pobres artistas, "subalternos que não podem falar" por medo, por vergonha, por imposições de padrões externos. A esse artista da pobreza, artista da fome, dedico este artigo, e termino com a bela imagem de Clarice Lispector sobre a potência da arte.

Na crônica "Desenhando o menino",[3] publicada depois, em *Felicidade clandestina*, sob o nome "Menino a bico de pena", tudo se passa em um momento de "atualidade viva": a narradora observa o esforço de uma criança em pleno momento de criação (ou de autocriação) – quando cada um é o artista criador de um mundo dando forma à sua própria baba. O desenvolvimento narrativo vai pontuando a complexidade do dilema entre a criação e a educação. A educação, nesse pequeno conto, trata do processo de fazer com que a liberdade absoluta da "descoberta do mundo" vá sendo formatada, tornando-se formalizável, para atingir a existência e a comunicação com o outro. "Como conhecer jamais o menino? Para conhecê-lo tenho

3. Texto publicado no *Jornal do Brasil* em 18/10/1969 e, depois, no livro *A descoberta do mundo*, com o título: "Desenhando um menino".

que esperar que ele se deteriore, e só então ele estará ao meu alcance". O conto deverá ser lido como um mantra que se repete todas as manhãs, mas para o que nos interessa, no momento que refletimos sobre arte e pobreza, é a importância de que a sociedade preste menos atenção aos índices da economia e mais atenção à capacidade de transformação e ao poder de alcance da arte: A proposição "a arte é do povo, emana do povo, é para o povo" não é apenas demagógica (reconhecendo que também o é), mas trata do que faz falta, de uma espécie de fome, trata daquilo que salvou – a seu tempo – Carolina Maria de Jesus de sucumbir apenas à bebida e à tristeza. Trata do que Clarice está nos ensinando ao desenhar o menino, quando nos diz a frase capital para uma revolução feita pela arte: "Trinta mil desses meninos sentados no chão, teriam eles a chance de construir um mundo outro, um que levasse em conta a memória da atualidade absoluta a que um dia já pertencemos?" (Lispector, 1975, p. 142).

REFERÊNCIAS

AUERBACH, Erich. "Germinie Lacerteux". *Mímesis.* A representação da realidade na literatura ocidental. São Paulo: Ed. Perspectiva, 1971. p. 431-458.

BARTHES, Roland. "Sobre sete frases de Bouvard e Pécuchet". *Revista Serrote*, n. 21, nov./2015. p. 188-222.

______. *S/Z*. Paris: Éditions de Seuil, 1970.

______. "O Efeito de real". *Literatura e realidade. Que é o realismo.* Lisboa: Publicações D. Quixote, 1984.

FREIRE, Marcelino Freire. *Angu de Sangue.* São Paulo: Ateliê Editorial, 2005.

FURIA, Maria Luiza. *Hilda e seus personagens não param de pensar*. <http://www.nankin.com.br/imprensa/Materias_jornais/hilda_seus_person.htm>. Acesso em: 12 out. 2015.

HILST, Hilda. *Cartas de um sedutor*. São Paulo: Paulicéia, 1991.

LISPECTOR, Clarice. *A hora da estrela.* 9. ed., Rio de Janeiro: Nova Fronteira, 1984 [1977].

______. *Felicidade clandestina.* Rio de Janeiro: Nova Fronteira, 1975.

ROSSET, Clément. *Alegria essa força maior*. Rio de Janeiro: Relume Dumará, 2000.

SCHWARZ, Roberto. *Os pobres na literatura brasileira*. São Paulo: Ed. Brasiliense, 1983.

CENAS DA ESCRAVIDÃO NO BRASIL OITOCENTISTA:
o olhar enviesado de Machado de Assis

Ana Lúcia M. de Oliveira

Ler as narrativas de Machado de Assis implica lidar com a suspensão do sentido unívoco do que se lê. Assim, seus leitores logo aprendem que nada é óbvio na obra do romancista, a qual sempre se revela "um saco de espantos", expressão por ele plasmada para caracterizar um personagem do conto "O anel de Polícrates". Esse constante surpreender-se, deleite para o leitor que espera da literatura algo mais do que o retrato do que já se conhece, constitui uma dificuldade para o crítico, que se vê quase que impossibilitado de fazer observações genéricas ou de caráter muito assertivo sobre sua obra, pois sempre há a desconstrução do dito, colocando-se sob suspeita, pondo em perspectiva o que parecia ser regra geral. Em outras palavras, a narrativa machadiana produz "a imprevisibilidade que desnaturaliza os modos habituais de ler" (Hansen, 2008, p. 151). O tema de que pretendo tratar aqui – a escravidão – se insere nesse quadro de uma obra avessa a generalizações. Por esse motivo, não pretendo trazer conclusões e respostas, mas apenas questionar alguns estereótipos acerca desse tema, levantando alguns problemas para discussão.

Uma via de entrada previsível, caminho já bem trilhado, seria a de esperar que o autor, por ser mulato e oriundo de uma família pobre, que vivia como agregada na chácara de uma viúva de senador do Império, tomasse as rédeas da defesa explícita de seus semelhantes. No entanto, percorrendo as páginas de seus romances, verifica-se que os negros e a escravidão não são temas evidentemente majoritários, aparecendo de forma discreta, mas constante, o que poderia levar à suposição de um processo de "branqueamento" ideológico do autor, tão caro, aliás, à sociedade brasileira de sua época, ainda mais quando diz respeito a um escritor que obteve o reconhecimento social em vida, sendo inclusive um dos fundadores da Academia Brasileira de Letras, da qual foi o primeiro presidente.

Logo após a morte do escritor, em 1908, o professor e gramático Hemetério José dos Santos, em texto publicado na *Gazeta de Notícias* (16/11/1908), afirmou que Machado negou sua própria origem, não se envolvendo na causa abolicionista, a qual "não mereceu do romancista e do poeta senão pálidas e aquareladas pinturas tão tímidas que claramente revelam que do artista primeiro partiam as ideias preconcebidas contra a sua cor e procedência".

Ao longo dos anos, essa acusação foi retomada por vários pesquisadores, que, ao investigar as representações do negro na literatura brasileira, destacaram o suposto desinteresse de Machado de Assis pelo problema do negro e das relações raciais no Brasil, chegando até a imputar-lhe um posicionamento racista em relação aos escravos[1].

Para colocar sob suspeita tal julgamento, basta reler alguns episódios tramados em seus romances e em alguns contos nos quais a temática da injustiça social em relação aos negros e aos escravos surge peremptoriamente, surpreendendo quem já se armara com uma interpretação pronta acerca da possível omissão do autor quanto a essa grave questão que vincou a sociedade brasileira de seu tempo.

Não pretendo discutir o posicionamento do cidadão Machado de Assis acerca da escravidão, mas apenas analisar como esse tema se configura em algumas de suas obras ficcionais. Para um estudo detalhado de tal posicionamento, remeto ao trabalho do historiador Sidney Chalhoub (2003), que comprovou que o escritor, em sua atuação na diretoria de uma seção do Ministério de Agricultura, cujos assuntos centrais eram política de terras e escravidão, lidou com disputas jurídicas relacionadas à Lei do Ventre Livre, sempre defendendo o cumprimento da lei e se empenhando na libertação de milhares de escravos que estavam em causa.

Como ponto de partida de meu trabalho, retomo a proposta dos organizadores da coletânea *Machado de Assis e a escravidão*, que apresenta reflexões relevantes sobre o tema:

> [...] 100 anos depois da morte de Machado parece ter chegado o momento de conjugar duas visões amplamente reconhecidas: (a) o século XIX no Brasil é [...] marcado pelo problema da escravidão; (b) Machado de Assis era um

1. Cf. Rabassa (1966), Bastide (1973), França (1998), Santos (1998).

> dos críticos sociais mais perspicazes daquele tempo. O autor representava ironicamente a falta de escrúpulos reinante na sociedade novecentista [...], fazia a caricatura do darwinismo social e da apologia da lei do mais forte, como característica universal da humanidade e princípio constitutivo da sociedade, mostrando-a como a filosofia louca de um filósofo louco, Quincas Borba, chamada 'Humanitismo'. Se sabia como o oportunismo e a exploração estruturavam as relações sociais no Império, não seria plausível que Machado tivesse fechado os olhos para a violência extrema da reificação do homem pelo homem na escravidão. (Bernardo, Michael e Schäffauer, 2010, p. 7-8)

A preocupação de Machado de Assis com as questões políticas de seu tempo já foi destacada por vários críticos nas últimas décadas. A esse respeito, é relevante lembrar que Roberto Schwarz, em sua análise da obra machadiana em *Ao vencedor as batatas*, de 1977, demonstrou que o modo de produção centrado na escravidão condicionava tanto as relações sociais no Brasil dessa época como também a sua *forma mentis*. A partir dessa proposta centrada no materialismo histórico, o ensaísta investigou, nos romances, as dependências sociais regidas pelo sistema patriarcal escravagista em vigor e as atitudes intelectuais oriundas de tais dependências. Já o crítico John Gledson (1986), por sua vez, destacou como ponto central na obra do romancista a representação dos acontecimentos históricos mais relevantes da segunda metade do século XIX.

Como apoio teórico de meu trabalho, parto de proposta sugerida por Luiz Costa Lima de que Machado de Assis seria um criador de palimpsestos. Tal conceito, que pressupõe uma escrita em camadas, se refere a

> [...] uma verdadeira política do texto consistente em compor um texto aparente, 'segundo', capaz de interessar a seus leitores 'cultos' pelo sóbrio casticismo de linguagem, seus polidos torneios, suas personagens de pequenos vícios e inofensiva aparência. Sob esses traços, eram deixadas as marcas de um texto 'primeiro', que a impressão tipográfica antes velava que apagava. (Lima, 1991, p. 253)

Com isso, a escrita rasurada de Machado de Assis força o leitor a escavar lentamente o texto, em busca de significados não aparentes em uma primeira leitura. É essa operação que pretendo realizar aqui, pedindo que me acompanhem em tal ruminação.

Importa mencionar que, nos enredos de suas obras, compostos majoritariamente por relações sociais assimétricas entre os personagens (cf. Bosi, 1999, p. 153), encontra-se uma presença apenas discreta do par de extremos senhor/escravo, sendo mais recorrente o par senhor/agregado, que permitia evidenciar o funcionamento da "ideologia do favor" que vincava as práticas sociais da época.[2] Além disso, cabe ressaltar que, em vez de escrever abertamente, tal como Castro Alves, sobre a violência explícita a que os escravos estavam expostos, Machado de Assis abordava especialmente as violências implícitas, como a dissimulação e a falsa familiaridade na relação entre proprietário e escravo. Entretanto, em algumas obras, essa violência revela diretamente sua face cruel, desconcertando o leitor, como se verifica nos contos "Mariana", "O caso da vara" e "Pai contra mãe", nos quais o autor abre uma brecha no seu já clássico estilo enviesado e apresenta a escravidão de forma mais expressa, em meio às sutilezas usualmente empregadas para satirizar a sociedade de seu tempo.

Publicado no ano da promulgação da Lei do Ventre Livre, 1871, o conto "Mariana" ocupa-se centralmente da relação entre senhores e escravos em âmbito familiar, evidenciando, na própria trama narrativa, algumas das dinâmicas da escravidão. Apresento brevemente o entrecho.

Macedo, narrador em primeira pessoa, inicia seu discurso mencionando sua volta ao Rio de Janeiro, após passar quinze anos na Europa. Nesse retorno, no restaurante do hotel em que se hospedava, ele reencontra três amigos; segue-se uma animada conversa, com relatos de viagem e confidências de todos. Um deles, Coutinho, assume a posição de narrador-personagem da trama, ao rememorar os sentimentos de amor que uma jovem escrava chamada Mariana lhe devotara no passado. De acordo com o seu relato, ela era muito querida por todos da casa, que a tratavam como membro da família; além disso, a beleza e a inteligência da jovem provocavam a admiração das visitas. A situação se complica quando a escrava, que amava ocultamente Coutinho, toma conhecimento de que este iria se casar com uma prima. Sofrendo com a impossibilidade de realização de seu amor, Mariana foge da casa por duas vezes. A última delas ocorre quatro dias antes do casamento. Coutinho sai em sua busca e a encontra em um hotel, mas ela se recusa a voltar para casa, suicidando-se no local, com a ingestão de veneno.

2. Sobre o universo do paternalismo e do favor característico da sociedade brasileira oitocentista, consultar Schwarz (1977, cap. I).

Examinemos alguns detalhes do relato. Logo de início, o narrador enfatiza a familiaridade com que a escrava era tratada em sua família, discurso que põe em evidência a suposta "generosidade" dos senhores:

> – Chamava-se Mariana [...] e era uma gentil mulatinha nascida e criada como filha da casa, e recebendo da minha mãe os mesmos afagos que ela dispensava às outras filhas. Não se sentava à mesa, nem vinha à sala em ocasião de visitas, eis a diferença; no mais era como se fosse pessoa livre, e até minhas irmãs tinham certa afeição fraternal. Mariana possuía a inteligência de sua situação, e não abusava dos cuidados com que era tratada. Compreendia bem que na situação em que se achava só lhe restava pagar com muito reconhecimento a bondade de sua senhora. (Assis, 1998, p. 159; grifos meus)

Observando-se o contexto escravista de ambiência do conto, pode-se notar que o comparativo de igualdade, na construção sintagmática, não serve para equiparar Mariana à mesma condição das filhas da casa. Ao contrário, ironicamente, sua função é a de marcar que, embora fosse nascida na casa e criada como filha, ela não o era. Assim, subjaz, disfarçada em uma igualdade apenas cosmética, a crença usual na superioridade dos senhores brancos em relação aos negros escravizados. Mariana recebia da mãe de Coutinho "os mesmos afagos" que suas filhas verdadeiras. Entretanto, esses gestos não são sinais de respeito à condição humana. Tais afagos mais parecem a representação da "piedade" que muitas senhoras manifestavam por suas escravas preferidas, pois, em tal contexto, como se sabe, o reconhecimento da dignidade humana de qualquer negro ou negra escravizados era raro. Trata-se, portanto, da encenação de uma faceta da escravidão muito conveniente aos senhores: tal verniz de igualdade, pelo tratamento privilegiado concedido a alguns poucos servos, dificulta a visão do *profundo abismo* que os separa.

Continuemos o exame das filigranas do texto. Mariana "no mais era como se fosse pessoa livre", passagem em que a expressão "no mais" significa: fora a mesa e a sala, lugares centrais de convivência familiar em uma casa, como se sabe. Lido a contrapelo, portanto, tal discurso do narrador deixa entrever uma ponta de ironia, indiciando o procedimento de exclusão que se camufla na familiaridade das práticas domésticas. Novamente é empregado, na narrativa, o elemento comparativo de igualdade, o que propicia o mascaramento das relações opressoras da elite quanto a seus escravos. Além desse comparativo de igualdade, que paradoxalmente reforça a superioridade da classe proprietária, a conjunção "se" e o verbo no pretérito imperfeito do subjuntivo – indicando incerteza –, conferem um teor irônico ao sintagma nominal "pessoa livre", o que nos leva a perceber a negação da pessoa de Mariana como de fato pertencente à família de Coutinho. Segundo parece evidente, tal negação ocorre de modo disfarçado, pelo viés da ironia, uma vez que se dá mediante a afirmação insistente, por parte do narrador, acerca do tratamento íntimo e afetivo a ela dispensado.

Basta uma insubordinação da escrava, motivada pela constatação da impossibilidade de seu amor, para que o tênue véu de cordialidade se esgarce, revelando o discurso autoritário que está na base desse "teatro de desigualdades" (cf. Bosi, 1999, p. 153) que configura a sociedade brasileira novecentista. Leiamos o esclarecedor diálogo entre Mariana e Coutinho, quando ele a resgata, após a fuga:

> – Nhonhô, eu saí porque sofria muito...
>
> – Sofrias muito! Tratavam-se mal? Bem sei o que é; são os resultados da educação que minha mãe te deu. Já te supões senhora e livre. Pois engana-te; hás de voltar já, e já, para casa. Sofrerás as consequências da tua ingratidão. Vamos... (Assis, 1998, p. 162)

Segue-se a narrativa do suicídio da escrava, ápice do relato e ponto final daquela conversa íntima entre amigos. No último parágrafo do conto, Machado, retomando a condução do discurso, dá um desfecho leve à trama, que dissipa a violência do episódio rememorado, buscando anular seus possíveis efeitos sobre os ouvintes:

> Coutinho concluiu assim a sua narração, que foi ouvida com tristeza por todos nós. Mas daí a pouco saímos pela Rua do Ouvidor fora, examinando os pés das damas que desciam dos carros, e fazendo a esse respeito mil reflexões mais ou menos engraçadas e oportunas. Duas horas de conversa tinham-nos restituído a mocidade. (Assis, 1998, p. 170)

Para o leitor, como motivo de reflexão, resta o choque do contraste entre as duas cenas superpostas: o peso do suicídio e a leveza do passeio dos rapazes pela cidade. A violência silenciada, entretanto, insiste e inquieta. Isso significa dizer que "encerrar a leitura de um conto machadiano não representa o término de uma atividade, mas apenas o início de outra, aliás muito mais problemática: reconhecer o saldo dos conflitos que a narração nos negou" (Villaça, 2006, p. 28).

O conto "O caso da vara", próximo exemplo a considerar, possibilita maiores desdobramentos de tais conflitos. Narra-se a história do seminarista Damião, que, fugindo desesperado do seminário, sem ter para onde ir, pede refúgio a Sinhá Rita, a qual o acolhe muito compassivamente e, após algumas hesitações, decide ajudá-lo. Para tanto, ela recorre ao padrinho do rapaz, com quem mantinha um relacionamento afetivo não muito explícito no entrecho, para salvá-lo do castigo do pai, que irredutivelmente o queria no seminário. Enquanto espera por uma solução, Damião conta anedotas e alegra as "crias da casa", entre elas a menina Lucrécia, vítima das violências rotineiras da senhora. Atrasando-se no trabalho, essa escrava é ameaçada por Sinhá Rita e desperta a simpatia do jovem, que decide defendê-la de um provável castigo que lhe seria imposto caso não finalize suas tarefas a tempo. Logo a ameaça se cumpre, pois, entre todas as escravas, só Lucrécia não concluíra a tarefa que lhe fora atribuída. Na estrutura do sistema escravista, conforme se sabe, tal desobediência ao mando do proprietário nunca é isenta de graves consequências: Sinhá Rita a agarra "por uma orelha", chamando-a, repetidamente, de "malandra". A escrava, usando súplicas referentes ao imaginário do catolicismo – "Pelo amor de Deus! Por Nossa Senhora que está no céu!" (Assis, 2007, p. 431) –, implora a piedade de sua dona, mas não consegue persuadi-la; do contrário, faz sua fúria aumentar, o que se expressa na resposta cruel e impiedosa de Sinhá Rita: "Nossa Senhora não protege vadias". A utilização dos termos "malandra" e "vadias" em relação a Lucrécia destaca a característica da escrava como má trabalhadora ou insubordinada, o que, na lógica que rege o sistema social em foco, justificaria a aplicação do castigo pelo proprietário, conforme lhe aprouvesse.

No final do conto, no momento em que se executaria a punição prometida, Damião vê-se em conflito ético entre defender Lucrécia ou entregar a vara à dona da casa, para que esta castigue a menina:

> Damião ficou frio... cruel instante! Uma nuvem passou-lhe pelos olhos. Sim, tinha jurado apadrinhar a pequena, que, por causa dele atrasara o trabalho...
> – Dê-me a vara, Sr. Damião!
> Damião chegou a caminhar em direção da marquesa. A negrinha pediu-lhe então por tudo o que houvesse mais sagrado, pela mãe, pelo pai, por Nosso Senhor...
> – Me acuda, meu sinhô moço!

> Sinhá Rita, com a cara em fogo e os olhos esbugalhados, instava pela vara sem largar a negrinha, agora presa de um acesso de tosse. Damião sentiu-se compungido; mas ele precisava tanto sair do seminário! Chegou à marquesa, pegou na vara e entregou-a a Sinhá Rita. (Assis, 2007, p. 432)

Assim termina o conto, deixando ao leitor a tarefa de imaginar o ato de punição após a senhora receber a vara das mãos do rapaz. É importante observar que, no desenrolar da trama, o caso central do protagonista, seu abandono do seminário, sai de foco, trazendo para o centro do enredo uma personagem que parecia secundária: a menina Lucrécia, cujo nome, aliás, não sem uma ponta de ironia, etimologicamente significa "aquela que lucra". Em outras palavras, o núcleo narrativo sofre, repentinamente e em momento decisivo, "um sugestivo deslocamento, com o qual a narração se encerra de modo abrupto, deixando solto seu fio original e, em aberto, a curiosidade do leitor quanto ao futuro do rapaz" (Villaça, 2006, p. 20). Em tal deslocamento – no qual se pode ver a operação do que Luiz Costa Lima denominou de golpe de capoeira do estilo machadiano (Lima, 1998, p. 183-190), sempre dando rasteira no leitor com sua ginga verbal –, "emerge como substantivo o que parecia acessório" (Villaça, 2006, p. 20) e o favor da Sinhá quanto à causa do ex-seminarista é suplantado pelo arbítrio absoluto da senhora quanto a seus escravos.

Cabe ainda destacar que, publicado em 1899, já extinta a escravidão e proclamada a República, o conto relembra esse episódio funesto de nossa história não para censurá-lo diretamente, mas para analisá-lo a partir de uma situação específica datada de "antes de 1850", ou seja, encenando uma "*experiência*, que é sempre o plano em que melhor se podem divisar os gestos, as escolhas, os caprichos, os prazeres e as dores que compõem a prática material da dominação" (Villaça, 2006, p. 19-20). Nas palavras de Alcides Villaça (2006, p. 19), a virtude maior desse conto é sua "capacidade de miniaturizar e expandir, na pequena cena doméstica e com personagens circunstanciais, uma configuração do escravismo".

A atitude de Damião no final do conto, entregando a vara a Sinhá Rita, a despeito de sua promessa anterior à escrava de protegê-la, desnuda com clareza a maneira pela qual, na sociedade em foco, se legitimava o domínio da classe escravocrata, bem como o seu direito exclusivo e inalienável de castigar severamente seus servos, para além de quaisquer escrúpulos ou questões morais. Eis um tema caro à ficção machadiana: "a mobilidade da consciência entre a ética e o interesse" (Villaça, 2006, p. 23), que sempre sai vitorioso de tal confronto.

Para o campo de discussão aqui proposto, assume grande relevância o célebre conto "Pai contra mãe", publicado em 1906, alguns anos após a promulgação da Lei Áurea. Sua introdução nos apresenta uma vívida descrição dos instrumentos de tortura usados nos escravos, colocando diante dos olhos do leitor, com riqueza de detalhes, os diferentes aparelhos existentes e suas abomináveis funções:

> A escravidão levou consigo ofícios e aparelhos, como terá sucedido a outras instituições sociais. Não cito alguns aparelhos senão por se ligarem a certo ofício. Um deles era o ferro ao pescoço, outro o ferro ao pé; havia também a máscara de folha-de-flandres. A máscara fazia perder o vício da embriaguez aos escravos, por lhes tapar a boca. Tinha só três buracos, dois para ver, um para respirar, e era fechada atrás da cabeça por um cadeado. Com o vício de beber, perdiam a tentação de furtar, porque geralmente era dos vinténs do senhor que eles tiravam com que matar a sede, e aí ficavam dois pecados extintos, e a sobriedade e a honestidade certas. Era grotesca tal máscara, mas a ordem social e humana nem sempre se alcança sem o grotesco, e alguma vez o cruel. Os funileiros as tinham penduradas, à venda, na porta das lojas. Mas não cuidemos de máscaras. (Assis, 2007, p. 466)

Nessa espécie de "memórias póstumas" das práticas escravocratas há pouco extintas (cf. Duarte, 2010, p. 11), em que a *pena da ironia* se mistura à *tinta da denúncia,*ocupa lugar de destaque a menção aos ofícios decorrentes de tal configuração socioeconômica. Diante do quadro frequente de fugas, ocorridas nos regimes escravistas da modernidade, sobretudo no século XIX, e comprovadas pelos vários anúncios de escravos fugitivos publicados nos jornais da época, havia homens que se dedicavam à captura de escravos em busca da recompensa recebida por esse trabalho. Tal recompensa constitui um elemento fundamental para o desencadeamento do conflito no conto ora em análise, cujo enredo apresento brevemente.

Após o minucioso esclarecimento inicial acerca dos "aparelhos e ofícios" relacionados às práticas da escravidão, passa-se à trama central da narrativa. Cândido Neves, "pobre mas branquíssimo até no nome" (Bosi, 1999, p. 121), casa-se com Clara e, para sobreviver, torna-se caçador de escravos, que reconduz aos senhores mediante boa gratificação. Candinho é pobre, mas não se submete a ofício algum porque julga que todos pressupõem certa condição servil, uma vez que a "obrigação (...) de atender e servir a todos feria-o na corda do orgulho" (Assis, 2007, p. 467). Já no exercício de perseguir negros desertores, em vez de ferir-se o orgulho, atiça-se o instinto do caçador, que encontra na caça um meio ostensivo de reafirmar a sua pretensa superioridade como homem branco e livre: "Pegar escravos fugidos trouxe-lhe um encanto novo" (Assis, 2007, p. 470).

A gravidez da esposa surge em meio à crescente penúria, pela escassez de oportunidades nessa ocupação, dado o aumento da concorrência entre os caçadores. Ao nascimento do filho do casal, segue-se a proposta da tia com quem moravam para colocá-lo na Roda dos enjeitados, por carecerem de meios para criá-lo. A narrativa enfoca a tristeza do casal, forçado a aceitar as ponderações da tia, ressaltando a luta interior do pai no momento em que levava o recém-nascido para a Roda, quando surpreende numa esquina uma escrava fugida, Arminda, há muito procurada. Decidido a agarrar essa oportunidade advinda no último momento, Candinho, após deixar o filho com o boticário, domina e amarra a escrava, que lhe implora pela liberdade, pois está grávida e o amo com certeza irá açoitá-la; suplica pateticamente a misericórdia de seu algoz, se não por ela, ao menos pela criança que está para nascer. Determinado, ele não se deixa comover com tais pedidos da mãe: com a captura, o caçador apressa-se para encontrar o dono da presa, na busca da recompensa. A narração da cena é ágil e chocante:

> Foi arrastando a escrava pela Rua dos Ourives, em direção à da Alfândega, onde residia o senhor. Na esquina desta a luta cresceu; a escrava pôs os pés à parede, recuou com grande esforço, inutilmente. O que alcançou foi, apesar de ser a casa próxima, gastar mais tempo em lá chegar do que devera. Chegou, enfim, arrastada, desesperada, arquejando. Ainda ali ajoelhou-se, mas em vão. O senhor estava em casa, acudiu ao chamado e ao rumor. (Assis, 2007, p. 474)

É, portanto, com grande esforço físico, mas sem qualquer hesitação moral, que Candinho cumpre sua tarefa. Enquanto recebe a recompensa, a escrava aborta, exausta pela luta, consumida pelo medo:

> Arminda caiu no corredor. Ali mesmo o senhor da escrava abriu a carteira e tirou os cem mil réis de gratificação. Cândido Neves guardou as duas notas de cinquenta mil réis, enquanto o senhor novamente dizia à escrava que entrasse. No chão, onde jazia, levada do medo e da dor, e após algum tempo de luta, a escrava abortou. O fruto de algum tempo entrou sem vida neste mundo, entre os gemidos da mãe e os gestos de desespero do dono. (Assis, 2007, p. 475)

Depois disso, ele volta para casa trazendo a gratificação e o filho, que escapa, assim, à roda; paga as dívidas e justifica para si mesmo o ocorrido, na cínica e atroz frase com a qual se encerra a narrativa:

> Cândido Neves, beijando o filho, entre lágrimas, verdadeiras, abençoava a fuga e não se lhe dava do aborto.
> – Nem todas as crianças vingam, bateu-lhe o coração. (Assis, 2007, p. 475)

Pai contra mãe, como resume o sintético e apelativo título do conto, apontando para questões de família, que são centrais no conflito narrado. No entanto, a força das imagens dos instrumentos de tortura colocadas diante dos olhos do leitor na abertura da narrativa insiste, pedindo desdobramentos... E se, por trás do embate entre pai e mãe, se delineasse outro, menos específico, de maior alcance social: o de branco pobre contra negra escrava? Na dura realidade que o texto configura em expressão direta, vingam apenas os que, mesmo em situação de penúria, conseguem encontrar uma brecha, oferecida pela própria engrenagem social na qual se movem. Ainda que à beira da miséria, Candinho era um homem livre e branco, estando, portanto, ao lado dos fortes, enquanto Arminda, ocupante do degrau inferior da escala social, não possuía quaisquer chances de vitória.

Desse modo, em poucas e acérrimas páginas, Machado de Assis penetra fundo na chaga da escravidão, mostrando o problema premente a ela associado – o direito à vida, concedido apenas aos que são livres. Como não ler aí uma acusação cabal à escravatura? Como acusar o autor de não se posicionar, em seus textos, face à escravidão?

Em "O caso da vara" e "Pai contra mãe", como vimos, o ato censurável é gestado nos meandros do sistema escravocrata do Império brasileiro: nasce e cresce dentro de uma estrutura de opressão. Em poucas palavras, essas obras dão testemunho tanto da vilania dos protagonistas quanto da lógica que rege os seus atos. Ambos, Damião e Candinho, têm em comum a situação do homem juridicamente livre, que, mesmo sendo pobre e dependente, se encontra em um patamar acima daquele ocupado pelo escravo na pirâmide social. Nessa condição ainda lhe resta o exercício da superioridade que consiste em usar do escravo não diretamente, uma vez que não pode comprá-lo, mas por vias transversas, entregando-o à fúria do senhor, assim como o faz Damião, ou capturando-o em caso de rebeldia ou fuga, tal como Candinho.

Não percamos de vista, contudo, que, na ficção machadiana, o foco da crítica sempre atinge o motor da engrenagem, remetendo às elites dominantes. Escavando as ranhuras dos textos analisados, pode-se afirmar, com Alfredo Bosi, que, na sociedade brasileira neles encenada, "o poder do senhor desdobra-se em duas frentes: ele não é só dono do cativo, é também dono do pobre livre na medida em que o reduz a polícia do escravo" (Bosi, 1999, p. 121).

Muito haveria a comentar acerca da incidência do tema da escravidão nos vários e célebres romances de Machado de Assis. Na impossibilidade de desenvolver satisfatoriamente essa análise no presente texto, levanto apenas algumas breves questões. Em linhas gerais, os romances do autor, que recrutam seus personagens centrais na elite da sociedade, tratam frequentemente da escravidão sob o ponto de vista cínico do senhor de escravos, que sempre é criticado de forma oblíqua.

Tomemos como exemplo as *Memórias Póstumas de Brás Cubas*, nas quais Machado de Assis apresenta, com mestria, as contradições de uma sociedade, que, por um lado, aspira à cultura, ao conhecimento e ao modo de vida europeus, mas, por outro, se sustenta em um modo de produção escravista, ou seja, tipicamente colonial. Nascido em uma família abastada, Brás Cubas, desde muito cedo, ganhara a qualificação de "menino diabo". Entre traquinagens e indiscrições, o garoto, cheio de vontades, recebera muitos mimos de seu pai. Na primeira passagem da obra referente à escravidão, o narrador conta que, com apenas seis anos, quebrou a cabeça de uma negra porque esta lhe negara uma colher do doce que preparava. Não se contentando com o malefício, o menino atirou um punhado de cinza no doce e ainda foi dizer à mãe que a escrava o estragara por pirraça. Nesse mesmo capítulo, intitulado "O Menino é Pai do Homem", o defunto autor descreve sua relação com um garoto escravo que fora joguete em suas cruéis brincadeiras:

> [...] Prudêncio, um moleque de casa, era o meu cavalo de todos os dias; punha as mãos no chão, recebia um cordel nos queixos, à guisa de freio, eu trepava-lhe ao dorso, com uma varinha na mão, fustigava-o, dava mil voltas a um e outro lado, e ele obedecia – algumas vezes gemendo–, mas obedecia sem dizer palavra, ou, quando muito, um –'ai, nhonhô!'– ao que eu retorquia: – 'Cala a boca, besta!' (Assis, 1988, p. 22)

Constituindo uma caricatura sarcástica do próprio regime escravocrata e do abuso total de poder que vincava as relações entre senhores e escravos, a cena que acabamos de ler dialoga com uma caricatura pictórica, feita por Angelo Agostini no mesmo ano da publicação do romance em folhetim. Seguindo a indicação de Sidney Chalhoub (2012, p. 277), remeto à ilustração de capa da *Revista Ilustrada*, de 1880, que se baseia na *Estátua equestre de D. Pedro I*, símbolo da independência do Brasil, localizada na Praça Tiradentes. Inaugurada em 1862, essa estátua é composta por uma base na qual figuram índios que representariam quatro grandes rios brasileiros (Amazonas, Madeira, São Francisco e Paraná), diversos animais como jacaré, anta, tamanduá, tatu, aves, etc. Sobre essa base está a estátua equestre de D. Pedro I, o qual segura, com a mão direita, a declaração de independência e com a esquerda as rédeas do cavalo. O projeto do monumento faria parte de uma política cultural de caráter nacionalista e civilizatório iniciada no governo de D. Pedro II, em que a imagem do índio surgiria como alegoria do Estado, símbolo da identidade brasileira.

Na caricatura do periódico, um político do Império, Martinho Campos, está montado sobre um negro, de quatro como um cavalo, tendo correntes presas aos seus pés, mãos e pescoço. O cavaleiro traz na mão direita um chicote e, com a esquerda, segura a corrente presa ao pescoço do negro, como rédea; usa botas e chapéu como um fazendeiro. Essas figuras encontram-se sobre um grande pedestal onde se lê: "Escravidão ou Morte". Observa-se, ainda, que há índios na base do pedestal, todos sentados em uma posição bastante desoladora, dois deles apoiam a cabeça, com uma das mãos, como se estivessem muito tristes, e o índio da esquerda está com a cabeça baixa e os braços cruzados na frente do corpo, em total isolamento. A figura que apresenta algum entusiasmo é a de Martinho Campos, chefe do partido liberal, que aparece na mesma posição da *Estátua equestre de D. Pedro I*, a qual pode ser observada ao fundo, apenas esboçada, o suficiente para que o leitor compreenda a alusão e possa estabelecer paralelos entre as obras, aproximando o símbolo monarquista à escravidão.

Voltemos a *Brás Cubas*, retomando a atitude violenta e autoritária do protagonista face a seu escravo. Anos mais tarde, essa cena de crueldade é reproduzida, mas com inversão de papéis, por Prudêncio, já na condição de liberto:

> Tais eram as reflexões que eu vinha fazendo, por aquele Valongo fora [...]. Interrompeu-mas um ajuntamento; era um preto que vergalhava outro na

praça. O outro não se atrevia a fugir; gemia somente estas únicas palavras: –'Não, perdão meu senhor; meu senhor, perdão!' Mas o primeiro não fazia caso, e, a cada súplica, respondia com uma vergalhada nova.

– Toma, diabo! dizia ele; toma mais perdão, bêbado!

– Meu senhor! gemia o outro.

– Cala a boca, besta! replicava o vergalho.

Parei, olhei... Justos céus! Quem havia de ser o do vergalho? Nada menos que o meu moleque Prudêncio – o que [o] meu pai libertara alguns anos antes. (Assis, 1988, p. 96)

Ex-escravo que sofrera nas mãos do protagonista, Prudêncio é um exemplo patente de que o desmascaramento reincidente na ficção do autor – ou, na expressão de Alfredo Bosi, seu "olhar cético transversal" (2006, p. 120) – não poupa mesmo os libertos, os quais reproduzem, na liberdade, as práticas desumanas de que foram objeto durante o cativeiro. Na avaliação de Sidney Chalhoub (2012, p. 28), "a força da escravidão tornava precária a experiência de liberdade de negros livres e pobres no Brasil oitocentista". Eis como Brás Cubas avalia, com uma leveza contrastante, a cena observada, demonstrando a compreensão da cadeia causal que a explica, mas sem demonstrar qualquer sombra de má consciência acerca de seu importante papel na trama dos acontecimentos:

> Exteriormente era torvo o episódio do Valongo; mas só exteriormente. Logo que meti mais dentro a faca do raciocínio achei-lhe um miolo gaiato, fino e até profundo. Era um modo que o Prudêncio tinha de se desfazer das pancadas recebidas, – transmitindo-as a outro. Eu, em criança, montava-o, punha-lhe um freio na boca, e desancava-o sem compaixão; ele gemia e sofria. Agora, porém, que era livre, dispunha de si mesmo, dos braços, das pernas, podia trabalhar, folgar, dormir, desagrilhoado da antiga condição, agora é que ele se desbancava: comprou um escravo, e ia-lhe pagando, com alto juro, as quantias que de mim recebera. Vejam as sutilezas do maroto! (Assis, 1988, p. 97; grifos meus)

O fato de Prudêncio, já liberto, possuir um escravo ao mesmo tempo em que demonstra a sua suposta ascensão social, revela que ele continua *agrilhoado* à mesma ótica da classe dos proprietários. Como se percebe no trecho citado, o pensamento escravocrata das elites – que torna o escravo uma propriedade, destituído de vontade própria, por ser inteiramente submisso à vontade de seu senhor –, é assimilado e introjetado pelo personagem negro, o que também o torna agente do processo de opressão e desumanização de seu semelhante; destaca-se, assim, cruelmente e por outro ângulo, a ideologia dominante do escravismo colonial, mostrando como ela conformava e corrompia as relações sociais em todos os níveis.

O momento que demonstra isso mais nitidamente é quando Brás se acerca da situação e o ex-escravo, mesmo livre, lhe pede a bênção. Como se não bastasse, atende ao pedido do narrador e perdoa o bêbado, dizendo submissamente: "– Pois não, nhonhô. Nhonhô manda, não pede" (Assis, 1988, p. 97). Não há dúvidas, portanto, sobre quem ainda continuava segurando as rédeas...

Passo a algumas considerações finais, recolhendo alguns dados já lançados. Nada é óbvio quando se trata da obra de Machado de Assis, como afirmei no início deste texto. Segundo se destacou, um tema constantemente reiterado pelos opositores de Machado é a censura ao fato de o escritor não ter dado a devida importância à escravidão, ainda em vigor em sua época. Sendo mulato e de origem humilde, a expectativa era a de que ele se engajasse mais diretamente em movimentos abolicionistas e empregasse uma retórica panfletária, fazendo de seus textos obras de protesto. Se a maioria das narrativas machadianas "não ataca de frente a escravatura, isto não significa que elas não estejam, de fato, criticando a escravatura" (Bernardo, Michael & Schäffauer, 2010, p. 9). Machado sempre escrevia sobre a sociedade brasileira escravista, desnudando-a e esta pode ser considerada a sua maneira singular de denunciar esse grave problema, segundo se pretendeu demonstrar. Se a escravidão se inscreve apenas em linha d'água em grande parte de suas obras, a constância de episódios envolvendo escravos que nela se atesta indica que não se trata de um ingrediente a mais para dar realismo ao cenário urbano da época. Ao simular a visão de mundo patriarcal, dos mais fortes e poderosos, seus livros revelam "a maneira como o próprio escravagismo opera, por meio do silenciamento e da exclusão, sua brutalidade contra os escravos e os afro-descendentes" (Bernardo, Michael & Schäffauer, 2010, p. 9). Em síntese, na maioria dos entrechos de suas narrativas, o foco central não é a escravidão, mas a sociedade que a acolhia em suas práticas, o comportamento senhorial que a mantinha, as relações de poder e de dependência que marcavam todos os campos de nossa configuração social oitocentista.

Não poderíamos, então, pensar que, ao se concentrar majoritariamente em personagens que pertencem às camadas dominantes da sociedade urbana de seu tempo, acentuando seu voluntarismo e autoritarismo, para desmascarar as injustiças que permeavam as relações assimétricas das práticas sociais coetâneas, Machado não estaria revirando tais personagens pelo avesso, a partir de uma visão outra, descentrada, que não compactua com tais práticas? Tal forma de denúncia não direta, mas nas entrelinhas, solicitaria que o leitor também passasse pelo mesmo deslocamento, saindo do ponto de vista quer da denúncia panfletária das mazelas do sistema escravagista, quer do silêncio acerca das mesmas, forma de consentimento conveniente. Não reproduzindo tais discursos, ou melhor, pondo-os em perspectiva, descentrando-os, Machado nos conduz, em estado de espanto, a uma perspectiva *outra* acerca da escravidão.

À guisa de conclusão, retomo a reflexão de Alfredo Bosi (1999, p. 126):

> Nem utópica nem conformista, a razão machadiana escapa das propostas cortantes do não e do sim: alumia e sombreia a um só tempo, espelha esfumando, e arquiteta fingidas teorias que mal encobrem fraturas reais.
> A perspectiva de Machado é a da contradição que se despista, o terrorista que se finge diplomata. É preciso olhar para a máscara e para o fundo dos olhos que o corte da máscara permite às vezes entrever. Esse jogo tem um nome bem conhecido: chama-se humor.

REFERÊNCIAS

ASSIS, Joaquim Maria Machado de. *Memórias póstumas de Brás Cubas*. Belo Horizonte: Garnier, 1988.

______. "Mariana". In: *Contos: uma antologia*. Sel., introd. e notas de John Gledson. São Paulo: Companhia das Letras, 1998.

______. *50 contos de Machado de Assis*. Sel. de John Gledson. São Paulo: Companhia das Letras, 2007.

BASTIDE, Roger. "Estereótipos de negros através da literatura brasileira". In: *Estudos afro-brasileiros*. São Paulo: Perspectiva, 1973.

BERNARDO, Gustavo; MICHAEL, Joachim & SCHÄFFAUER, Markus (Org.) *Machado de Assis e a escravidão*. São Paulo: Annablume, 2010.

BOSI, Alfredo. *Machado de Assis*: o enigma do olhar. São Paulo: Ática, 1999.

______. *Brás Cubas em três versões*: estudos machadianos. São Paulo: Companhia das Letras, 2006.

BROCA, Brito. "A escravidão". In: *Machado de Assis e a política mais outros estudos*. São Paulo: Polis; Brasília: INL/Fundação Nacional Pró-Memória, 1983.

CHALHOUB, Sidney. *Machado de Assis historiador*. São Paulo: Companhia das Letras, 2003.

______. *Visões da liberdade*. Uma história das últimas décadas da escravidão na corte. São Paulo: Companhia das Letras, 2011.

______. *A força da escravidão*. São Paulo: Companhia das Letras, 2012.

DUARTE, Eduardo de Assis. *Machado de Assis afro-descendente*. Rio de Janeiro: Pallas; Belo Horizonte: Crisálida, 2007.

FAORO, Raymundo. "Operários e escravos: hierarquia e vingança". In: *Machado de Assis*: a pirâmide e o trapézio. 4. ed. rev. São Paulo: Globo, 2001.

FRANÇA, Jean M. C. *Imagens do negro na literatura brasileira* (1584-1890). São Paulo: Brasiliense, 1998.

GLEDSON, John. *Machado de Assis*: ficção e história. Rio de Janeiro: Paz e Terra, 1986.

______. *Por um novo Machado de Assis*. São Paulo: Companhia das Letras, 2006.

HANSEN, João. "Dom Casmurro: simulacro e alegoria". In: GUIDI, Márcia L. *et alii*. *Machado de Assis*: ensaios da crítica contemporânea. São Paulo: Editora UNESP, 2008.

LIMA, Luiz Costa. "O palimpsesto de Itaguaí". In: *Pensando nos trópicos*. Rio de Janeiro: Rocco, 1991.

______. "Machado: mestre de capoeira". In: SECCHIN, Antonio Carlos (Org.) *et alii*. *Machado de Assis*: uma revisão. Rio de Janeiro: In-Fólio, 1998.

MAGALHÃES JÚNIOR, Raimundo. *Machado de Assis desconhecido*. 3. ed. Rio de Janeiro: Civilização Brasileira, 1957.

RABASSA, Gregory. *O negro na ficção brasileira*. Rio de Janeiro: Tempo Brasileiro, 1965.

SCHWARZ, Roberto. *Ao vencedor as batatas*. São Paulo: Duas Cidades, 1977.

______. *Um mestre na periferia do capitalismo*. São Paulo: Duas Cidades, 1990.

VILLAÇA, Alcides. "Querer, poder, precisar: o caso da vara". In: *Teresa. Revista de Literatura Brasileira* 6/7. São Paulo: Editora 34/Imprensa Oficial, 2006.

POR CIMA DOS OMBROS DO LEGADO LITERÁRIO:

realidades reescritas e vozes em derrapagem em "Conversei ontem à tardinha com o nosso querido Carlos", de Silviano Santiago

André Masseno

Em "Conversei ontem à tardinha com o nosso querido Carlos", pertencente ao livro de contos *Histórias mal contadas* (2005), Silviano Santiago elabora uma carta-conto endereçada a Mário de Andrade, discorrendo afetiva e criticamente sobre a troca epistolar deste com o poeta Carlos Drummond de Andrade. Partindo de um acontecimento real – pois a correspondência entre os autores durou de 1924 a junho de 1945 –, o autor insere-se entre as missivas daqueles escritores ao dar o nome de Silviano ao remetente-narrador de sua carta-conto. Não bastando a evidência de sua assinatura de autor, tornando-a personagem de sua escrita, cria-se um deslocamento temporal ao datar a carta-conto com o ano de 1925 – exatamente em meio ao "calor da hora" em que ocorre a troca epistolar entre os dois escritores modernistas. Silviano descreve-se como amigo de ambos e, por isso, toma a liberdade de comentar uma carta de Mário endereçada ao Drummond, em que o escritor paulistano discursa sobre a questão da dor relacionada à criação literária.

A partir dessas considerações iniciais, pretendo discorrer como a carta-conto de Silviano Santiago evidencia a troca epistolar entre os autores enquanto espaço de (re)discussão sobre a importância da *philia* e do legado na produção e pensamento literários, também caracterizados pelos processos de derrapagem entre as dicções do *eu* e do outro. Argumentarei que a carta-conto é resultante de uma estratégia literária – entre outras tantas verificáveis nas obras de Silviano Santiago – de problematização de uma suposta interioridade e/ou identidade de um *eu* no fazer literário; uma carta-conto em que se entrevê uma escrita comprometida com os procedimentos autoficcionais, isto é, relacionada com o Fora e paralelamente constituída pelo discurso da e para a exterioridade, ao se apropriar tanto da dicção do outro quanto do legado literário.

Para que a problemática suscitada por Silviano Santiago possa ser abordada com maior acuidade, torna-se necessária uma breve abordagem sobre as fronteiras conceituais entre o registro autobiográfico e o autoficcional, os quais, por sua vez, são postos em xeque pela carta-conto em questão.

De acordo com Philippe Lejeune, a autobiografia é um pacto identitário do autor com o seu leitor no momento em que este se depara com o nome próprio daquele na capa do livro, já que a assinatura do autor afirma e atesta a identidade autor-narrador-personagem (Lejeune, 2008, p. 24). Para Lejeune, os eventos extratextuais não garantem o pacto autobiográfico, mas sim o contrato explícito ou implícito, no ato da publicação, entre o leitor e *o nome do autor* estampado na capa do livro – o que já direcionaria o modo de leitura da obra. Desse modo, já não se trata de verificar, no corpo do livro, as possíveis transcrições de dados e eventos da vida empírica do autor, pois a autobiografia não comporta graus: é tudo ou nada (Lejeune, 2008, p. 25).[1] Para o estudioso francês, o modo de leitura por meio desse pacto contratual caracterizaria uma obra como autobiográfica, e não o conteúdo do texto ou os cânones de um gênero literário. Contudo, no esquema elaborado por Lejeune no intuito de diferenciar o pacto romanesco do autobiográfico existem duas lacunas, dois espaços que fogem de sua conceituação dos contratos de leitura relacionados aos nomes do personagem principal e do autor do livro: são as "casas cegas", ou seja, nas quais não se cogita a possibilidade de um pacto romanesco em que nome do personagem principal seja idêntico ao do romancista, nem a de um pacto autobiográfico em que o nome do personagem seja diverso ao do autobiógrafo (Lejeune, 2008, p. 28). Segundo Lejeune, é o contrato que a assinatura do autor promove com o leitor que conta e valida os pactos, assim como a descrição na capa do livro sobre o "gênero" literário ao qual a escrita se denomina pertencente (se é romance ou autobiografia). O caráter flutuante das casas cegas não

1. O conceito de pacto autobiográfico aqui abordado vem sido relido e reelaborado pelo próprio Lejeune em obras posteriores, conforme os textos "O pacto autobiográfico (bis)" e "O pacto autobiográfico, 25 anos depois", reunidos na edição brasileira de *O pacto autobiográfico – de Rousseau à Internet* (2008, p. 48-85).

lhe parece ser propício a *jogos de verdade*, podendo deixar o leitor indeciso sobre o pacto instaurado pelo autor (Lejeune, 2008, p. 32).

Como resposta às "casas cegas" do esquema de Lejeune, surge a autoficção a partir da publicação em 1977 da obra literária *Fils*, de Serge Doubrovsky que se trata de uma ficção em que o personagem principal tem o mesmo nome do autor do romance, ou seja, Serge Doubrovsky. As tensões entre ficção e não ficção são empreendidas, a ideia da assinatura do autor como uma única estratégia de validação e legibilidade para o registro ficcional e/ou autobiográfico é problematizada. Engendra-se um pacto com o leitor que o leve não só a friccionar o conteúdo da obra com a tríade *nome do autor-narrador-personagem*, mas também a considerar os elementos extratextuais que se desprendem do texto, isto é, o que excede a própria escritura e que também a constitui enquanto exterior. Doubrovsky afasta-se, portanto, da argumentação de Lejeune de que uma obra autobiográfica esteja relacionada estritamente às convenções de publicação e não ao seu conteúdo.

Já os estudos mais recentes, como o de Philippe Willemart, defendem que a própria escrita autobiográfica açambarcaria *per si* o registro autoficcional, devido aos movimentos de rasura, de re-escrita e aos débitos literários empreendidos pelo autor no ato da escritura. O *eu* passaria a ser mais um efeito de linguagem do que uma substância ou identidade fixa, pois, como indaga Willemart (2009, p. 146):

> Como sustentar que uma autobiografia é possível, como não fazer de toda autobiografia uma autoficção se aquele que se engaja na escritura não espontânea, isto é, submissa a revisões contínuas, se submete à linguagem, se perde e se multiplica nos seus rascunhos e seus esboços? Como defender a autobiografia enquanto o escritor, mesmo se ele se retorna após cada rasura, não recai toda vez e muitas vezes sem o saber no mesmo defeito, se defeito há, a saber, uma submissão aos terceiros já citados?

Tomando em conta certas obras de Silviano Santiago – como o livro *Em liberdade* (1982), ao escrever um falso diário de Graciliano Ramos sobre as suas experiências pós-cárcere –, pode-se verificar uma busca por uma escrita ficcional do "íntimo" de figuras públicas do âmbito literário. Não se trata propriamente de uma escritura autobiográfica, mas de um jogo de burla do gênero autobiografia. "Conversei ontem à tardinha com o nosso querido Carlos", por exemplo, é um conto atravessado por um registro autoficcional de caráter peculiar, já que os limites entre a ficção e a autobiografia são deslocados para além da mera inserção do nome de autor no final do conto. Silviano Santiago fala (auto)ficcionalmente de si por meio de um jogo de (se) falar (por meio) do outro, isto é, pela articulação de um *eu* em escrita, que se mostra ao discorrer sobre o contexto social, ideológico e intelectual de Mário de Andrade e Carlos Drummond de Andrade.

> Estou lhe escrevendo para me pôr à prova: saber se devo, ou não, cometer uma indiscrição grosseira. Saber se devo, ou não, me interromper como bendito é o fruto no diálogo epistolar de vocês dois. Peço-lhe vênia e absolvição redigindo esta carta. (Santiago, 2005, p. 159)

O *eu* que se inscreve nessa carta a Mário de Andrade é o de um sujeito que viola as leis da privacidade da troca epistolar, caracterizada pela escrita íntima e confessional entre dois missivistas. Essa "violação" das letras do outro rompe o próprio construto social que delimita as correspondências como espaço de revelação e desvelamento de uma interioridade para uma testemunha/destinatário.

> Fui indiscreto, lendo a você por cima dos ombros do Carlos. Estou sendo mais indiscreto alongando a leitura indiscreta do trecho da sua carta nesta nossa conversa. Corro o risco, nossa amizade pode sair arranhada, arranhando por ricochete o meu relacionamento tão fraterno com o Carlos. (Santiago, 2005, p. 167)

Esse *eu* em escrita, leitor e autor de cartas, que indiscretamente lê e intervém sobre o discurso do outro, suscita a ideia dos procedimentos de escrita e leitura como operações "por cima dos ombros" do legado literário. Ler e escrever são ações de um indivíduo circunscritas a um contexto histórico, mas que não o impedem de pôr em questão as leituras e escritas de outrem – seja reafirmando-as ou as colocando em xeque. Em outras palavras, a leitura e a escrita literárias são gestos que estão sempre dialogando com a Lei, seja pela sua reiteração, seja pela sua transgressão – que, a meu ver, é onde reside o olhar indiscreto por excelência (e necessário) sobre o legado literário, e que faz com que a escrita avance por outras sendas ainda indizíveis. A interdependência entre ler e escrever é que constitui o legado literário e seus integrantes, pois como atesta o missivista-narrador da carta-conto, "(...) é complicada a tarefa de minerar o ouro do outro para o enriquecimento da própria bolsa. Li não sei mais onde que a inteligência de um é a dele mais a dos seus amigos" (Santiago, 2005, p. 157). Na tarefa de garimpar o ouro do legado literário, o valioso, para o narrador-autor-leitor, é o ato de tornar seu o que lhe é diverso, enriquecendo-se e, ao mesmo tempo, permanecendo em débito com o metal alheio. A escrita configura-se, por fim, como leituras indiscretas que foram apropriadas pelo autor, leituras que tiveram suas referências bibliográficas perdidas no campo da memória do leitor-autor, que agora as (re)escreve fora do determinismo que assola a noção de fonte e influência literárias.

É relevante frisar que o escritor Silviano Santiago já exercera a função de "violador indiscreto" da correspondência alheia ao organizar o livro *Carlos & Mário* (2002), que reúne as epístolas trocadas entre os autores em questão. Na introdução do referido livro, intitulada "Suas cartas, nossas cartas", Santiago afirma e atesta seu gesto de leitura: "Ao violar, por assim dizer, a correspondência alheia estamos possuídos da audácia que pode enrijecer os sentimentos dos mais sensíveis aos atos transgressores. (...) Ao invadir a intimidade da letra epistolar, estamos sendo, antes de tudo, transgressores" (Santiago, 2006, p. 61).[2] Essa "confissão (in)direta" do Silviano Santiago organizador de epístolas violadas – declaração esta pertencente ao que a estudiosa argentina Leonor Arfuch denomina como espaço biográfico, isto é, um espaço intertextual e de confluência de entrevistas, reportagens e publicações na esfera midiática concernentes à produção e à vida de um determinado sujeito público que, no nosso caso, é o autor literário (cf. Arfuch, 2007) –, redimensiona a leitura do conto e cria uma intricada rede entre as produções ficcional e não ficcional do autor. O próprio fato de o Silviano organizador das cartas de Mário e Carlos se relacionar com o Silviano escritor de contos e romances flerta, de certo modo, com a noção de pacto fantasmático cunhada por Philippe Lejeune, no qual o leitor é "convidado a ler os romances não apenas como *ficções* remetendo a uma verdade da 'natureza humana', mas também como *fantasmas* reveladores de um indivíduo" (Lejeune, 2008, p. 43 – grifos de Lejeune). Digo "flertar", porque certos contos e romances de Silviano configuram-se como espaço literário que tanto problematiza essa tal "verdade da natureza humana" à qual Lejeune diz remeter o projeto ficcional, como também traz à luz os "fantasmas" de suas leituras e produções acadêmica e artística, revelando a bagagem – ou, em outras palavras, o débito – intelectual desse indivíduo-autor, leitor ávido

2. A versão de "Suas cartas, nossas cartas" utilizada no discorrer deste estudo refere-se à que foi publicada pelo autor no livro *Ora (direis) puxar conversa!* (cf. Santiago, 2006, p. 59-95).

das obras e correspondências marioandradina e drummondiana. Logo, se há elementos biográficos em "Conversei ontem à tardinha...", eles não se referem a um velado discorrer de eventos inerentes à cronologia de vida do *sujeito Silviano Santiago*, mas à própria vida literária do *autor Silviano Santiago* e suas respectivas produções ficcional e teórico-crítica. As experiências enquanto leitor, escritor e crítico de literatura inscrevem-se no conto como elementos biográficos da figura-autor Silviano Santiago, ou seja, como aquilo que o autor escreveu, viu, leu, assistiu e testemunhou durante o seu percurso artístico-intelectual. Como escreve o Silviano-narrador da carta-conto,

> Com o seu sim, com o seu não (desculpe a ironia no jogo de palavras), a descoberta que fiz pesa, vale, a incorporo, já é minha e vou fazê-la render em meus escritos futuros. Ando pensando em escrever um romance que se chamará *Uma história de família*. Lá v. virará personagem, sob o nome de tio Mário. (Santiago, 2005, p. 169 – grifos de Silviano)[3]

A trajetória intelectual e o respectivo débito com o legado literário constituem o discurso (autobiográfico? autoficcional?) de Silviano Santiago. Portanto, se há um projeto autoficcional nas obras do autor em questão, este se caracteriza menos pelo modo que é comumente entendida a autoficção – isto é, a da escrita de um *eu* com o nome idêntico ao do autor, situado entre fatos de sua vida empírica e acontecimentos ficcionais – do que enquanto uma leitura do (e escrita sobre o) outro, uma conversa atravessada pela/com a (língua da) alteridade.

No que tange à troca epistolar entre Mário e Carlos, o missivista de "Conversei ontem à tardinha..." chega a ironizar o cerne de suas cartas, ao afirmar que "o nosso poeta [isto é, Drummond] não é dado a rompante de intimidade num *tête-à-tête* epistolar (pelo contrário, o focinho fareja o fundo da própria toca em que se esconde)" (Santiago, 2005, p. 162) – evidenciando, pois, que as cartas entre Mário e Carlos são mais um espaço para discussões intelectuais e literárias do que para arroubos de intimidade

3. De fato, o romance *Uma história de família* foi escrito por Silviano Santiago em 1992, tendo a figura de um personagem louco chamado tio Mário. O interessante é a retomada, por parte do autor, desse dado em "Conversei ontem à tardinha...", datado de 2005, criando outros rastros e modos de leitura de suas obras literárias ao construir um discurso intertextual com o leitor.

entre ambos.[4] As correspondências criaram um espaço de reciprocidade e de diálogo (no caso, intelectual) entre os escritores, que se intercambiavam entre os papéis de conselheiro e de aconselhado, de mestre e de discípulo. Como Michel Foucault (2002, p. 150) ressalta, a correspondência manifesta a "presença" do missivista àquele a quem se dirige, uma presença imediata e quase física; assim, "escrever é pois 'mostrar-se', dar-se a ver, fazer aparecer o rosto próprio junto ao outro". Embora a carta seja um meio de o missivista se apresentar no decorrer da vida cotidiana ao correspondente, passando o seu dia em revista e prestando contas àquele diante de seus próprios olhos e sob os do outro, no caso de Mário e Carlos de "Conversei ontem à tardinha..." é o processo criativo literário de ambos que é passado em revista, e que, consequentemente, dá a ver ao seu interlocutor um modo de ser a partir da escrita empreendida. Além disso, o conto de Silviano Santiago reforça a correspondência daqueles como escrita de exercício pessoal e de dupla função, pois Mário e Carlos não só se endereçavam um ao outro, mas também a si mesmos. É essa troca entre os autores que Silviano Santiago burla ao se inscrever como amigo de ambos, "assaltando" suas missivas para, por fim, embaralhar os dados e a origem do discurso.

A apropriação dos discursos de Mário e Carlos pelo Silviano missivista acontece a partir de um enunciado que, ao ser proferido por aqueles, é reflexionado pelo indiscreto leitor de cartas alheias de acordo com aquilo que lhe chama a atenção, ou dito de outro modo, "garimpando" aquilo que lhe afeta: "Mário, não me controlei diante da beleza da sua reflexão e, desavergonhadamente, pedi ao Carlos para copiar o trecho lido a fim de poder *meditar* sobre ele em casa. Ele *me ditou*" (Santiago, 2005, p. 160 – grifos meus). Nesse jogo de palavras entre os verbos *meditar* e *ditar*, em diálogo com a terceira pessoa do singular do caso reto e com a primeira pessoa do singular do caso oblíquo – "meditar sobre *ele*" e "*me* ditou (ou se trata de *meditou*?)", respectivamente –, torna-se evidente o caráter nebuloso que se instaura entre emissor e receptor diante do enunciado: quem dita algo a quem? Quem é o *ele* que medita sobre? O leitor de "Conversei ontem à tardinha..." oscila diante do jogo discursivo que a carta-conto promove,

4. De acordo com Francisco Ortega em *Genealogias da amizade*, a partir da segunda metade do século XIX, as amizades masculinas serão cada vez menos afetuosas e mais intelectualmente intensas, em decorrência de uma afirmação da virilidade, que surge enquanto estratégia tanto de criação de uma familiaridade entre os homens quanto de rechaço a qualquer troca homoafetiva – evitando qualquer arroubo de afetividade masculina que pudesse ser lido como homossexual por parte da sociedade (cf. Ortega, 2002, p. 147-50).

sem saber ao certo *de onde* surge, *de quem* origina o enunciado. O próprio missivista-narrador também não sabe ao certo se a correspondência de Mário de Andrade é totalmente provida de um discurso genuíno, "verdadeiro" – especulando, enquanto leitor, que as leituras marioandradinas se inscrevem, e podem ser entrevistas, no próprio discorrer de sua escrita: "(...) chego finalmente à passagem de Nietzsche onde me parece que v. se inspirou (?) para escrever a carta que enviou ao Carlos" (Santiago, 2005, p. 169). O narrador, ao colocar um ponto de interrogação entre parênteses no meio de sua escrita, sabe que é arriscado fazer afirmações sobre a "fonte das leituras" do outro, pois a subjetividade se apropria, filtra e transforma o que é lido. Todavia, tais riscos são necessários e inerentes à leitura, que exige um posicionamento do leitor, pois estando "certo ou errado, não será agora que [o narrador] tira[rá] o próprio da reta" (Santiago, 2005, p. 169). Ler é apontado como ação político-crítica, que implica o leitor a responder pela sua própria leitura e apropriação de um discurso que, nas palavras de Michel Foucault, já começara *desde sempre* (cf. Foucault, 2009, p. 225). Como o próprio Silviano Santiago (2006, p. 60) afirma,

> Podemos acrescentar a palavra alheia ao nosso vocabulário, assumir a frase lida e memorizada, incorporar a vivência do outro à nossa experiência. Ao ler, deixamos que a obra inscreva sua marca na nossa memória, ao mesmo tempo em que fincamos o marco no território que foi de um e passou a ser de todos. Ao fincá-lo, abolimos para todo o sempre o pertencimento exclusivo da obra ao seu autor e à sua época.

Na passagem anterior, é notável a oscilação do plano temporal resultante do ato de leitura, que problematiza determinadas noções acerca da autoria, obra literária e contexto. O direito de apropriação da obra por parte do leitor possibilita uma ação de esquiva ao pensamento determinista de que o produto literário é sempre resultado categórico de um meio (geográfico, cultural, social, histórico) estritamente influenciador na escrita do autor. O afrouxamento dos limites espaço-temporais decorrente do processo de leitura também se dá quando o missivista-narrador apresenta o pensamento filosófico de Gilles Deleuze ao Mário de Andrade em pleno junho de 1925.[5]

---

5. É importante frisar a importância da filosofia francesa da segunda metade do século XX na produção ficcional e crítico-teórica de Silviano Santiago – mais precisamente a de Gilles Deleuze, Jacques Derrida, Michel Foucault e Roland Barthes. São leituras filosóficas que se tornam "estratégias" para a sua produção literária.

> Posso lhe sugerir uma técnica? Trata-se de uma que Gilles, um escritor francês que andou caminhando por estas bandas interioranas dos Brasis, me ensinou para poder compreender certos ensinamentos de filosofia que me deixavam perplexo e nada mais. Recomendou-se que aprendesse a dissociar os casais de vocábulos de sentido semelhante, ou de sentido oposto, que aparecem naturalmente no nosso raciocínio em grupo de dois. (Santiago, 2005, p. 164)

O conto dissocia e, por conseguinte, desmantela o binômio fonte-influência ao emparelhar as figuras de Mário de Andrade e Gilles Deleuze – com este último sendo astutamente retratado por meio de aspectos biográficos pertencentes a Mário de Andrade, que é retirado de seu *bios* para dar lugar àquele, também retirado de suas terras francesas. A *leitura desenraizada* do narrador, que retira Mário e Deleuze de suas respectivas "raízes", faz com que o escritor paulistano seja lido sob a luz do filósofo francês que, factualmente, não tem nenhum traço em seus escritos críticos sobre a produção marioandradina. Contudo, os pontos de contato são presentes e acabam por descartar qualquer noção determinista e progressista sobre a circulação do pensamento intelectual. A "história" do pensamento apresenta-se no conto como instância conectiva que pulveriza o determinismo de uma linearidade cronológica sobre o qual se debruçara toda uma historiografia clássica. A escrita de Silviano promove uma "volta ao futuro", fazendo de Mário de Andrade um leitor visionário e, ao mesmo tempo, contemporâneo do filósofo francês. Ela concebe um encontro fisicamente impossível na instância de um tempo cronológico, linear, mas completamente viável nos campos filosófico e intelectual, sob a temporalidade (da pele) da escrita. Além disso, a cronologia também é fraturada por meio da própria figura do narrador, que assina sob o nome de Silviano. Uma intricada malha temporal é estabelecida em "Conversei ontem à tardinha...": Silviano-narrador (um *alter* Silviano?) inscreve-se no passado como contemporâneo de Mário e Carlos, embora o conto seja resultante de uma "assinatura" no presente, isto é, a de um Silviano-escritor contemporâneo que inscreve/escreve um Silviano-narrador que escreve e assina missivas em 1925. Os dois Silvianos criam uma maquinaria temporal inerente à escrita literária; parecem se apropriar e, por conseguinte, reverberar a fala de Jacques Derrida, a saber: "Escrever é produzir uma marca que constituirá uma espécie de máquina, produtora, por sua vez, que meu futuro desaparecimento não impedirá, em princípio de funcionar e de dar, dar-se a ler e a reescrever" (Derrida, 1991,

p. 20).[6] A meu ver, essa marca que os dois Silvianos estabelecem e fabricam reverberações para além da escrita – marca entrevista por aqueles entre/na troca epistolar dos escritores modernistas e que prolifera independente da figura do autor – é a marca da dor, ou melhor, da relação entre dor e falta inerente a toda criação literária. Contudo, a dor não é entendida, tampouco abordada por meio da clave do sofrimento cristão – consequentemente de caráter redentor –, mas atrelada à escrita, considerada um corpo de palavras resultante e paciente de uma dor inútil, improdutiva e inoperante, porém necessária:

> [...] as palavras, à semelhança dos nossos sentimentos e emoções, são sujas, tão pegajosas, visguentas e até mesmo nauseabundas, quanto lesmas. A palavra é semelhante em tudo por tudo a um órgão vivo que pulsa governado ou desgovernado pelos mandos ou desmandos do sangue, a filtrar saúde ou doença, indiscriminadamente. (Santiago, 2005, p. 163)

O narrador chama a atenção para a experiência da dor na/em linguagem,[7] ocasionada pela luta do escritor com as palavras que, ao "nascerem" na escrita literária, são imediatamente sacrificadas juntamente com os

---

6. Em "Epílogos em 1ª pessoa", Silviano Santiago aponta para a assinatura de seu nome próprio como propulsor de um percurso infindável e errante do texto, que continuará a funcionar independente de si mesmo, um sujeito-autor:

> Para acoplar a assinatura ao texto acabado, procuro uma imagem diferente das vulgares [...]. A identidade da minha primeira pessoa – ao dar autonomia cidadã ao produto criado, ao bater-lhe na cara a porta da rua, ao dar-lhe o estatuto de público, – é semelhante a uma flecha que, impulsionada pela corda do arco subitamente distendido, avança pelo espaço e o tempo, avança sem deter porque não tem como destino um único alvo, predeterminado. [...] Ninguém, absolutamente ninguém, que interrompa o seu trajeto e se proponha como alvo é mais do que um leitor, tão fugaz quanto o seu percurso até então. (Santiago, 2004, p. 250)

7. Importante ressaltar a problemática em cunhar a expressão *experiência da linguagem*, já que o termo *linguagem*, assim como *escritura*, vem sendo rediscutido devido ao seu uso incessante e indiscriminado em instâncias diversas. Segundo Jacques Derrida, "diz-se 'linguagem' por ação, movimento, pensamento, reflexão, consciência, inconsciente, experiência, afetividade, etc. Há, agora, a tendência a designar 'escritura' tudo isso e mais alguma coisa: não apenas os gestos físicos da inscrição literal, pictográfica ou ideográfica, mas também a totalidade do que a possibilita" (Derrida, 2006, p. 10). No entanto, faz-se necessário aqui cunhá-lo, já que, ao relacioná-lo à obra de Silviano, aproxima-o enquanto "fantasia" (ou fantasma?) de um determinado contexto histórico-cultural desejoso em circunscrever toda experiência na instância do dizível e do legível – e que, a meu ver, Silviano Santiago, Mário de Andrade e Carlos Drummond de Andrade problematizam e põem em xeque com suas respectivas literaturas.

escritos quando lançados ao mundo. O discurso literário torna-se uma "cria órfã", sendo impossível descobrir a sua (desnaturada) paternidade. Como o próprio Silviano Santiago (2004, p. 249) discorre durante a sua palestra (ou seria um manifesto de pacto fantasmático?) na PUC-Rio, em 2004:

> Pouco importa se assassina ou suicida, o certo é que a [terceira pessoa] é quem pede agora aos meus já-leitores, alguns aqui presentes, que releiam os livros assinados Silviano Santiago, abstraindo a primeira pessoa que aqui, à sua frente, respira e pronuncia palavras; abstraiam a mim dos escritos a fim de que possam considerá-los o que na realidade são – *corpo morto, letra morta*. Numa única imagem: são uma galinha-d'angola sacrificada e atirada ao deus-dará pelo meeiro e criador.

O que parece unir Mário de Andrade, Carlos Drummond de Andrade e Silviano Santiago – assim como os demais autores e pensadores citados no conto tais como Manuel Bandeira, Guimarães Rosa e Friedrich Nietzsche – é a dor da criação no âmbito da linguagem que, depois de posta em circulação no ambiente público, não dará conta do indivíduo que a assina, ou melhor, que a "assassina" ao relacioná-la ao seu nome de autor. Seus escritos são letras mortas, também, por ser menos uma finalização do que uma etapa do processo do autor às voltas com os interstícios da linguagem; mortas porque não darão conta de uma interioridade, da apreensão de um sujeito. São também suicidas, porque já nascem cônscias de sua morte anunciada, de jamais se constituírem enquanto discurso efetivo de um *eu*.

Cabe ressaltar que o sentimento de pertença do narrador/escritor Silviano para com os missivistas evidencia um comunidade de amigos literários – entendendo comunidade aqui não no sentido do em-comum, ou de uma comunhão, mas enquanto relação entre diferentes. Desse modo, a amizade seria a comunidade de um *com*-viver de não idênticos. Como descreve Giorgio Agamben (2009, p, 89):

> A amizade é a instância deste com-sentimento da existência do amigo no sentimento da existência própria [...]. Não há aqui nenhuma intersubjetividade – esta quimera dos modernos –, nenhuma relação entre sujeitos: em vez disso o ser mesmo é dividido, é não idêntico a si, e o eu e o amigo são as duas faces – ou os dois pólos – dessa *com-divisão*.

Porém, essa *philia* literária da dor – que partilha diferenças e dúvidas, ilegibilidades e faltas – não impede seus integrantes de perder a apreensão de si mesmos como sujeitos durante a circulação e a apropriação das informações que entre eles transitam. Não se estabelece um caráter fusional entre os amigos literários, mas uma pulverização dos papéis de detentor, emissor e receptor do discurso. Como escreve o narrador-missivista, "ao fim desta carta, já não sei se estive falando de você e do Carlos, ou de mim mesmo todo o tempo" (Santiago, 2005, p. 170). Instaura-se, assim, uma dicção múltipla, que advém de um "tornar-se outro do mesmo" como o define Giorgio Agamben – isto é, de uma "des-subjetivação no coração mesmo da sensação mais íntima de si" (Agamben, 2009, p. 90). Nessa experiência da amizade, des-subjetivada e distante de uma noção de identidade, não poderia ser entrevista a interiorização do lado de fora, enxergada por Deleuze (em sua leitura dos escritos foucaultianos sobre o duplo) não como reduplicação do Mesmo, mas como repetição do Diferente? Dito de outro modo: não seria a amizade o próprio Fora, em que "nunca o outro que é um duplo, [pois] na reduplicação, *sou eu que me vejo como o duplo do outro*"? (Deleuze, 2005, p. 105 – grifo nosso).

Em Mário e Carlos entrevê-se uma relação de amizade situada entre a atração e a repulsa, que deflagram reações físicas e psicológicas. Trata-se de uma "familiaridade" difícil de suportar, fruto de uma ligação intelectual irresistível entre ambos. As "palavras amigas" violentam e desorganizam o corpo do outro:

> Você abusou, Mário. Pregar prego em pele de elefante, tudo bem, Carlos agüenta. Carlos agüenta também coice de égua, porque coice de égua não machuca cavalo. Mas dose cavalar de óleo de rícino foi demais. [...] O problema de Carlos, Mário, é psicológico [...], [pois] quando toca as vísceras, embrulha o estômago, faz vomitar e bole com fígado, rins, pulmões e intestinos, aí o descontrole é geral. Caganeira certa, com perdão da palavra. (Santiago, 2005, p. 160-1)

O que inicialmente parece ser uma amizade "desastrosa", na realidade é um aspecto inerente à própria amizade, composta inevitavelmente por acidentes e discordâncias advindas da singularidade, rechaçando qualquer vínculo fraternal que pudesse associar uma noção de fusão e homogeneidade à ideia de amizade. O amigo – para quem Michel Foucault, ao ler a obra literária de Maurice Blanchot, é uma atração no auge da dissimulação (dissimulação por ser pura presença em demasia e que mais repele do que atrai – Foucault, 2009, p. 237) – é aquele com quem se tenta dissolver a distância constante, por ser uma pura ausência sempre presente. Por conseguinte, a amizade entre os escritores Mário e Carlos, assim como a escrita polissêmica do conto de Silviano, estabelece uma *philia* não mais calcada no sentido platônico de igualdade entre os sujeitos, mas na distância entre os correspondentes e na busca de aplacar a ausência do outro por meio de cartas. Retomando algumas linhas anteriores, entrevejo a amizade entre Mário e Carlos como fenômeno político que promove novas experiências relacionais, afastando a amizade da clave do familiar que, por sua vez, busca emparelhá-la à noção de fraternidade[8] – pois, como questiona Jacques Derrida, "por que o amigo deveria ser um irmão? (...) O que seria a política de um tal 'além do princípio da fraternidade'?" (Derrida, 1994, p. 12 *apud* Quintiliano, 2005, p. 38). "Conversei ontem à tardinha..." evidencia o *locus* de uma *philia* literária repleta de atrações e repulsões em que o próprio Silviano se inclui, enfatizando tanto os registros, os discursos, os imaginários literários que o autor herda *apesar de* si mesmo, quanto aqueles que ele escolhera herdar. Um clã literário se estabelece, uma linhagem residida sobre um te(x)to movediço, sobre uma Lei(tura) ao revés, sobre um movimento contrário pertencente à própria escritura: o de relutar à aceitação incontestável do visível e do dizível, tentando excedê-los, transgredi-los. É nesse registro da transgressão e do excesso que se introduz a relação da escrita literária com o Fora.

Embora a experiência literária do Fora se constitua dentro de uma análise dos procedimentos da literatura moderna, com seu caráter de excesso e de transgressão da Lei, tal experiência, a meu ver, ainda pode ser entrevista na produção pós-moderna, porém sob outro prisma: através da articulação do Fora na instância de uma escrita suplementar, que, ao invés de transgredir e de romper com a Lei, acrescenta um adendo ao legado da escrita moderna – sendo, por conseguinte, uma aceitação do (e diálogo com o) passado. Como atesta Jacques Derrida, o movimento suplementar é somente possível fora do *logos* clássico, de qualquer lógica de identidade e noção de ontologia (cf. Derrida, 2006, p. 384). Não seria esse o caráter da escrita do conto de Silviano Santiago, no qual o Fora estaria nos campos do indizível e invisível que rondam as figuras de Mário de Andrade e Carlos Drummond de Andrade? A escrita suplementar não seria o registro transgressor do conto em questão – divergindo, pois, de uma estética da/em ruptura, que é, por excelência, uma forma transgressora (canônica)

8. Para uma abordagem mais aprofundada sobre o conceito de *philia* e seu discorrer no discurso filosófico, cf. Quintiliano (2005).

da escrita moderna?[9] Não existiria, em "Conversei ontem à tardinha...", o trânsito para o Fora, por meio de uma literatura que se autorreferencia, sem constatar uma interioridade possível? Como atesta Mario Bruno, o Fora, já que não possui uma essência, só pode ser entrevisto em diálogo, em relação (Bruno, 2008, p. 141). Contudo, pergunto-me se a transgressão, no lugar de ter realmente desaparecido com o advento da literatura dita pós-moderna – na qual a produção artística de Silviano Santiago se insere –, não tenha, no âmbito daquela, se transmutado na estratégia do suplemento, que se coloca em um diálogo recorrente com o legado moderno, promovendo "a abertura de um comentário: repetição daquilo que fora não cessou de murmurar" (Foucault, 2009, p. 226).

A meu ver, o Fora no conto de Silviano é constituído por mais de uma dobra: [a] por se articular enquanto uma escrita suplementar, uma estratégia de escrita para que advenha, por meio do comentário (mesmo que por um lampejo), o que não se encontra no campo do representável, no âmbito do dizível e do visível (ao retomar as figuras de Mário e Drummond na instância do privado, da troca epistolar); [b] por se constituir como uma escrita no limiar entre o ficcional e o não ficcional, composta por uma fala de si por meio do outro (corroborada por atos de leitura e de apropriação que desmantelam as relações entre fonte e influência no âmbito literário); [c] por elaborar um discurso autorreflexivo que se dissipa em vez de atestar uma interioridade, dando lugar ao "ser da linguagem [que] só aparece para si mesmo com o desaparecimento do sujeito" (Foucault, 2009, p. 222), definindo a autoficção como experiência "fora" de um discurso da interioridade de um *eu* em escrita.

Portanto, se o Fora e o conceito de autoficção se relacionam, tais conceitos seriam, também, em decorrência do *processo de derrapagem da escrita literária*, que aparece na esfera da repetição de um dado, uma traição

9. O próprio Silviano Santiago, em seu artigo "A permanência do discurso da tradição no modernismo" (2002), discute sobre a relação entre as literaturas moderna e pós-moderna, ao considerar a primeira uma escrita da ruptura, de dimensão utópica (crítica e rompimento com o passado, não aceitação do tempo presente e idealização do futuro) e a segunda uma escrita suplementar, de dimensão pós-utópica (aceitação, endossamento e diálogo com o passado, porém sem desconsiderar o tempo presente). Embora suas considerações sobre as noções de paródia e de pastiche aparentem ser um tanto binominais – a seu ver, inerentes às escritas moderna e pós-moderna, respectivamente –, o artigo é importante tanto pelas definições acerca da ideia de uma escrita suplementar no âmbito das produções literárias pós-modernas quanto pela análise perspicaz sobre a tradição no seio do movimento modernista brasileiro.

da/na instância da linguagem literária? De acordo com Silviano Santiago, a respeito da troca epistolar dos autores modernistas, "a grafia de vida (a de Carlos e a de Mário) está tanto na repetição do dado, quanto na *derrapagem da pena* no percurso do parágrafo ou no *descontrole dos dedos* no teclado da máquina de escrever" (Santiago, 2006, p. 64 – grifos nossos) – ou seja, derrapagens e descontroles elucidativos do que se resvala, do que sorrateiramente surge, apesar do projeto de escrita de cada missivista, de cada autor. Essa derrapagem a olhos vistos, que se exterioriza apesar da escrita intentada pelo escritor – essa pura esquiva que se presentifica diante do leitor – é, a meu ver, a metáfora crítica que melhor dialoga com o conto de Silviano Santiago. Com seu missivista-narrador, o conto busca uma apreensão das passagens das epístolas marioandradinas ao poeta Drummond, que, por conseguinte, acaba por resvalar-se para um território inesperado da escrita, deixando entrever outras leituras e aproximações possíveis tanto das correspondências quanto do espaço da intimidade dos missivistas.

Embora a derrapagem e o descontrole possam ocorrer (não serão intrínsecos?) nos meandros de todo projeto literário, parecem ganhar maior acuidade na escrita autobiográfica/autoficcional por se tratarem (mesmo que à revelia de alguns autobiógrafos) de escritas performativas, pois o *eu falo/eu escrevo* – discurso que ocorre em construção durante a leitura e onde se nota o movimento constante das palavras se inscrevendo no espaço em branco do papel (embora estivessem lá desde sempre) – não constituem, na realidade, nenhum sentido íntimo (cf. Bruno, 2008, p. 143). O *cogito*, o *eu penso* dá lugar ao próprio registro do fazer-se-em-escrita (ou fazer-*si*-em-escrita?), de escrever-um-si que é pura exterioridade e que deixa advir a fricção do inesperado, ou dito de modo diverso, do impensado, uma escrita para "fora", que se pretende exteriorizada, porém sem que exista um fundo em contraponto. Entretanto, ela pode dobrar-se sobre si mesma e se constituir, durante o seu trajeto discursivo, como interiorização do exterior (ressalto: *interiorização*, enquanto movimento de uma torção sobre si mesma, ao invés de *interioridade,* que denota a noção de um *locus* onde existiria um conteúdo, um cerne).

Em "Conversei ontem à tardinha...", a escrutinização da missiva alheia e de seus respectivos correspondentes, a escrita de um espaço, a princípio íntimo, posta "para fora", agudiza a pura exterioridade da escrita que, mesmo sendo a de uma correspondência, caracterizada pela escrita de um *eu* em revista ao seu destinatário, se desloca de qualquer possibilidade de apreensão de seu remetente. Na dobra da carta sobre si, na aproximação de instâncias aparentemente distantes, surge o impensado na própria escrita. O que poderia ser estritamente autobiográfico se torna ficcional e vice-versa; os pronomes pessoais tornam-se máscaras que deslizam a imagem do enunciador. Por fim, ao desdobrar e distorcer as missivas de outrem, Silviano Santiago de/em "Conversei ontem à tardinha com o nosso querido Carlos" possibilita outras *distorções*, outras dobras ao infinito, impensadas – dobras que trazem o discurso (auto)biográfico do autor sobre a dicção do outro (re) lido e (re)apropriado; dobras que evidenciam a escrita literária enquanto uma instância da *philia*, na qual escritores-leitores criam discursos sem paternidade porém repletos de débitos; dobras que agudizam a instância da Lei que ronda a literatura, para que o leitor do conto garimpe o terreno da escrita com a ferramenta (e a persistência) de sua Lei-tura transgressiva – pois como afirma Silviano Santiago, "a lei do leitor é a do usucapião" (Santiago, 2006, p. 60).

REFERÊNCIAS

AGAMBEN, Giorgio. "O amigo". In: *O que é o contemporâneo? e outros ensaios*. Chapecó: Argos, 2009. p. 77-92.

ARFUCH, Leonora. *El espacio biográfico*: dilemas de la subjetividad contemporánea. Buenos Aires: Fondo de Cultura Económica, 2007.

BRUNO, Mario. *Escrita, literatura e filosofia* (Barthes, Derrida, Foucault, Deleuze). Rio de Janeiro: Forense Universitária, 2008.

DELEUZE, Gilles. *Foucault*. São Paulo: Brasiliense, 2005.

DERRIDA, Jacques. *Gramatologia*. São Paulo: Perspectiva, 2006.

______. *Limited Inc*. São Paulo: Papirus, 1991.

______. *Politiques de l'amitié*. Paris: Galilée, 1994.

FOUCAULT, Michel. "A experiência do exterior". In: *Ditos e Escritos vol. 3*; Estética: literatura e pintura, música e cinema. Org. Manoel Barros da Motta. Rio de Janeiro: Forense Universitária, 2009. p. 219-42.

______. "A escrita de si". In: *O que é um autor?* Lisboa: Passagens, 2002.

LEJEUNE, Philippe. *O pacto autobiográfico*: de Rousseau à Internet. (Org. Jovita Maria Gerheim Noronha). Belo Horizonte: UFMG, 2008.

MIRANDA, Wander Melo. "Memória: modos de usar". In: CUNHA, Eneida Leal (Org.) *Leituras críticas sobre Silviano Santiago.* Belo Horizonte: UFMG; São Paulo: Fundação Perseu Abramo, 2008. p. 97-107.

ORTEGA, Francisco. *Genealogias da amizade.* São Paulo: Iluminuras, 2002.

______. *Amizade e estética da existência em Foucault.* Rio de Janeiro: Graal, 1999.

QUINTILIANO, Deise. "Repensando a amizade". In: *Sartre*: philía e autobiografia. Rio de Janeiro: DP&A Editora, 2005. p. 25-45.

SANTIAGO, Silviano. "A permanência do discurso da tradição no modernismo". In: *Nas malhas da letra.* Rio de Janeiro: Rocco, 2002. p. 108-44.

______. "Conversei ontem à tardinha com o nosso querido Carlos". In: *Histórias mal contadas.* Rio de Janeiro: Rocco, 2005. p. 157-70.

______. "Epílogos em 1ª pessoa: eu e as galinhas-d'angola". In: *O cosmopolitismo do pobre*: crítica literária e crítica cultural. Belo Horizonte: UFMG, 2004. p. 242-52.

______. "Suas cartas, nossas cartas". In: *Ora (direis) puxar conversa!* – ensaios literários. Belo Horizonte: UFMG, 2006. p. 59-95.

WILLEMART, Philippe. *Os processos de criação na escritura, na arte e na psicanálise.* São Paulo: Perspectiva, 2009.

O VINHO AMARGO DO ROMANCE BRASILEIRO MODERNO:

exame dos prólogos de Memórias póstumas de Brás Cubas[1]

Andréa Sirihal Werkema

Não há como negar que os dois prólogos escritos para *Memórias póstumas de Brás Cubas* incidem diretamente na questão de uma definição de gênero; ou melhor, me corrijo rapidamente: apresentam a questão de um possível gênero para o livro que se vai ler, e deixam no ar a indefinição como mais um dos segredos ou armadilhas em que caímos sempre, leitores intencionalistas de Machado de Assis que somos. Voltando aos prólogos, importa assinalar que tanto Brás Cubas, narrador e personagem, quanto o autor, Machado de Assis, insistem em apresentar o termo "romance" como possível categoria para a definição das *Memórias póstumas*. E o fazem ambos pela mesma maneira indireta, apresentando a possibilidade sem afirmá-la. Vejamos.

Assim diz o defunto autor, em seu prólogo "Ao leitor", que cito aqui em parte:

> Que Stendhal confessasse haver escrito um de seus livros para cem leitores, cousa é que admira e consterna. O que não admira, nem provavelmente consternará é se este outro livro não tiver os cem leitores de Stendhal, nem cinquenta, nem vinte, e quando muito, dez. Dez? Talvez cinco. Trata-se, na verdade, de uma obra difusa, na qual eu, Brás Cubas, se adotei a forma livre de um Sterne, ou de um Xavier de Maistre, não sei se lhe meti algumas rabugens de pessimismo. Pode ser. Obra de finado. Escrevi-a com a pena da galhofa e a tinta da melancolia, e não é difícil antever o que poderá sair desse conúbio. Acresce que a gente grave achará no livro umas aparências de puro romance,

1. A primeira versão desse texto foi publicada nos Anais do XIII Congresso Internacional da ABRALIC, 2013.

ao passo que a gente frívola não achará nele o seu romance usual; ei-lo aí fica privado da estima dos graves e do amor dos frívolos, que são as duas colunas máximas da opinião. (Assis, 1997, v. I, p. 513)

O comentário que fecha o trecho é bastante machadiano, como nos acostumamos a reconhecer *a posteriori*: é aí que começa a grande viagem pelas máximas e aforismos que farão desse autor o nosso moralista não moralizante. Entretanto, há aí também uma definição de romance, e "romance romântico", talvez, em seu mais puro clichê: pede leitores frívolos, leitoras quiçá, que servirão ao narrador das *Memórias* como espécie de referencial irônico para seus desmandos narrativos ao longo do livro. Um romance com início, meio e fim. Um romance com herói ou heroínas, bons/maus personagens, um enredo a ser desenredado etc. E o que Brás Cubas apresenta ao leitor é "obra difusa", "forma livre", acrescida, além do mais, pelas "rabugens do pessimismo". Ora, o tal "conúbio" de que fala nosso defunto autor resiste ao rótulo do romance-clichê, mas aceitaria de bom grado conviver, como ele está cansado de saber, com os livros de Sterne ou de Xavier de Maistre. Há, portanto, que se alargar a definição de romance enquanto gênero. Mas então, não há, aí, problema real, pois, como sabemos, não é o romance por natureza o mais flexível dos gêneros?

Vou respingando ao longo do meu texto, para criar assunto, algumas considerações já célebres sobre essa questão, velha, mas, ao que parece, inesgotável: o gênero do romance. Excertos de discurso de Mikhail Bakhtin (2010, p. 397-398) nos dizem:

[...] o romance é o único gênero por se constituir, e ainda inacabado. As forças criadoras dos gêneros agem sob os nossos olhos: o nascimento e a formação do gênero romanesco realizam-se sob a plena luz da História. A ossatura do romance enquanto gênero ainda está longe de ser consolidada, e não podemos ainda prever todas as suas possibilidades plásticas.
[...]
Mas o principal é que o romance não tem o cânone dos outros gêneros: historicamente são válidas apenas espécies isoladas de romance, mas não um cânone do romance como tal. O estudo dos outros gêneros é análogo ao estudo das línguas mortas; o do romance é como o estudo das línguas vivas, principalmente as jovens.
Daí vem a extraordinária dificuldade para uma teoria do romance. Com efeito, esta teoria deveria ter, em princípio, um objeto de estudo totalmente diferente

> da teoria dos outros gêneros. O romance não é simplesmente mais um gênero ao lado dos outros. Trata-se do único gênero que ainda está evoluindo no meio de gêneros já há muito formados e parcialmente mortos.
> [...] Ele se acomoda mal com outros gêneros. Ele luta por sua supremacia na literatura, e lá, onde ele domina, os outros gêneros velhos se desagregam.

Tais reflexões são bem conhecidas, e, feitas nos anos de 1940, servem-nos ainda hoje e refletem em parte, sem dúvida, o pensamento dos *Frühromantiker*, no fim do século XVIII. Fechamos facilmente o círculo se voltarmos ao prólogo de Machado e o compararmos à "Carta sobre o romance", de Friedrich Schlegel, e se cotejarmos os trechos citados de Bakhtin com a mesma Carta e com o Fragmento 116 da revista *Athenäum*. Em comum com o prólogo machadiano, o texto de Schlegel apresenta um protótipo possível de romance romântico de forma sincrônica: convivem, como peças formadoras de um modelo, as obras de Jean Paul, Diderot, Sterne, Shakespeare ou Cervantes. Não há um dado propriamente formal, muito menos temporal, que os una e os faça reconhecíveis enquanto romances românticos: há que se buscar esse índice classificatório em outras instâncias. Por que, entretanto, romance "romântico"? Responde-nos, em parte, a famosa tautologia de Schlegel (1994, p. 67): "Um romance é um livro romântico".

Sim, porque Friedrich Schlegel recupera a raiz comum das palavras e faz do romance o gênero romântico por excelência, na medida em que romântico é o livro que não tem forma acabada, não tem gênero determinado – por isso, ele já dissera no fragmento famoso, toda poesia deve ser romântica. Por isso, o romance deve ser, e é, em sua forma moderna, um livro romântico. Não discutirei aqui a flexível noção schlegeliana de moderno, ou não sairemos mais disso. Volto rapidamente à "Carta sobre o romance", apenas para me certificar do que foi exposto: "É preciso que lhe esclareça por que, segundo meu ponto de vista, exijo de toda poesia que seja romântica, mas detesto o romance, na medida em que ele se pretenda um gênero específico" (Schlegel, 1994, p. 67).

No prólogo "Ao leitor", a "obra difusa", que usa da "forma livre" de Laurence Sterne ou Xavier de Maistre, filia-se, assim, sem muitas dúvidas, a um tipo de livro; o que não é tão fácil é resolver se a injeção da "tinta da melancolia", por meio da "pena da galhofa", ou as tais "rabugens de pessimismo", podem vir a configurar, junto à forma shandiana,[2] um romance. Essa é a dúvida jocosamente apresentada pelo defunto autor: o livro tem "aparências de puro romance", mas não é "romance usual" (Assis, 1997, v. I, p. 513). As semelhanças com a "Carta sobre o romance" não estão apenas no alinhamento sincrônico de obras que pertencem a uma mesma família – cujos dados para o reconhecimento de sua forma se dão a conhecer pela marca de sua ausência –, mas, principalmente, na aparente pouca importância dada à prescrição da forma do livro que aí se apresenta para os leitores. A alguns parecerá romance, a outros não: "A obra em si mesma é tudo" (Assis, 1997, v. I, p. 513), dirá Brás Cubas. Porque, e eis aqui a principal lição que devemos anotar até agora, toda indicação de gênero, se é que se faça necessária, deve vir de dentro da obra – romance. Ele se sobrepõe a qualquer cânone prescritivo, não reconhece imposições formais e não se deixa reconhecer de imediato pelo leitor ou crítico formado dentro de uma tradição de gêneros prontos (ou mortos, como intui Bakhtin).

Assim, demos a volta ao círculo e retornamos a Bakhtin, passando por Schlegel e Machado. Os trechos citados do teórico russo chegam quase que a repetir algumas das formulações encontradas no Fragmento 116 da *Athenäum*. O que Schlegel chama de "gênero da poesia romântica", Bakhtin nomeia "romance", diferença que se desfaz com rápida leitura da teoria primeiro-romântica. Importa reter o sentido de evolução permanente do gênero e a impossibilidade de compreendê-lo por uma crítica e/ou teoria tradicional: "O gênero da poesia romântica ainda está em evolução – esta, aliás, é sua verdadeira essência, estar sempre em eterno desenvolvimento, nunca acabado. Nenhuma teoria o esgota, e apenas uma crítica divinatória estaria autorizada a ousar uma caracterização de seu ideal" (Schlegel, 1994, p. 99 e 101). Na "Carta sobre o romance", lemos também: "Semelhante teoria do romance teria de ser, ela mesma, um romance que reproduzisse fantasticamente cada nota eterna da fantasia e que de novo gerasse o caos do mundo dos cavaleiros andantes" (Schlegel, 1994, p. 68). Como reafirma Bakhtin, a própria natureza do romance dificulta a criação de uma teoria que dê conta de sua forma: porque uma teoria precisa de cristalização mínima, e o romance continua acontecendo sob nossos olhos nesse exato momento. Segundo essa formulação, por ser o único gênero realmente moderno, ou melhor, gênero do mundo moderno, ele se impõe sobre todos os outros,

2. A expressão é de Rouanet (2007).

tende a destruí-los, englobá-los – e não vai nos permitir tão cedo uma visão que o abarque completamente enquanto gênero pronto.

Se, em 2016, já estamos mais perto de tal teoria, isso não vem ao caso diretamente neste momento, e deixo a questão para uma possível discussão posterior; eu discuto, no entanto, um livro que se apresenta por dois prólogos ainda no final do século XIX, na complexa situação da literatura brasileira que ia se formando. E me dou conta de que andei por russos e alemães e ainda não trouxe o segundo prólogo escrito para *Memórias póstumas de Brás Cubas*. Apesar de quase tão conhecido como o prólogo "Ao leitor", o prólogo escrito por Machado de Assis para a terceira edição do livro deve ser aqui relembrado por sua insistência na enumeração de modelos romanescos – insistência que se faz, novamente, por certo despiste ou dissimulação, como se o autor não quisesse de forma alguma chamar para si a responsabilidade de dar a seu livro uma definição de gênero. Aqui temos um trecho do prólogo:

> Capistrano de Abreu, noticiando a publicação do livro, perguntava: 'As *Memórias póstumas de Brás Cubas* são um romance?' Macedo Soares, em carta que me escreveu por esse tempo, recordava amigamente as *Viagens na minha terra*. Ao primeiro respondia já o defunto Brás Cubas (como o leitor viu e verá no prólogo dele que vai adiante) que sim e que não, que era romance para uns e não o era para outros. Quanto ao segundo, assim se explicou o finado: 'Trata-se de uma obra difusa, na qual eu, Brás Cubas, se adotei a forma livre de um Sterne ou de um Xavier de Maistre, não sei se lhe meti algumas rabugens de pessimismo.' Toda essa gente viajou: Xavier de Maistre à roda do quarto, Garrett na terra dele, Sterne na terra dos outros. De Brás Cubas se pode dizer que viajou à roda da vida. (Assis, 1997, v. I, p. 512)

É óbvio que Machado de Assis transfere, nessa passagem, qualquer responsabilidade para o seu defunto narrador, Brás Cubas, o que não deixa de ser muito interessante, já que o mais natural seria pressupor que esse prólogo, assinado pelo autor, viria finalmente botar os pingos nos is. O desconcertante, no entanto, é que ele não responde nem à pergunta feita por Capistrano de Abreu em sua resenha, nem à carta de Macedo Soares; ao repetir as supostas palavras de seu personagem, a quem delega em definitivo o lugar de autor, Machado está ciente de que não há aí nenhuma resposta efetiva. É como ele próprio glosa: as *Memórias póstumas* são romance para uns e não são para outros. Ele ainda se dá ao trabalho de repetir toda a explicação formal de Brás Cubas acerca da forma livre de sua obra. Em comum com o prólogo de Brás, veja-se que Machado também usa os termos "livro" e "obra" para falar das *Memórias*: ambos são cuidadosos com a indefinição do gênero de sua criatura híbrida. No entanto, por que é que o termo "romance" comparece nos dois prólogos, como o gênero possível para classificar a obra?

Por um lado, é óbvio que a indagação acerca do gênero vinha do público leitor, incluindo os possíveis leitores-críticos. A estratégia de incorporar as dúvidas de dois de seus leitores ao segundo prólogo é uma maneira engenhosa de se mostrar atento à recepção crítica de sua obra e fazê-la render enquanto autoconsciência crítica. É necessário anotar também que o público brasileiro vinha se acostumando a ler romances.

Por outro lado, Machado de Assis sabe que a forma é ferramenta essencial na inovação literária. Seu projeto de uma nova literatura brasileira, não atrelada à questão conteudística (diga-se extraliterária, em nosso Oitocentos nacionalista), realista e, até, naturalista *lato sensu*, projeto pautado pelas questões da inserção ou da necessidade – e não pelos movimentos naturais de uma vida literária já formada –, repito, o projeto machadiano, delineado com certa nitidez no ensaio "Instinto de nacionalidade",[3] de 1873, parece chegar ao auge de sua explicitação exatamente com a publicação de *Memórias póstumas de Brás Cubas*, em 1880 (folhetim) e 1881 (em livro; veja-se que o segundo prólogo é só de 1896, e a ênfase na diferenciação só aumenta com o tempo). A experimentação formal, como posta em prática no romance, é algo até então praticamente inédito na literatura brasileira (e digo praticamente porque podem ser levantados ao menos alguns exemplos de tentativas nesse sentido).

Não é meu objetivo, no entanto, uma leitura do livro em questão, mas sim de partes dos dois textos de apresentação que antecederam a duas de suas edições, porque são metatextos, e colocam em xeque de maneira precisa a expectativa de mais um romance escrito pelo já então admirado escritor, o Sr. Machado de Assis, nos idos de 1880. Ao virar a mesa, Machado justificou-se uma vez, pela voz de seu defunto autor, em seu atrevido prólogo "Ao leitor"; justificou-se uma segunda vez, anos depois, no segundo prólogo. Sempre, contudo, de forma enviesada, no seu melhor estilo. Seus dois prólogos, vistos em conjunto, além de, em certa medida,

3. "Notícia da atual literatura brasileira – Instinto de nacionalidade" (Assis, 1997, v. III, p. 801-809).

serem continuação de suas preocupações em relação a uma via possível para a literatura brasileira, frente a escolhas, modelos e formas, passam mesmo um pouco além dessa primeira oferta de caminhos e arriscam um esboço de uma teoria do romance – romance machadiano, ou romance possivelmente brasileiro e moderno.

Um pouco de recapitulação: essa relação sincrônica que Machado estabelece com seus modelos é sincrônica na medida em que se faz na semelhança e na diferença, em que chama os modelos para indicar os desvios, em que aponta uma tradição para marcar a ruptura. Leiamos, enfim, a parte final do prólogo à terceira edição das *Memórias póstumas*:

> O que faz do meu Brás Cubas um autor particular é o que ele chama 'rabugens de pessimismo'. Há na alma deste livro, por mais risonho que pareça, um sentimento amargo e áspero, que está longe de vir dos seus modelos. É taça que pode ter lavores de igual escola, mas leva outro vinho. Não digo mais para não entrar na crítica de um defunto, que se pintou a si e a outros, conforme lhe pareceu melhor e mais certo. (Assis, 1997, v. I, p. 512)

Só nesse momento, temos uma defesa clara, inequívoca, da diferença, dentro da semelhança: taça lavrada na mesma escola, mas que contém outro vinho. É bom estar atento: não é taça igual às outras taças. Essa tem lavores, relevos, entalhes, arabescos semelhantes – mas a forma pode ser diversa, inclusive. Já o seu conteúdo, fundamental, é inteiramente outro. O sabor desse vinho está contaminado pelos dois adjetivos usados na citação: "amargo e áspero". Esse vinho, que o autor Machado de Assis, enfim, nos oferece diretamente de sua mão, não é de fácil apreciação, pelo contrário. A bela cor e o aspecto risonho são enganosos: somos levados a eles pela crença nos modelos evocados anteriormente. Os modelos, contudo, cumpriram sua função: estabeleceram a impossibilidade de uma teoria do romance – estratégica para Machado de Assis –, e agora podem servir para que o autor os contraste com a sua obra.

A diferença ofertada por Machado de Assis em seu quinto (digamos enfim) romance, no entanto, é que determina a sua importância tanto na série de seus próprios livros quanto na série da literatura brasileira. Que o diga a fortuna crítica que o acompanha. Apesar de não ser o meu objetivo aqui, como já disse outras vezes, uma análise do romance em si, posso inferir que a sua leitura enquanto experimento de gênero muda um pouco o ângulo da recepção mais usual; a forma se faz determinante em relação ao sentido da obra. A leitura notável de um "narrador volúvel", por exemplo: estou aqui a concordar com Roberto Schwarz para poder discordar, audaciosamente, de alguns poucos detalhes.

"As liberdades narrativas peculiares à segunda fase começam sob o signo de Sterne, conforme a conhecida indicação de Machado" (Schwarz, 2000, p. 230), diz capciosamente o crítico, para logo lembrar, no entanto, que o estilo borboleteante da escrita de Brás Cubas já era usado pelo Machado cronista e folhetinista há muitos anos. A inserção da volubilidade de Brás narrador em uma tradição seria assim validada pelas belas-letras, apenas para ser posta em dúvida por uma associação com a subliteratura dos jornais – marca, porém, de extrema modernidade. O que importa, de qualquer forma, é destacar o princípio estrutural: um narrador que determina a forma livre, e que faz da obra algo difuso. Deixemos de lado, por um instante, a grande tese central de Brás Cubas como tipo ideado de uma classe social (se é que é possível...). Falta, talvez, à leitura de Roberto Schwarz a percepção da sutileza, que sobra naquele que o inspirou a buscar o "capricho" (Meyer, 2008, p. 15) como traço peculiar em Brás Cubas. (Em parênteses, lembremos que a volubilidade do narrador-personagem é que faz com que ele oscile do desprezo por tudo ao silêncio das negativas, do sorriso de salão ao riso do delírio de morte. Perguntamos: é dado a Brás Cubas ser sempre senhor da situação?). De fato, precisamos voltar à leitura de Augusto Meyer para conseguirmos matizar a totalidade da visão schwarziana, que parece responder a tudo: onde, no entanto, o "outro vinho" de que nos fala o próprio Machado de Assis?[4] A resposta mais fácil seria dizer que está no dado social, específico de cada contexto de escrita; mas quer me parecer que o "sentimento amargo e áspero" que permeia o romance está não só na mimese desencantada de uma sociedade jovem e já decadente em seus princípios constituintes, mas também na visão de mundo autoral que roça o niilismo e, mais do que tudo, na necessidade de uma diferenciação formal para um novo projeto de romance brasileiro. Assim, ao abarcar cada um desses aspectos, tal romance envereda necessariamente para o sentimento de aspereza e amargor, marcas de um "certo sentimento íntimo", que fazem do autor Machado de Assis "homem do seu tempo e do seu país" (Assis, 1997, v. III, p. 804). Mantenha-se aqui a leitura formal, por favor: a expressão de Machado em seu tão discutido ensaio é propositadamente despistadora

---

4. Essa pergunta é feita também por Rouanet (2007, p. 224-242) no fecho de sua obra sobre a forma shandiana; ele a responde de acordo com os interesses de seu trabalho.

em seu romantismo redundante. A oposição entre uma literatura brasileira enquanto substância dada e enquanto uma forma a ser preenchida, contudo, é fundamental e fundadora nos anos de 1870, e será posta em prática por Machado de Assis ao longo de toda a sua obra, enfaticamente a partir de *Memórias póstumas de Brás Cubas*. Que me permitam a citação exemplar do trecho de Augusto Meyer (2008, p. 15), mesmo que eu esteja lendo o crítico-artista um pouco a contrapelo:

> Fez do seu capricho uma regra de composição. E neste ponto se aproxima realmente da forma livre de Sterne e de um Xavier de Maistre. Mas a analogia é formal, não passa da superfície sensível para o fundo permanente. A vivacidade de Sterne é uma espontaneidade orgânica, necessária, a do homem volúvel que atravessa os minutos num fregolismo vivo de atitudes, gozando o prazer de sentir-se disponível. Sterne é um *molto vivace* da dissolução psicológica. Em Machado de Assis a aparência de movimento, a pirueta e o malabarismo são disfarces que mal conseguem dissimular uma profunda gravidade – deveria dizer: uma terrível estabilidade. Toda a sua trepidação acaba marcando passo.

Sim, a analogia é formal, meu caro, apenas formal. Aí Roberto Schwarz poderia ter atentado com mais vagar para economizar parte do tempo que leva para necessariamente desvincular Machado de seus "modelos ingleses" – no que estou sendo aberta e desnecessariamente implicante, admito. Só o que gostaria de frisar, no entanto, é que Meyer, mesmo que talvez não tenha querido dizer exatamente isso, já botara o dedo na questão: os modelos de Machado de Assis para a virada em *Memórias póstumas de Brás Cubas* são modelos formais, que promovem necessariamente uma discussão formal. A "profunda gravidade" – "a terrível estabilidade" – de Machado são indicações de um escritor que já encontrara sua maneira, ou ao menos a intuíra, e fazia em torno da forma romance, agora no contexto tenso e conturbado de uma literatura em formação, o debate obrigatório para a sua possível inserção em cenário mais amplo.

Humor, melancolia, dimensão moralizante, ceticismo, autoironia, paródia, niilismo; crítica como ficção, ficção como crítica. Os prólogos de *Memórias póstumas de Brás Cubas* são o lugar dessa dialética: o leitor (e/ou o crítico) tem modelos à disposição, o leitor (e/ou o crítico) tem um livro em mãos. O contraste/atrito que se estabelece entre este e aqueles gera a faísca crítica. Ela deveria ser, no Brasil do século XIX, inaugural. O gênero do romance, já diziam alguns velhos críticos, que ainda hoje merecem a nossa leitura, ainda estaria por fazer-se; sua força adviria do fato de que cada verdadeiro novo romance escrito reinauguraria o gênero e restabeleceria um cânone. Um cânone. Ao autor crítico caberia, ainda, escolher com quem não gostaria de se parecer. Os séculos XX e o XXI são horizontes para a discussão.

REFERÊNCIAS

ASSIS, Joaquim Maria Machado de. *Memórias póstumas de Brás Cubas*. In: *Obra completa*. v. I. Rio de Janeiro: Nova Aguilar, 1997. p. 511-639.

______. "Notícia da atual literatura brasileira – Instinto de nacionalidade". In: *Obra completa*. v. III. Rio de Janeiro: Nova Aguilar, 1997. p. 801-809.

BAKHTIN, Mikhail. "Epos e romance (sobre a metodologia do estudo do romance)". In: *Questões de literatura e de estética* (a teoria do romance). São Paulo: Hucitec, 2010. p. 397-428.

BOSI, Alfredo. *Brás Cubas em três versões*: estudos machadianos. São Paulo: Companhia das Letras, 2006.

CASTELLO, José Aderaldo. *Realidade e ilusão em Machado de Assis*. Cotia: Ateliê Editorial, 2008.

LUKÁCS, Georg. *A teoria do romance*. São Paulo: Duas Cidades; Ed. 34, 2000.

MEYER, Augusto. "O homem subterrâneo". In: *Machado de Assis (1935-1958)*. Rio de Janeiro: José Olympio; ABL, 2008. p. 15-21.

ROUANET, Sergio Paulo. *Riso e melancolia*: a forma shandiana em Sterne, Diderot, Xavier de Maistre, Almeida Garrett e Machado de Assis. São Paulo: Companhia das Letras, 2007.

SCHLEGEL, Friedrich. *Conversa sobre a poesia* e outros fragmentos. São Paulo: Iluminuras, 1994.

SCHLEGEL, Friedrich. *O dialeto dos fragmentos*. São Paulo: Iluminuras, 1997.

SCHWARZ, Roberto. *Um mestre na periferia do capitalismo*. São Paulo: Duas Cidades; Ed. 34, 2000.

SOUZA, Ronaldes de Melo e. *O romance tragicômico de Machado de Assis*. Rio de Janeiro: EdUERJ, 2006.

AUTOFICÇÃO EM TEORIA:
a terceira margem

Anna Faedrich

> *"Nosso pai não voltou. Ele não tinha ido a nenhuma parte. Só executava a invenção de se permanecer naqueles espaços do rio, de meio a meio, sempre dentro da canoa, para dela não saltar, nunca mais. A estranheza dessa verdade deu para estarrecer de todo a gente. Aquilo que não havia, acontecia."*
>
> **João Guimarães Rosa**, *A terceira margem do rio*

O que é autoficção? O neologismo francês *autofiction* veio designar o quê, exatamente? Alguns estudiosos afirmam que a autoficção é a prova evidente da impossibilidade da autobiografia, uma vez que toda autobiografia é uma inevitável ficcionalização de si. Outros consideram a diferença entre autobiografia (texto referencial) e autoficção (texto ficcional), e acreditam que a autoficção veio para substituir o então obsoleto romance autobiográfico. Há, ainda, os que, como eu, acreditam que a autobiografia, o romance autobiográfico e a autoficção sejam práticas distintas de escritas do eu, reconhecendo, assim, o potencial criador do termo, para designar algo novo. Se, em trabalhos anteriores, afirmei a impossibilidade de definição do termo, considero, atualmente, fundamental demarcar as fronteiras que definem a autoficção.

A autoficção tem sido foco de discussões confusas e contraditórias, de rejeição e de fascinação. Aqueles que se mostram fascinados pelo uso do termo, o fazem de forma indiscriminada, produzindo uma confusão conceitual sobre o neologismo de Serge Doubrovsky, reduzindo seu valor heurístico. Aqueles que rejeitam o termo parecem fazê-lo pelo desgaste do debate, que não conseguiu, até o momento, produzir uma formulação mínima, consensual, para servir de diretriz na pesquisa sobre autoficção, dentro do campo da teoria da literatura.

Se, por um lado, a prática autoficcional é marcada pela fluidez e mobilidade do gênero (e, por isso, já não se pode mais falar somente em autoficção no singular, como uma prática uniforme), por outro lado, o conceito deve demarcar melhor as fronteiras que definem uma obra autoficcional, para permitir que as discussões sobre esse gênero se apoiem em denominadores minimamente comuns e sejam mais férteis. É preciso criar "um centro, uns arredores, umas fronteiras" da autoficção, assim como foi necessário ser feito com a autobiografia, no início dos anos 1970, por Philippe Lejeune (*L'autobiographie en France*, 1971; *Le pacte autobiographique*, 1975). Os estudiosos, os acadêmicos, os escritores e a imprensa, quando falam de autoficção, não estão falando de uma mesma coisa. Há um desentendimento geral do que é autoficção e uma carência de debate teórico sobre o tema. Estamos diante do que Mounir Laouyen (1999) denominou "recepção problemática" desse conceito, um desconhecimento a seu respeito, apesar do artigo extenso e hermético de Laouyen não contribuir para minorar o problema.

Os equívocos mais comuns quando se fala em autoficção vêm da generalização do uso do neologismo francês para afirmar que toda literatura é autoficcional e da confusão conceitual entre autobiografia, autoficção e romance autobiográfico.

Exemplo da generalização feita em torno do termo foi a afirmação da pesquisadora e crítica de literatura Beatriz Resende:[1] "Estou enjoada desse debate de autoficção. Toda obra literária é autoficção". Em consequência de um desgaste, a discussão realizada desde o surgimento do neologismo na década de 1970 tem sido maçante. Por isso, é compreensível o desabafo de Resende sobre estar enjoada do assunto. Acredito que a causa de tal exaustão deve-se à falta de comunicação efetiva entre os interlocutores da autoficção associada ao uso pouco rigoroso do termo.

Afirmar que *toda obra literária é uma autoficção* é um risco de banalização dos conceitos genéricos no âmbito da teoria da literatura. Um romance autobiográfico não é uma autoficção; um romance histórico não é uma autoficção; assim como um romance policial também não é, mesmo que todos eles tenham rastros de seu autor. Se assim fosse, qual seria o sentido da criação de um novo termo para classificar uma prática literária até então considerada inclassificável? Dentro de um gênero maior denominado *romance*, existem "gêneros vizinhos" ou "subgêneros", cada um com

1. Na série promovida pela Fundação Casa de Rui Barbosa *Cultura Brasileira hoje: diálogos*, em 4 de dezembro de 2015.

a sua particularidade. Assim como a autobiografia – que, para muitos teóricos, está fora do campo literário – tem seus "gêneros vizinhos", diário, confissão, testemunho, epístola, todos muito próximos, porém não idênticos. Considerar tudo autoficcional equivale a negar ao autor sua intenção e à autoficção sua especificidade.

Romance autobiográfico e autoficção

Um dos problemas mais comuns é a dificuldade em diferenciar o romance autobiográfico da autoficção. Alguns teóricos consideram "romance autobiográfico" uma classificação obsoleta, mas indistinta, da autoficção. Seria um caso típico da escolha de um novo rótulo para uma garrafa antiga. É o que faz Isabelle Grell em seu livro *L'autofiction* (2014), ao afirmar, logo de início, que a autoficção substituiu o romance autobiográfico. Há, contudo, uma diferença sutil entre ambos, que merece ser considerada. O pacto do romance autobiográfico é o fantasmático; o autor não tem a intenção de se revelar no texto e só o encontramos recorrendo à extratextualidade.

Consideremos o caso interessante de *O Ateneu*, de Raul Pompeia. Miguel Sanches Neto (2015) classifica esse romance como o "precursor da autoficção". Ao falar sobre a experiência vivida, submetida ao exercício e à energia da linguagem, como matéria-prima para a literatura, afirma que, em *O Ateneu*, "este mesmo aproveitamento do material autobiográfico, processado por uma linguagem de alta voltagem, vai identificar e explorar uma modalidade nova de ficção" (Neto, 2015). Entretanto, o romance autobiográfico não é uma modalidade *nova* de ficção, mas o é a chamada autoficção, cuja diferença essencial está na figura performática do autor, que se assume enquanto personagem de sua própria ficção.

Na autoficção, um romance pode *simular* ser uma autobiografia ou camuflar, com ambiguidades, um relato autobiográfico sob a denominação de romance. Como anotou Manuel Alberca (2007), há um salto qualificativo do romance autobiográfico para a autoficção; da dissimulação e do ocultamento do romance autobiográfico passa-se à simulação e à aparência de transparência da autoficção.

Na sociedade midiática em que vivemos, a informação quase irrestrita sobre a vida privada é praticamente uma norma, o que facilita, ao leitor, o conhecimento sobre a vida do autor. O autor está no palco, nas feiras e festas literárias, nos eventos acadêmicos, em mesas-redondas, na televisão, em entrevistas, na imprensa periódica, nas redes sociais, falando sobre sua literatura e sua vida e intermediando leituras possíveis de sua obra. O autor está inclusive correndo atrás de autopromoção e de vendas. Mesmo que o extraliterário leve o leitor à identificação do personagem – mascarado na ficção – com o seu autor, isso não faz de uma narrativa em primeira pessoa uma autoficção. O autor, enquanto personagem performático, pode auxiliar a especificar um *romance* como *romance autobiográfico*, pelo conhecimento inevitável que o leitor tem da vida de seu autor. Entretanto, o pacto da autoficção tem de ser estabelecido no momento da leitura, por meio do próprio texto literário ou de recursos utilizados no próprio livro. Na outra perspectiva, se um leitor de outro país, que não acompanha os acontecimentos midiáticos e desconhece o autor, pegasse um livro e o lesse como romance e, depois, descobrisse semelhanças entre autor e personagem, este seria um romance autobiográfico. Se esse mesmo leitor pegasse um livro e, desde o início da leitura, ficasse em dúvida se aquela primeira pessoa é ou não é o autor, estaríamos, pois, frente à autoficção.

Considerar *O Ateneu* uma autoficção é, portanto, anacrônico, e invalida a concepção de uma *nova* classificação para preencher a lacuna dos estudos de Lejeune.[2] Neto observa a incompatibilidade de o herói de um romance declarado ter o mesmo nome que o autor no século XIX, e justifica que é por outras formas de assinatura que a história pessoal de Raul Pompeia se instaura no livro:

> Logicamente, no final do século 19, o narrador de *O Ateneu* não poderia assumir o nome do autor, nem os demais personagens teriam como exibir seus nomes próprios. Esta limitação teórica para inscrever o romance na categoria de autoficção pode ser contornada por outras formas de assinatura da história pessoal de Pompeia no livro.

Que a história pessoal de Pompeia está inscrita no livro, não há dúvidas. A questão é: por que, então, chamar de autoficção um livro que já tem a sua

2. Originalmente, o conceito-neologismo autoficção, formulado por Doubrovsky, respondia à indagação feita por Lejeune: "O herói de um romance declarado pode ter o mesmo nome que o autor?". Mais tarde, Lejeune afirma que: "Foi à frente de um dos meus quadros que Serge Doubrovsky teve a ideia, para encher uma casa que eu dizia (imprudentemente) vazia, de inventar a mistura que ele nomeou 'autoficção'" (Lejeune, 2013, p. 539).

classificação – romance autobiográfico? Qual a especificidade da autoficção, nesse caso? Por que Doubrovsky precisou criar um novo termo?

Neto ainda afirma que

> As relações indiretas estabelecidas entre o Ateneu e o Colégio Abílio são claras – a localização geográfica, o histórico da escola e do educador, a recente passagem de Raul Pompeia por ela. Tudo isso permite que o leitor entre no Colégio Abílio pelas portas do Ateneu, criando uma comunicação subterrânea entre eles.

Pergunto: as relações indiretas, neste exemplo, são claras *para quem?* O argumento de Sanches Neto leva em conta apenas certo tipo de leitor, talvez o brasileiro, ou o leitor do início do século XX; um leitor que consegue identificar a localização geográfica do colégio e que sabe da existência do Colégio Abílio. Tal análise corre o risco de determinar para a autoficção, enquanto chave de leitura, um prazo de validade. O pacto ambíguo da autoficção não pode ficar à mercê de limitações temporais, geográficas e históricas. Esse pacto é estabelecido deliberadamente pelo autor, e o leitor, apenas com o livro em mãos, consegue identificá-lo, de maneira atemporal e universal.

Caso similar é o de Lima Barreto. Luciana Hidalgo (2016) pondera que, com os avanços do debate autoficcional, Barreto *poderia ter sido*, caso tivesse mantido seu nome nos romances, o precursor da autoficção:

> Estudiosa da obra de Lima Barreto, logo percebi o quanto esse autor teria se encaixado (extemporaneamente) na ideia de autoficção. Pois Lima não só escreveu o romance *O cemitério dos vivos* totalmente centrado em sua experiência de paciente psiquiátrico, como ainda escreveu *Vida e morte de M. J. Gonzaga de Sá* dando seu próprio nome, Afonso, a um personagem. E somente na correção final do romance, deixou que cortassem seu nome do manuscrito. Se tivesse deixado seu nome, Afonso Henriques de Lima Barreto teria inaugurado o homonimato na literatura brasileira, precursor de um conceito-vírus que contagiaria o século seguinte.

Eis uma reflexão necessária nos estudos teóricos de autoficção. Há muito o que ser discutido para se chegar a um consenso sobre o uso do termo. Pelo menos duas são as possibilidades. A primeira seria o uso da concepção larga do conceito, autoficção *latu sensu*, isto é, considerar como autoficção toda a arte em que o autor insira algum aspecto de sua vida, associando o vivido ao imaginário. Nesse caso, a autoficção seria uma noção intuitiva, ao invés de uma noção conceitualmente trabalhada. O risco desse uso mais abrangente do termo é sua banalização. Se tudo é autoficção, então nada o é, e o neologismo perde o sentido de ser. Sem especificidade, o termo autoficção é dispensável, pois não corresponde a um novo estilo literário. Outra possibilidade de entendimento é o uso estrito do termo, que requer um esforço intelectual maior, pois exige constante interlocução para se chegar a um consenso mínimo. Trata-se da autoficção *stricto sensu*, ou seja, a demarcação de características necessárias para o seu melhor enquadramento conceitual. Nesse caso, *Fils*, de Doubrovsky, seria o paradigma da autoficção.

Talvez a autoficção seja um novo gênero literário justamente pela impossibilidade de defini-la como um *subgênero* do romance, ou como um *gênero vizinho* da autobiografia; ela está fora do romance e fora da autobiografia, situando-se *entre* os dois gêneros, à "terceira margem", como sugere a metáfora recorrente de Guimarães Rosa. De acordo com Chevalier e Gueerbrant (2002, p. 901), o número três equivale "à rivalidade superada; exprime um mistério de ultrapassagem, de síntese, de reunião, de união, de resolução". A autoficção, então, sugere a hibridização de gêneros, seja ela considerada um novo gênero literário ou mais uma das metamorfoses do romance. A noção de *pacto* ou *contrato de leitura* (Lejeune, 1975) facilita o entendimento do caráter híbrido da autoficção. Se o romance estabelece o "pacto ficcional" com o leitor, cujo princípio é a invenção, e a autobiografia estabelece o "pacto autobiográfico", cujo princípio é a veracidade, a autoficção rompe com o princípio de veracidade (pacto autobiográfico), mas também não adere totalmente ao princípio de invenção (pacto ficcional). Mesclam-se os dois, veracidade e invenção, identidade e não identidade, resultando no contrato de leitura marcado pela ambiguidade, em uma narrativa intersticial.

Autoficção não é autobiografia nem romance. Ela instaura-se no entre-lugar, entre a autobiografia e o romance, e Doubrovsky (1988, p. 69-70, grifo meu) lança mão da imagem de um *torniquete* para ilustrá-lo:

> Um curioso torniquete se instaura então: falsa ficção, que é história de uma vida verdadeira, o texto, pelo movimento de sua escritura, se desaloja instantaneamente do registro evidenciado do real. *Nem autobiografia nem romance*, então, no sentido estrito, *funciona no entre-dois*, num afastamento constante, num lugar impossível e indescritível exceto na operação do texto. Texto/vida:

o texto, por sua vez, opera numa vida, não no vazio. (Doubrovsky, 1988, p. 69-70, grifo meu)[3]

Tal explicação justificaria a concepção de um novo gênero literário, marcado pela hibridez, por ocupar um lugar próprio – o entre-lugar – e por ter um pacto próprio – o ambíguo. Entretanto, não vem ao caso apresentar essa discussão de gênero neste momento, por sua extensão e complexidade.

Vejamos o quadro ilustrativo:

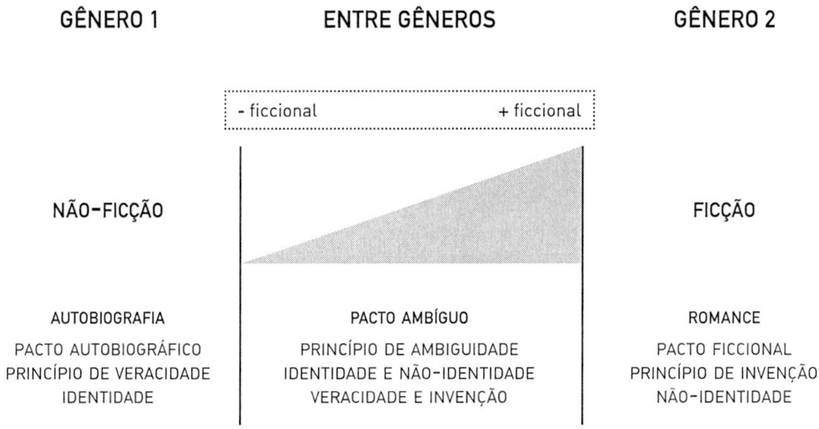

Figura 1: Quadro ilustrativo.
Fonte: Elaborado pela autora.

3. Tradução minha. No original: "Un curieux tourniquet s'instaure alors: fausse fiction, qui est histoire d'une vraie vie, le texte, de par le mouvement de son écriture, se déloge instantanément du registre patenté du réel. Ni autobiographie ni roman, donc, au sens strict, il fonctionne dans l'entre-deux, en un renvoi incessant, en un lieu impossible et insaisissable ailleurs que dans l'opération du texte. Texte/vie: le texte, à son tour, opère dans une vie, non dans le vide".

Autobiografia e autoficção

Exemplo da usual confusão entre os conceitos de autobiografia e autoficção foi a menção à autoficção enquanto "um novo termo para uma prática já antiga", feita pelo escritor Cristovão Tezza.[4] As *Confissões*, de Rousseau, foi o exemplo citado, mas o considero inadequado, com base no enquadramento conceitual que proponho neste artigo. Trata-se, a rigor, de um texto autobiográfico, com grande valor literário, de um autor consagrado da literatura francesa.

Equívoco similar foi Michel Laub classificar um livro de memórias de Mathieu Lindon como autoficção (Laub, 2014). Embora *O que amar quer dizer* (Lindon, 2014) possa ser lido como um romance, como afirma Laub, Lindon não estabelece um pacto ambíguo e preserva o pacto autobiográfico com seu leitor. Espera-se dele a narrativa de suas experiências factuais com Michel Foucault. É também essa recepção que Lindon espera de seu leitor.

Afirmações como essas, que equalizam textos autobiográficos à autoficção, acabam por borrar as fronteiras deste conceito relevante para o entendimento de boa parte da literatura contemporânea. Escrever sobre si é, sim, uma prática antiga, como sugeriu Tezza. Confissões, literatura de testemunho, diários, memórias e autobiografias são exemplos desse tipo de escrita, as denominadas "escritas do eu".

Nesse sentido, acredito ser necessário considerar o pacto estabelecido pelo autor com o leitor, já que o sujeito/autor "ressuscitou" como figura performática nas últimas décadas e hoje está inserido no cerne do debate epistêmico:

> [...] produziu-se no campo dos estudos da memória e da memória coletiva um movimento de restauração da primazia desses sujeitos expulsos durante os anos anteriores. Abriu-se um novo capítulo, que poderia se chamar 'O sujeito ressuscitado'. (Sarlo, 2007, p. 30)

No estágio atual das discussões teóricas acerca do tema, pode-se considerar a autoficção uma prática literária pós-moderna de *ficcionalização de si* e de mergulho introspectivo no eu, na qual o autor estabelece um *pacto ambíguo* com o leitor, ao eliminar a linha divisória entre fato/ficção, verdade/mentira, real/imaginário, vida/obra, etc. O modo composicional

4. No *III Seminário Caminhos da Literatura Brasileira*, realizado na UFF, em agosto de 2014.

da autoficção é caracterizado pela *fragmentação*, pois o autor não quer dar conta da história linear e total de sua vida (nem acredita mais nessa possibilidade). O movimento da autoficção é da obra de arte para a vida – e não da vida para a obra, como na autobiografia –, o que valoriza e potencializa o texto enquanto linguagem criadora. Também é importante considerar o *tempo presente* da narrativa, que é marcado pela recordação, como o estilo lírico. O autor rememora fatos passados que marcam, no presente, emoções que precisam ser compartilhadas por meio da escrita. Na autoficção, a identidade onomástica pode ser explícita ou implícita, desde que exista o *jogo* da contradição, criado intencionalmente pelo autor, que estabelece um contrato de leitura marcado pela ambiguidade com o leitor.

O exemplo de *Memórias do cárcere* ajuda-nos a pensar as esferas do fato e da ficção. Por mais que nós consideremos a impossibilidade de Graciliano Ramos ter sido fiel aos fatos e de não ter "pincelado" a sua experiência no cárcere, não podemos classificar essa obra como uma autoficção, pois não há intenção de ambiguidade no pacto estabelecido com o leitor e não há um jogo intencionalmente criado para confundir a recepção da obra. O livro partilha uma experiência datada, de prisão e de horror durante o Estado Novo, e busca retratar isso. O mesmo serve para testemunhos, memórias e confissões; vamos sempre levar em conta a expressão da subjetividade nesses discursos, o ponto de vista do autor, a relatividade da verdade expressa e a incerteza quanto à credibilidade daquilo que nos é narrado. Contudo, não se pode generalizar e dizer que toda autobiografia, memória ou confissão é uma (auto)ficção. As memórias podem ser fugazes, imprecisas; é natural desconfiar de sua acurácia e necessário considerar os esquecimentos involuntários e os apagamentos intencionais. Ainda assim, o autor não quer criar um pacto ambíguo, *Memórias do Cárcere* não é um jogo autoficcional – o autor não quer que o seu texto seja lido como ficção.[5]

De acordo com Käte Hamburger, ficção "é derivado do latim *fingere*, que tem os sentidos mais diversos de compor, imaginar, até a fábula mentirosa, o fingimento" (Hamburger, 1986, p. 39). Podemos, então, pensar que a ficção

5. O mesmo serve para diferenciar filmes (de ficção) de documentários (tentativa de representar fatos, caráter informativo). É claro que todo documentário é uma construção não arbitrária dos fatos, mas nem por isso vamos afirmar que se trata de ficção. Seria uma perigosa condição generalizadora. É preciso pontuar algumas arestas para que não vire tudo uma-coisa-só, sem especificidades. Hoje, fala-se em "docuficção", neologismo criado, assim como a autoficção, para designar uma obra cinematográfica híbrida, situada entre o documentário e a ficção.

não constitui uma mentira propriamente dita, mas uma representação do real (se preferirmos, um simulacro do real). O leitor acredita que a matéria narrada é o real, mesmo que ela só exista na imaginação do autor, por causa da verossimilhança. Hamburger lembra a definição de ficção literária realizada – sem querer – por Theodor Fontane: "'Um romance... deve contar-nos uma história na qual acreditamos' e entendeu com isso que 'um mundo de ficção deve parecer por alguns instantes como um mundo da realidade...'" (Hamburger, 1986, p. 41).

Um romance conta, então, uma história na qual acreditamos; ele tem de ser verossímil em suas ações, personagens e diálogos, mas não necessariamente verdadeiro. É interessante observar que Hamburger exclui a narrativa em primeira pessoa de sua "lógica da ficção", afirmando que o que legitima uma narração ficcional é o uso do pretérito imperfeito (não mais para exprimir o passado, mas para legitimar a narrativa como ficcional) e a expressão de uma subjetividade em terceira pessoa: "é somente da diferença entre enunciação e narração ficcional que se pode desenvolver a estrutura lógica da ficção" (Hamburger, 1986, p. 45). Contudo, em uma perspectiva pós-moderna, é possível pensarmos a nova categoria de autoficção como uma forma de legitimar a ficcionalidade de uma narrativa na primeira pessoa, esmaecendo a fronteira que separa fato de ficção, tomando parte da "autêntica lógica da criação literária", produzindo a "ilusão da vida" com um novo sentido teórico (linguístico e literário).

Outros conceitos que a sociedade contemporânea necessita que repensemos são os conceitos como verdade e identidade. Heidrun K. Olinto aposta na criação de novas teorias capazes de repensar o estatuto de conceitos já assimilados pelo senso comum e pela reflexão filosófica. Olinto mostra que, em uma sociedade midiática como a nossa, tanto a literatura quanto a realidade são *ficções*: a primeira "representa uma opção deliberada" de ficcionalidade; e a segunda permanece no "limbo do inconsciente" (Olinto, 2008, p. 82):

> Os novos mundos das realidades virtuais dos ciberespaços e da hipermídia motivaram intensos e acalorados debates sobre o próprio conceito de realidade ainda plausível e aceitável e sobre as suas possíveis contrapartes, como, entre outras, irrealidade, simulação, hiper-realidade, virtualidade e ficção. Algumas questões perturbadoras podem ser vinculadas às seguintes indagações: em que espécie de mundo, afinal, vivemos hoje? Será que os dias da realidade já se foram? (Olinto, 2008, p. 80)

Há, ainda, outro ponto a ser considerado: o ganho de valor literário por parte da autoficção ao afastar-se voluntariamente do gênero autobiografia. Se a autofição é um gênero incipiente, entende-se que ela se apoia no gênero romance para marcar sua distinção da autobiografia e sublinhar o aspecto fictício, corroborando para o seu estabelecimento genérico. Se ela é uma metamorfose desse gênero-rei que é o romance, entende-se que tal afastamento intenciona o ganho de valor literário. Constatação disso é o paratexto "romance", impresso na capa de algumas autoficções, enfatizando a vontade, por parte do autor (ou editor), de ter o livro tido como ficção: "O aspecto fictício é sublinhado pelo subtítulo 'romance' utilizado por cada um dos meus livros",[6] assinala Doubrovsky (2011, p. 135), em "Autofiction: en mon nom propre". Manuel Alberca chama a atenção para o prestígio do romance e intitula a sétima parte do seu livro de "O tapete vermelho do romance". Nessa parte, o teórico espanhol deixa a autobiografia à margem, na periferia da esfera literária, sem o *glamour* nem o "tapete vermelho" da ficção. Por fim, o teórico considera, também, a autoficção como uma forma que permite uma ordem narrativa atrativa para os conteúdos autobiográficos com uma maior flexibilidade e uma gravitação do real que nem sempre consegue o romance "puro".

Sendo assim, a autoficção transita entre os dois pactos, estabelecendo o que chamamos de "pacto oximórico" (cf. Jaccomard, 1993) ou "pacto ambíguo" (cf. Alberca, 2007), entre a gata borralheira (autobiografia) e o gênero-rei (romance); entre a periferia da esfera literária e o glamour do "tapete vermelho do romance"; nem um, nem outro, mas *entre* um e outro.

Quase memória ([1995] 2003), de Carlos Heitor Cony, apresenta como subtítulo a classificação de "quase-romance". Cony, no prefácio, faz uma "Teoria geral do quase", a qual vai ao encontro do conceito de autoficção. Sobre *Quase memória*, ele diz: "Prefiro classificá-lo como 'quase-romance' – que de fato o é. Além da linguagem, os personagens reais e irreais se misturam, improvavelmente, e, para piorar, alguns deles com os próprios nomes do registro civil. Uns e outros são fictícios". O autor aponta, ainda, para o caráter híbrido da obra, também próprio da autoficção: "(...) oscila, desgovernada, entre a crônica, a reportagem e, até mesmo, a ficção".

É possível afirmar, tomando de empréstimo a "teoria geral do quase" de Cony, que a autoficção é quase-romance e quase-autobiografia. Uma vez

6. Tradução minha. No original: "*L'aspect fictif est souligné par le sous-titre 'roman' utilisé pour chacun de mes livres*".

que ela não é nem um, nem outro, devemos, então, nomeá-la de autoficção, a terceira margem, aceitando a sua ambiguidade, o seu caráter híbrido e a dupla recepção estética da obra. O termo autoficção designa toda e qualquer prática artística marcada pela *guinada subjetiva*, pela *ficcionalização de si* e pelo estabelecimento de um *jogo ambíguo com o seu leitor*. Observa-se, pois, que, em um determinado contexto da história da teoria literária, o termo precisou de ser criado para nomear uma prática literária específica que foge aos gêneros autobiografia e romance.

O expressivo número de autoficções publicadas na literatura contemporânea indica que o novo gênero se estabeleceu, embora seja necessário mais distanciamento histórico para a devida compreensão de suas características. Nas autoficções brasileiras, é comum a partilha da dor, do sofrimento ou do trauma; elas acabam por aliviar o seu autor, por meio da escrita. Essa escrita é considerada como algo necessário, visceral. Na formulação original, Doubrovsky relaciona a autoficção à psicanálise, considerando ambas "práticas da cura", o que explica o aspecto dramático da autoficção. Não são raras as declarações dos autores sobre a necessidade de se escrever um romance a partir de um trauma, visando mitigar a dor e conferir maior inteligibilidade à experiência traumática, até então caótica. Em *Antiterapias* (Fux, 2012), o aspecto dramático ganha um tom mais leve do que em outros exemplos na literatura brasileira, como *Ribamar* (Castello, 2010), *A chave de casa* (Levy, 2007) ou *O céu dos suicidas* (Lísias, 2012).

Mesmo que, a exemplo de Luciene Azevedo, haja discordância em caracterizar a autoficção como recurso terapêutico, reconhece-se o "desnudamento" e a reconstrução do autor, mediado pela escrita:

> [...] ainda que eu tenda a rejeitar a autoficção como 'terapia', porque me parece que isso implicaria em um utilitarismo rasteiro, acho que a ideia pode ter relação com [...] uma certa demanda (do público) por ver, reconhecer um sujeito desnudando-se, (de)compondo-se por escrito, na frente do leitor, construindo um sujeito na realidade das palavras. (Azevedo apud Faedrich, 2014, p. 233)

Desnudar-se para se enxergar e se entender melhor. Escrever para aliviar. Fabular um sofrimento para elaborá-lo. Colocar, na realidade das palavras, uma experiência traumática, para compartilhar o sofrimento e reestruturar o caos interno. Nesse sentido, Doubrovsky afirma que "a autoficção é a ficção que decidi, enquanto escritor, dar a mim mesmo e por mim mesmo, nela incorporando, no sentido pleno do termo, a experiência da análise, não apenas na temática, mas na produção do texto".[7] O autor se propõe "explorar as profundezas inconscientes de sua intimidade, elucidar coisas ainda obscuras", em uma "análise interminável".

A literatura brasileira contemporânea dispõe de bons exemplos das diferentes facetas que o gênero pode assumir. Narrativas híbridas, que mesclam realidade e ficção, e apresentam identidade onomástica perfeita entre autor, narrador e personagem/herói são os casos do *Divórcio* e *O céu dos suicidas*, de Ricardo Lísias, e *Ribamar*, de José Castello.

Nas autoficções de Lísias, a mesma identidade onomástica que já aparecia em *O céu dos suicidas*, romance publicado em 2012, aparece em *Divórcio*, de 2013. O estilo de escrita fluido, dividido em pequenas partes, a identidade onomástica perfeita, o trabalho de um trauma, o tom pesado, a partilha da dor, culpa e raiva, aproximam os dois romances autoficcionais de autor. No primeiro, *O céu dos suicidas*, a experiência pessoal da perda do amigo André, que se enforcou, leva o escritor à trajetória agônica de luto e desabafo. O personagem-narrador-autor Ricardo Lísias não se conforma com o suicídio do amigo e compartilha, por meio da escrita, o seu sofrimento, o seu sentimento de culpa e a sua resistência às verdades estabelecidas (religiões e psiquiatria, principalmente), realizando, assim, uma espécie de luto da morte do amigo.

Em *Divórcio*, por sua vez, o narrador Ricardo Lísias fala sobre o fim traumático de seu casamento de quatro meses com uma famosa jornalista, em São Paulo. O divórcio deu-se pelo encontro acidental do diário que a ex-mulher escrevia enquanto o marido dormia. Nesse diário, a [X] – maneira como o narrador se refere à ex-mulher, a fim de preservar sua identidade na narrativa – escreve sobre suas aventuras extra-conjugais:

> *A mulher que eu sou só poderia desabrochar em um lugar como o Festival de Cannes. A noite que passei com o [X] no Festival de Cannes me mostrou quem eu sou de verdade. Ser casada com um escritor é bom, ter conhecido homens mais velhos me fez crescer e ser madura, mas eu precisava de um lugar como*

---

7. Tradução minha. No original: "Autofiction, c'est la fiction que j'ai décidé, en tant qu'écrivain, de me donner de moi-même et par moi-même, en y incorporant, au sens plein du terme, l'expérience de l'analyse, non point seulement dans la thématique, mais dans la production du texte" (Doubrovsky, 1988, p. 77).

Cannes para desabrochar. Só que um cara fechado como o Ricardo nunca vai entender isso. (Lísias, 2013, p. 101-102)[8]

O conteúdo encontrado no diário é decepcionante para Lísias-narrador. A escrita diarística nos permite o acesso à vida íntima, à escrita cotidiana que não é feita para ser lida pelos outros. No diário, a ex-mulher confessa as traições, a falta de paixão em plena lua-de-mel e as impressões negativas a respeito do marido. As revelações levam Lísias à "perda da pele", metáfora da dor, do sofrimento, da decepção e da agressão moral sofrida pelo teor do conteúdo encontrado no diário:

> Sem saber, fui apresentado ainda para quatro ex-amantes dela e descobri há um mês que vivi a constrangedora situação de ter tomado café em Paris com um fotógrafo francês com quem ela tinha transado anos antes. [...] Não sei se algum dia vou entender o que faz uma mulher de trinta e sete anos escrever um diário como esse e, ainda mais, deixá-lo para o marido com quem acabara de se casar. Divórcio *é um romance sobre o trauma.* (Lísias, 2013, p. 130, grifo meu)

Lísias recorre à literatura ("Recorri à literatura porque não tenho mais nada", "Só vou recobrar minha pele e me sentir de novo emocionalmente estável se escrever sobre o que aconteceu" [Lísias, 2013, p. 189]) e à corrida exaustiva ("Depois, comecei a correr" [Lísias, 2013, p. 189]) para "recuperar a pele", ou seja, realizar o luto da morte da relação matrimonial, aliviando e reinventado a sua raiva e decepção, elaborando uma espécie de romance-vingança ("*Divórcio* pode ser visto como uma manifestação de ressentimento" [Lísias, 2013, p. 214]).

O pacto ambíguo da autoficção também pode ser estabelecido pelo seu autor por meio do anonimato, desde que o texto apresente *paratextos* – isto é, textos que acompanham o texto principal, como título, subtítulo, epígrafe, prefácio, prólogo, notas, capa, índice, etc. – que conduzam o leitor a entrar no jogo autoficcional. Exemplo dessa possibilidade é o livro *A chave de casa,* de Tatiana Salem Levy, em que a autoficção está assumida na orelha do livro, escrita por Cíntia Moscovich:

> [...] Concretizando o que denomina de 'autoficção', a autora tece um romance de vozes diversas – como são as vozes da memória –, histórias que se completam

8. Mantivemos o texto em itálico, porque assim aparece no romance para diferenciar o diário da ex-mulher.

> num tom e densa estranheza. Tudo se inicia quando a personagem-narradora recebe do avô a chave da casa da família deixada para trás, no tempo e na distância, em Esmirna. [...] Sobre estilhaços da memória individual, Tatiana soube assentar as bases de uma literatura singular e vigorosa.

Há, ainda, casos em que não há identidade entre o narrador e o herói, porque é utilizada a terceira pessoa do discurso como estratégia literária, criando-se assim uma "falsa terceira pessoa", como em *O filho eterno* (2007), de Cristovão Tezza. Em Tezza, uma das formas de se estabelecer o pacto oximórico é por meio de referências livrescas, ou seja, ele comenta seus livros anteriores e deixa pistas explícitas de que existe uma relação tênue entre ele e seu personagem inonimado. Essa técnica de distanciamento por meio do uso da terceira pessoa foi utilizada de forma magistral pelo escritor japonês Kenzaburo Oe, em *Uma questão pessoal* (1964). O ponto de partida desta história é o filho de Oe que nascera com uma anomalia cerebral. Existe, ainda, um livro homônimo ao de Tezza, *L'enfant éternel*, do escritor francês Philippe Forest, publicado em 1997. Nele, Forest relata em primeira pessoa a morte causada pelo câncer de sua filha ainda criança.

É possível, ainda, o uso das iniciais do nome, como fez Gustavo Bernardo Krause em *O gosto do Apfelstrudel* (2010): "(...) Nele, eu e pessoas da minha família comparecemos através das iniciais dos nossos nomes. O romance conta o que passou pela cabeça do meu pai no mês em que esteve em coma, antes de morrer" (Krause *apud* Faedrich, 2014, p. 199).

Existem muitas possibilidades de autoficções. Como escrita em movimento e em constante atualização, uma aventura da linguagem que experimenta novas nuanças, novas variações do mesmo tema e com formatos diversos, a autoficção realiza-se em diferentes estruturas narrativas e plataformas, do livro impresso ao *blog*. Todavia, aceitar a multiplicidade da prática autoficcional na literatura não pode ser o mesmo que aceitar a banalização do termo e o seu uso irrestrito para definir outros tipos de escritas em primeira pessoa.

REFERÊNCIAS

ALBERCA, Manuel. *El pacto ambiguo*: de la novela autobiográfica a la autoficción. Madrid: Biblioteca Nueva, 2007.

AZEVEDO, Luciene. "Entrevista". In: FAEDRICH, Anna. *Autoficções*: do conceito teórico à prática na literatura brasileira contemporânea. 2014, 251 f. Tese (Doutorado em Letras) - Faculdade de Letras, PUC-RS, 2014. p. 233.

CASTELLO, José. *Ribamar*. Alfragide: Leya, [2010], 2012.

CHEVALIER, Jean; GHEERBRANT, Alain. *Dicionário de símbolos*. Rio de Janeiro: José Olympio, 2002.

DOUBROVSKY, Serge. *Fils*: roman. Paris: Éditions Galilée, 1977.

______. *L'autofiction dans le collimateur*. 23 mai 2013. Disponível em: <http://www.autofiction.org/index.php?post/2013/05/23/Serge-Doubrovsky>.

FOREST, Philippe. *L'enfant éternel*. Paris: Gallimard, 1997.

FUX, Jacques. *Antiterapias*. Belo Horizonte: Scriptum, 2012.

HAMBURGER, Käte. *A lógica da criação literária*. Trad. Margot P. Malnic. São Paulo: Perspectiva, 1975. (Estudos 14)

HIDALGO, Luciana. *O espaço do eu na literatura contemporânea*. Disponível em: <http://gelbcunb.blogspot.com.br/2016/03/o-espaco-do-eu-na-literatura.html?spref=fb>.

HUBIER, Sébastien. *Littératures intimes*: Les expressions du moi, de l'autobiographie à l'autofiction. Paris: Armand Colin, 2003.

JACCOMARD, Hélene. *Lecteur et lecture dans l'autobiographie française contemporaine*: Violette Leduc, Françoise d'Eaubonne, Serge Doubrovsky, Marguerite Yourcenar. Genève: Droz, 1993.

KRAUSE, Gustavo Bernardo. *O gosto do apfelstrudel*. Rio de Janeiro: Escrita Fina, 2010.

______. "Entrevista". In: FAEDRICH, Anna. *Autoficções: do conceito teórico à prática na literatura brasileira contemporânea*. 2014, 251 f. Porto Alegre: Faculdade de Letras, PUCRS, (Tese de Doutorado), 2014. p. 199.

LAOUYEN, Mounir. "L'autofiction: une réception problématique". *Fabula*, 19 dez. 1999. Disponível em: <http://www.fabula.org/colloques/frontieres/208.php>.

LAUB, Michel. "Autoficção e mamadeira". *Folha de S. Paulo*, São Paulo, 15 ago. 2014. Disponível em: <http://www1.folha.uol.com.br/colunas/michellaub/2014/08/1500413-autoficcao-e-mamadeira.shtml>.

LEJEUNE, Philippe. "Da autobiografia ao diário, da Universidade à associação: itinerários de uma pesquisa". *Letras de Hoje*, Porto Alegre, v. 48, n. 4, 2013.

______. *Le pacte autobiographique.* Nouvelle édition augmentée. Paris: Seuil, [1975], 1996.

LEVY, Tatiana Salem. *A chave de casa.* Rio de Janeiro: Record, 2007.

LINDON, Mathieu. *O que amar quer dizer.* Tradução Marília Garcia. São Paulo: Cosac Naify, 2014.

LÍSIAS, Ricardo. *O céu dos suicidas.* Rio de Janeiro: Alfaguara, 2012.

______. *Divórcio.* Rio de Janeiro: Alfaguara, 2013.

NETO, Miguel Sanches. "Precursor da autoficção". *Rascunho*, edição 185, 2015. Disponível em: <http://rascunho.com.br/precursor-da-autoficcao/>.

OLINTO, Heidrun Krieger. "Literatura/cultura/ficções reais". In: OLINTO, Heidrun Krieger & SCHØLLHAMMER, Karl Erik (Org.). *Literatura e cultura.* Rio de Janeiro: Ed. PUC-Rio, 2008.

OE, Kenzaburo. *Uma questão pessoal.* Trad.Shintaro Hayashi. São Paulo: Companhia das Letras, [1964], 2003.

POMPEIA, Raul. *O Ateneu.* 16. ed. São Paulo: Ática, [1888], 1996.

RAMOS, Graciliano. *Memórias do cárcere.* Volume I. Prefácio de Nélson Werneck Sodré. Rio de Janeiro; São Paulo: Record, 2004.

ROSA, João Guimarães. "A terceira margem do rio". In: ROSA, João Guimarães. Ficção completa: volume II. Rio de Janeiro: Nova Aguilar, 1994. p. 409-413.

TEZZA, Cristovão. *O filho eterno.* Rio de Janeiro: Record, [2007], 2009.

UM ROMANCE À BEIRA DO CORPO

Beatriz Damasceno

O mistério passional da carne está em *À beira do corpo*, de Walmir Ayala. Publicado em 1964, o romance de maior expressão do escritor traz uma história trágica e comovente. Na cidadezinha de Vila Nova, Rio Grande do Sul, a personagem Bianca deixa-se seduzir por Sebastião. A paixão arrebatadora não a permite fugir do pecado: Bianca trai o marido, a religião, a família, a sociedade. Com a cumplicidade da empregada Flora, planeja encontros, programa saídas, sonha com fugas. Acima do amor que sente por Vicente, marido presente e dedicado, há o corpo, o toque de Sebastião, e, para ela, é impossível abrir mão daquele sentimento tão potente. Na igreja, afirma ao Padre Nilo, após a investida do sacerdote para uma confissão:

> — Não! – voltou-se ela para o crucifixo – eu respeito demais a Igreja Católica, sou uma pecadora e não pretendo fazer nenhum propósito de não mais pecar. Seus olhos buscavam os do padre com um acento mais íntimo: 'Mas por que o senhor, que me viu nascer, que me batizou, que me casou, também se esquiva?'
>
> — Eu não me esquivo de nada – quis desculpar-se: tenho mesmo notado sua ausência na missa.
>
> — Não posso! Não posso mais o olhar, os cochichos do povo de Vila Nova. O senhor sabe o que se diz. – O padre baixou os olhos: — E o que me responderia se eu lhe garantisse, agora, que tudo é verdade, pelo menos no que pode haver de objetivo nos fatos que me incriminam?
>
> — Eu responderia que você está em falta com Deus, que é merecedora do Inferno. E que precisa se retratar e fazer penitência.
>
> — Quanto à penitência – atalhou ela com amargo acento – tenho sofrido mais do que levasse comigo o mais cruento silício. Quanto ao pecado mortal, perdoe, mas não pretendo abjurá-lo. Entre a Igreja e a minha paixão eu escolho a minha

paixão, é isso o que preciso lhe dizer antes de me afastar definitivamente da casa de Deus. (Ayala, 2007, p. 31-32)

Se, para Bianca, a escolha pela paixão é inevitável, para Vicente, resta o que se espera de um homem traído em uma cidade conservadora do Sul. Encorajado pelo próprio sogro, não tem alternativa: fica à espreita, arma o flagrante e, frente a frente com os amantes, não dá chances para justificativas. O marido lava a honra, dignifica a família e purga o pecado que manchava a cidade.

> Sebastião, num instinto de defesa, passou para a cozinha, tentou a porta. Estava fechada por fora. Trancada. Vicente, esperando o que acontecesse, tinha encurralado os amantes. Bianca e Sebastião não conseguiam pronunciar mais palavra, encostaram-se à parede quando Vicente apareceu na porta já com a arma apontada. Sua serenidade estarreceu os dois, que num gesto irrefletido se abraçaram. Foi então aquele lampejo no olhar de Vicente e o primeiro tiro que paralisou Sebastião. [...] em seu rosto num gesto de absoluta vingança, e logo mais quatro tiros, três ainda sobre ela, que mal gemeu tombando sobre o amante que tombara desde a primeira certeira bala no coração. [...] Vicente saiu. Vila Nova estava presente. As pessoas, altivas e silenciosas, esperavam o retorno daquele homem para o sol. E havia sol, estranhamente claro no meio da manhã. (2007, p. 96-97)

Esse enredo de crime passional, que, tão presente na realidade e na ficção, ainda penaliza tantas mulheres, tem a característica peculiar de trazer o que viveu o menino Walmir Ayala dentro de sua própria casa, aos quatro anos de idade, quando seu pai precisou agir contra o caso extraconjugal da mulher. O escritor presenciou a morte da própria mãe e carregou, durante toda a vida, um conflito que o fez refletir insistentemente sobre a sua relação com o feminino, com a noção de pecado e com a dicotomia entre o corpo e a alma. Escrever *À beira do corpo* foi, para Ayala, um exercício de contato profundo com a vivência traumática da infância.

A trajetória de construção desse romance está descrita nas páginas do diário inédito *Sangue na boca: diário IV*, escrito nos anos 1962 e 1963, guardado em folhas encadernadas, nos arquivos do escritor. No diário, reconhece que seu encontro com a literatura foi extremamente ligado ao seu processo de conhecimento e aceitação. Escrever tornou-se um empreendimento de descoberta e saúde e, por isso, é possível observar, nos seus poemas, nos seus investimentos no gênero diário e, principalmente, no romance *À beira do corpo*, uma forte relação da arte com a vida do autor. Ao refletir sobre a relação da literatura com o mercado de consumo e com o processo de espetacularização da figura do escritor, afirma:

> Não poderia mesmo me condicionar ao que os outros esperam de mim. Não poderia jamais. Seria como agradar a todos, e há quem faça disso uma profissão bem sucedida, especialmente na literatura. Sou o produto de uma infância trágica. Aos quatro anos assisti a uma tragédia de sangue dentro de minha casa, vi a agressão em seu grau mais sórdido e mortal, e isso foi um golpe para a minha inocência. Fui vítima de uma solidão sem nome, refugiei-me na religião. Aí aconteceu a poesia, que era uma forma de me autoanalisar, de liberar toda a reserva de amor capaz de me salvar. Porque, passada a adolescência, comecei a perceber que estava errado, que eu não era vítima de ninguém, senão das circunstâncias. E comecei a recuperar a humanidade, as pessoas. Valorizei a amizade, me reconciliei com meu próximo e fui razoavelmente feliz. A poesia me salvou, sei disso, e não posso tratá-la, ou usar dela como um enfeite social, uma base de vaidade. (fl. 20)[1]

É possível, pelas páginas do diário, observar a relação visceral do artista com a escrita literária a qual ele assume como imprescindível em seu processo de salvação. Escreve para respirar, para não morrer, para resistir. Nesse sentido,

> A literatura aparece, então, como um empreendimento de saúde, não que o escritor tenha forçosamente uma saúde de ferro [...] mas ele goza de uma frágil saúde irresistível que provém do fato de ter visto e ouvido coisas demasiado grandes para ele, fortes demais, irrespiráveis. (Deleuze, 1997, p. 14)

Apoiado nessa relação com a escrita, o diário de Walmir é traçado antes pela reflexão do que pela ação cotidiana e pontua basicamente as suas questões religiosas, espirituais e sexuais, em uma tentativa de entender seus posicionamentos diante da vida. Confessa que a sua relação com o feminino, por exemplo, assunto exaustivamente trazido à tona, é contraditória. Existe uma rivalidade com a mulher, nascida da incompreensão do sentimento de abandono materno. A figura feminina é culpada por ceder às artimanhas do pecado, é a mulher/Eva que o deixa órfão. Ao mesmo tempo, rivaliza

1. O diário inédito será apresentado a partir da numeração de suas folhas encadernadas.

também pela sua condição homossexual, pois deseja o que a mulher deseja, ardentemente e clandestinamente. Em contraponto, a alma feminina, a alma maternal é o que deseja, é o que lhe falta. Com isso, o diarista explicita seus dramas, reconhece limitações e faz uma análise do sentimento em relação à mulher e à sexualidade. Tal análise ocorre, certamente, em consequência de sua história, como afirma:

> A minha luta com a mulher é eminentemente crítica. Rompi com a mulher quando tomei consciência da morte trágica de minha mãe. Então, como com a serpente do paraíso, contraímos inimizade – e tudo vem se reconstruindo através de lances passionais. Estou sempre pronto a exigir o máximo da mulher, e não transigir. Ao mesmo tempo, tudo me leva a confiar nela, a adormecer em seu seio de mãe, com uma saudade mortal. (fl. 77)
>
> O que as mulheres não perdoam nos homossexuais masculinos não é o fato deles pretenderem imitá-las, mas por significar, cada um deles, um homem que lhes é roubado. Há em cada homossexual para elas o espectro de um homem, sob o qual inalcançável, subsiste o homem, mutilado. A frustração que cada homossexual representa para a voragem natural da fêmea é o núcleo dessa inimizade ancestral, inabalável e intransigente para com a raça de Sodoma. (fl. 17)
>
> No homossexualismo, tanto masculino como feminino, só a essência importa, já que a forma é um entrave à aceitação. Falo em termos de vivência comunitária, não discriminatória, o que só será possível quando todos encararem a verdade mais profunda do outro e respeitarem a imagem assumida. Pode um corpo masculino resguardar uma alma feminina, e vice-versa. Na medida em que esta fatalidade não merece respeito acontecem as caricaturas, que mais agravam o problema. (fl. 9)

O sentimento de rancor e dor, de amor e saudade em relação à mãe, culpada pelo ato de adultério, atravessa toda a vida do escritor e interfere nas suas sensações, principalmente nas experiências sexuais, em que o corpo, para ele, estará sempre sujeito às dores, ao pecado, à exploração, à falta de controle. É o corpo que provoca os sentimentos de profundo desgosto e arrependimento.

O prazer carnal está sempre carregado de ressentimentos. Em contraponto, o amor verdadeiro é uma ascese, dispensa o contato corporal. "Na verdade, o ser humano nasceu para a pureza e, ainda que o ato sexual não signifique impureza, a repetição desordenada e gratuita do jogo do amor vai diluindo a emoção, vai desvirtuando o êxtase" (fl. 83). Ayala parece viver nessa corda bamba, profundamente voltado às paixões e sofrendo por elas, sem poder contar com o equilíbrio de um amor integral e sem culpa.

Segundo o autor, o pecado vem pela fraqueza do corpo.

> Em poucos dias uma série de aventuras. A atração carnal, uma vez satisfeita, me traz um profundo desgosto. Não nasci para viver em paz com a libertinagem. Armo uma série de ansiosas mentiras de amor com que embriagar e embriagar-me. No dia seguinte, é aquele enjoo, aquela ressaca absurda. Não podemos avaliar a nossa verdade: o que nos concedem é insuficiente, o que queremos é demais. Jamais o equilíbrio. (fl. 7)
>
> Cada vez me convenço mais de que a paixão sexual tem pouco a ver com o amor. Ou, por outra, que o amor não depende de um exclusivo entusiasmo sexual. Na ligação física há o interesse imediato e fugaz que dura o tempo de um orgasmo e, quando muito, de uma sábia manutenção erótica. O amor, já num plano completamente estranho, vive de renúncias físicas, de uma doação integral, de uma genuflexão humílima, de um temor, de uma esperança que a exaltação sexual não supre. E de tanto se amar, quando o amor é definitivo, chega-se ao êxtase. É certo que o objeto quando amado desperta sempre, ao fim, um desejo de fusão corpórea, mas como um complemento que nada acrescenta à densidade inicial. Toda a loucura de amor, num par fundamentalmente unido pelo espírito, é como a cobertura férrea que contivesse uma rosa. (fl. 12)

No romance *À beira do corpo*, ele procurou explicitar esse descontrole da paixão carnal para justificar a história que presenciou dentro de sua casa. Nesse caso, a narrativa parece funcionar como remédio, o romance é *pharmakon*. Assim escreve no diário: "Tenho um romance acabado e outro começado. Escrevi-os para aprender a perdoar, para encontrar as razões do perdão. Todos os personagens estavam erguidos dentro de mim, à espera de um pronunciamento. Para bem de minha alma eu os perdoei e perdoando me salvei de ressentimento" (fl. 46). Pelas anotações no diário, traça a construção do romance que procura absolver os seus pais e a si mesmo e, em contrapartida, condenar a sociedade. Vicente foi impelido ao crime, ele não queria matar, mas o sogro lhe entrega a arma com o intuito de que ele dê um fim à vergonha familiar. Bianca foi vítima da fraqueza da carne, de uma sociedade patriarcal machista e conservadora. Criada por um pai que poucas vezes lhe demonstrou afeto, encontrou em Vicente a segurança e o carinho que não foram suficientes diante de uma devastadora paixão. Como o escritor afirma, pelo romance, tenta dar conta de sua história e, pelo diário, procura registrar suas intenções de purgar seu passado praticamente fadado ao silêncio familiar.

Em alguns momentos, as anotações no diário aproximam-se de preces, tanto pelo apelo como pela troca de pronomes de terceira para segunda pessoa. Elas parecem, ainda, promover uma conversa com Deus. O diário íntimo torna-se um espaço de confissão, remissão e contato com a transcendência e clama palavras de um poeta confessor. "Aceitei convites vulgares, enlouqueci sobre a carne com uma paixão sombria e desprezível. (...) e agora meus olhos reclamam nublando-se, nublando-se e fugindo, fugindo e me apunhalando de remorso" (fl. 78). "Eu creio em Deus porque tu me dás a enorme chance do paraíso. Um paraíso que desenho quase sozinho, do qual concedes as linhas gerais, o manso vento, a tua saudade da morte, a tua melancolia, o teu cansaço. Fechado em tua mão eu deixaria meu pensamento" (fl. 65). Nas páginas do diário estão expostas as leituras dos poemas de São João da Cruz, das cartas apaixonadas de Soror Joana de Alcoforado marcando, também, a plenitude no amor ascético e contemplativo.

A convicção católica de Walmir Ayala, que vai de encontro à sua orientação sexual, é muito refletida nas anotações diárias. Pode-se perceber uma recorrência nos questionamentos sobre a noção de pecado, de comportamento ou atitude que o afasta de Deus. Dessa forma, o escritor, ao mesmo tempo que traz uma convicção sua a respeito da Igreja, também acata sua supremacia.

> Lurdes me instiga à confissão. Eu mesmo tenho desejado isso há tanto tempo, e agora mais do que nunca. Mas temo. Em primeiro lugar por causa da noção de pecado. Vejo o pecado sob dois aspectos: a) o que eu considero pecado; b) o que a Igreja me diz que é pecado. Dos primeiros estou firmemente arrependido, e disposto a não repetir. Dos segundos, não. No máximo, controlar-me para não cair em estado de vício. Mas uma vez que decido confessar-me, e a confissão é um Sacramento da Igreja, devo acatar o que é determinado por ela como culpa e penitência. (fl. 44)

No romance, Vicente se submete ao julgamento, confessa seu delito, quer a penitência pelo seu ato de morte, mas é absolvido pelo crime cometido. A culpa era de Bianca; aliás, a culpa era do corpo pulsante de Bianca, que não resistiu à paixão. Entretanto, é na saída do Tribunal, quando todos já o cumprimentavam pela justa liberdade, que o advogado não deixa de apontar veementemente os verdadeiros culpados pelo desfecho trágico. O escritor, pela narrativa, não se inibe e dirige-se à Igreja, ao velho pai Piero e à sociedade:

> Padre Nilo, erga-se e me diga: o que tem feito por tuas almas? No depoimento anterior esteve claro que o senhor fugia de Bianca. Por quê? Não sabia a solução de seu problema, ou não imaginava castigo suficiente para sua permanência no pecado? O senhor também esteve estarrecido diante da serpente de vidro, e Deus não desceu para erguê-lo como costumava fazer com os santos. O senhor não está sentado à mão direita. O senhor era apenas uma voz nesse coro vergonhoso. (2007, p. 152)

> 'E o senhor' – sem que olhasse para aquele homem, o velho Piero sentiu que era com ele –, "o senhor que abriu a gaveta e estendeu a arma, diga-me agora qual foi a última vez em que exerceu seu amor de pai com a vítima' [...] 'Eu o vejo agora como um homem que empunha uma arma, que troca um gesto absoluto por uma fraqueza sempre mais perdoável.' (p. 155/156)

> 'Não tenho mais nada a dizer' [...] 'Volto hoje mesmo daqui. Saio desta cidade como quem sai de um pesadelo, de um abismo ardente onde se forja a fisionomia inegável do homem, esta vítima imprudente da paixão e da imprevidência. Saio daqui com a imagem de uma cidade que a partir de agora inaugura um estágio de decomposição, para ressuscitar ou se extinguir na memória deste pó sangrento'. (p. 157)

A voz do advogado ecoa a própria saída de Walmir Ayala de sua terra natal. Ainda jovem, vem para o Rio de Janeiro, onde desponta como uma das vozes mais respeitáveis do universo das Artes. Escreve em praticamente todos os gêneros, consegue forte influência na crítica. Além disso, seu trabalho, para a divulgação da literatura infanto-juvenil, é extremamente decisivo, em um momento em que a criança não tinha espaço no mercado do livro.

Apesar de ter construído sua história e ter ganhado seu espaço pessoal e profissional, a memória traumática da infância precisava vir em forma de romance, em uma tentativa de dar conta do passado e, também, denunciar aquele lugar. Assim como o advogado de Vicente, ele denuncia a hipocrisia e bate o pó das sandálias, renegando aquela sociedade. Dessa forma, reage contra as críticas dos amigos:

> Mais uma carta de um amigo do sul apreensivo com o andamento das confissões expressas no meu diário. Foi disto que eu fugi quando mudei para o Rio de Janeiro em 1956, seria absurdo agora deixar-me influenciar, depois de tanto caminho andado, pelas mesmas e caducas restrições. Este amigo que me escreve ficou parado no tempo, protegido por vetustas paredes de uma dinastia decadente. Eu estou à mercê da minha vida, do lado de fora, exposto e talvez vulnerável. Mas completo. (fl. 10)

A completude do escritor é traçada pela releitura do seu passado. Pelo romance, por meio das personagens de Vila Nova, reconta a história encoberta pela família. No livro, o narrador é o verme que está presente no corpo de Bianca e, à medida que passeia pelo corpo, o verme onisciente tem a percepção de suas dores, de sua inocência, de sua vontade de viver. Dessa forma, absolve a pecadora, vítima da sedução e da carência.

> Eu, o verme, aqui sobre seus minúsculos pés de um raro marfim que a morte esfria, sobre seus pés tão decididos a cumprir o perigoso destino que a limitaria a dezenove anos de vida. [...] assim vivia entre o sol de Vila Nova e os bailes de família, e amava a natureza, o riacho, os passeios para o lado da figueira. [...] e tudo estava perfeito, e não havia por que inquietar-se... isso se com o crescimento da ânsia do acontecimento não lhe fosse sucedendo um temor, um frio temor que lhe vinha de uns olhos estranhos, não daqueles com que o noivo a envolvia numa onda de segurança e franqueza. Tudo começou no dia em que viu aqueles olhos.
>
> Não vos enojeis de estar aqui comigo sob a tampa deste caixão rústico. Enojai-vos, isto sim, da mentira e da hipocrisia, da intransigência e da implacabilidade, isto tudo que eu desconheço em meu percurso que agora se inicia. Nasci com esta morte, sou seu verme. [...] eu só faço agora é perdoar, ver e perdoar, esta carne que me nutre já não tem meios de multiplicar o dano, sua multiplicação sou eu, o verme que ausculta e contempla. (2007, p. 11)

O verme, conhecendo o corpo jovem castigado pelo pecado, tenta entendê-lo e perdoá-lo pela impulsividade. Nesse sentido, Walmir Ayala faz uma profunda ligação com os seus próprios conflitos. Para ele, o corpo não possui rédeas, e o combate incessante é necessário para domá-lo contra as vicissitudes e os desejos. O corpo é o tormento da alma, porque é por ele que se prova a vida, principalmente os instigantes perigos da vida. É pelo corpo que se morre. Assim registra no diário:

> Contemplo meu corpo inteiramente nu. Não vai nisso nenhum narcisismo. Eu contemplo meu corpo antecipando seu apodrecimento, pensando no que será, a que está destinado. E não posso fazer nada em favor dele. Eu vejo meu corpo como um verme vê um corpo. Minha alma deseja sobreviver a ele, e sente desde já saudade desta forma que a serviu tão drasticamente. Eu vejo meu corpo estranhando-o. Algo que me foi dado de empréstimo, que me joga à ironia do mundo, que exige uma interpretação, e que é, no fundo, uma simples máquina entregue à tarefa de morrer. Deus é meu recurso de esperança. Sua ressurreição, prometida em mim, é minha única vitória. (fl. 83)

Quanto à figura do pai, vítima levada a praticar um crime, era preciso libertá-lo para a vida, para a remissão e para o perdão da mulher. A sociedade hipócrita, vingativa, conservadora e hermética sequer levanta a hipótese de um homem não lavar a honra no sangue da mulher adúltera. O perdão não tem lugar na vida dos cristãos da tradicional cidadezinha de Vila Nova.

> Isso era o futuro. 'Tenho que aprender tudo de novo' – pensou, e de olhos baixos procurava a lembrança mais urgente com que se reconhecer agora, assassino absolvido. E esta memória foi a de ser novamente aquele verme, encontrar Bianca em sua solidão, morrer nela em lágrimas e abandono. [...] Vicente, sozinho, tão só que a chuva era como um consolo, de repente um abraço, decidiu-se a viver. Ficou ali até que a noite foi perfeita – então, como um bicho doloroso, deslizou pela rua deserta, cessada a chuva, outra vez a atmosfera morna de um ventre em fecundação, e viu que as estrelas vinham nítidas e que as árvores persistiam certas contra as janelas fechadas e o silêncio febril de uma população agredida pela paixão. A paixão estava nele. Quis gritar e não teve voz. De repente se deteve, num milagre de participação com a carne e o sangue, aspirando no ar um perfume adocicado, enleado pelo voo célere de grandes morcegos palpitantes. Sentiu-se então, calado e único, à beira do corpo. (2007, p. 159)

O escritor recria sua história procurando entender aqueles personagens profundamente presos às suas paixões e dores, seres afetados pela vida. Entretanto, nenhuma história pertence unicamente a uma pessoa, nela há outros envolvidos que podem não corroborar com a decisão de trazê-la à tona, mesmo por meio de um romance. Tantos personagens com referências reais na trama era para desafiar sentimentos, esperar reações, contar com o entendimento da exposição. No diário, Ayala explicita sua apreensão: "Com a editora 'Letras e Artes' os originais do meu romance *À beira do corpo*. E o medo, agora, de lançar o livro, pelas pessoas vivas que nele se reencontrarão, em fatos que gostariam de ver apagados, ou melhor, inexistidos" (fl. 102).

A escritora Maria Helena Cardoso, amiga incondicional do autor, quando lê os originais, espanta-se, repreende-o e apela para o bom senso do escritor, chamando-o à atenção para a temeridade daquele lançamento. Todavia, a escrita, como uma forma de libertação, fazia-se maior, e essa intenção o diarista confessa inúmeras vezes pelas anotações. É pelo diário que justifica sua escolha aparentemente cruel.

> Lelena me chama a atenção para a crueldade que seria para com os meus pais se eu publicasse agora o romance que acabo de escrever e que ela está lendo. Na verdade, não pensei nisto nem quando o escrevia, nem quando o inscrevi num concurso. Publicá-lo foi meu intuito desde a primeira página. Nele procurei transformar uma tragédia humanamente terrível num instante de beleza. Situei a fatalidade do pecado e da penitência. No entanto, Lelena coloca o problema gravíssimo da significação que esta história teria para minha família, ergue a possibilidade de afetar meu pai até a morte. Pouco a pouco Lelena me encarcera num temor que é maior do que o gosto colorido de ter escrito o livro. Tudo que venho escrevendo, tem sido rebeldia, maldição, apelo e advertência. Este livro, especialmente, eu escrevi para me esclarecer, para perdoar e me perdoar, para me curar de um complexo de culpa, ou pelo menos tentar ver as coisas de um ponto de vista mais humano. Será que os outros, aqueles que Lelena quer preservar, se o lessem não se sentiriam também mais aliviados? Mas estou certo de que não lerão, e esta é uma razão a mais para que o publique já. (fl. 90)

O romance é desafiador, e só tem noção da história real incrustada em seu enredo quem realmente acompanha sua trajetória de construção pelo diário. Portanto, iluminar os escritos que se encontram guardados em *Sangue na boca (Diário IV)* é trazer um artista despojado, passional, sem pudor para escrever suas fraquezas e dificuldades, fazendo rico inventário de uma vida intensa. Walmir Ayala dedicou-se anos às escritas diárias, aos registros dos relances cotidianos, transfigurando-os e dando a eles a força de vida que possuem; sem censura, mas com o controle necessário para deixar em seus arquivos uma história de paixão permeada pela poesia, que o ajudou a lidar com suas adversidades. Assim, ele finaliza a anotação do último dia do ano de 1962:

A vida é um instante rápido, por mais longa que seja. E nós fragmentamos a vida em datas de esperança, como quem toma fôlego entre um mergulho e outro. Nestas datas nos julgamos intimamente bons, choramos pelos erros cometidos. Tudo com mais intensidade porque sabemos que naquele momento o exame de consciência é coletivo. Não é para festas que o nosso coração foi chamado, é para o luxo de viver. (fl. 73)

REFERÊNCIAS

As citações do diário *Sangue na Boca (Diário IV)* foram indicadas a partir da numeração das folhas organizadas e encadernadas. Todo esse material está sob os cuidados do crítico André Seffrin, responsável pelo arquivo do escritor.

AYALA, Walmir. *À beira do corpo.* Belo Horizonte: Editora Leitura, 2007.

______. *Diário I. difícil é o reino.* Rio de Janeiro: Edições GRD, 1962.

BLANCHOT, Maurice. *O Espaço literário.* Trad. Álvaro Cabral. Rio de Janeiro: Rocco, 1987.

DELEUZE, Gilles. *Crítica e clínica.* Trad. Peter Pál Pelbart. São Paulo: Editora 34, 1997.

DERRIDA, Jacques. *Mal de arquivo* – uma impressão freudiana. Trad. Cláudia de Moraes Rego. Rio de Janeiro: Relume Dumará, 2001.

LAPOUJADE, David. "O corpo que não agüenta mais". In: LINS, Daniel & GADELHA, Sylvio. *Nietzsche e Deleuze*: Que pode o corpo. Rio de Janeiro: Relume Dumará, 2002. (Coleção Outros Diálogos).

LIMA, Luiz Costa. *Sociedade e discurso ficcional.* Rio de Janeiro: Guanabara, 1986.

LIMA BARRETO, A MISSÃO E O ROMANCE

Carmem Lúcia Negreiros de Figueiredo

O escritor Afonso Henriques de Lima Barreto (1881-1922) sempre manifestou, em suas obras, grande preocupação quanto aos efeitos da literatura e da leitura em um país de analfabetos e ao lugar conferido pela sociedade ao intelectual. Sua atividade de escritor defende uma militância, ou missão, baseada na premissa: "Em que pode a Literatura, ou a Arte, contribuir para a felicidade de um povo, de uma nação, da humanidade enfim?" (Barreto, 1956, p. 64). Para exercê-la, o autor aponta a necessidade de novos métodos e perspectivas coerentes "ao acúmulo de ideias que trouxe o tempo, com as descobertas modernas que alargaram o mundo e a consciência do homem, e outros fatores mais" (Barreto, 1956, p. 64).

As primeiras décadas do século XX apresentam intenso processo de modernização do espaço urbano, com invenções tecnológicas, deslocamentos espaço-temporais e transformações políticas e econômicas que abalaram o cotidiano, produzindo, entre outros efeitos, o questionamento do sujeito soberano – "todo homem foi forçado a experienciar a sua própria insignificância" (Kracauer, 2009, p. 118).

A sujeição a inúmeros estímulos e a exigência contínua de atenção foram aspectos da vida urbana moderna apontados por muitos pensadores. Para Nietzsche (2008, p. 62), "surge uma espécie de *adaptação* a essa sobrecarga de impressões: o homem desaprende de agir; *ele apenas reage* a abalos vindos de fora. Gasta a sua força em parte na *apropriação*, em parte na *defesa*, em parte na *oposição*". Na observação de Georg Simmel (2009, p. 80), "o fundamento psicológico sobre o qual assentam as particularidades das grandes cidades é a *intensificação da vida nervosa*, que brota da mudança acelerada e ininterrupta das impressões interiores e exteriores". Apresenta, como consequência, a "atitude blasé", que consiste no entorpecimento do poder de diferenciação "pela aglomeração de imagens mutáveis, a distância brusca no interior daquilo que se abarca com um olhar, o imprevisto das impressões que se impõem" (Simmel, 2009, p. 80).

O sujeito – agente e objeto desses impactos da modernização – pode ser chamado de "observador de segundo grau", pois é caracterizado pela "incapacidade de deixar de se observar ao mesmo tempo em que observa o mundo", segundo analisa H. Gumbrecht, em *Cascatas de modernidade* (1988). Torna-se, por isso, inevitavelmente consciente de seu corpo, como aspecto significativo para o conhecimento, e da importância da posição, adotada para observar. O corpo e a posição do observador, aliados à experiência temporal – especialmente em um contexto de aceleração e desaceleração no tempo oferecido pelas tecnologias –, abalam as formas de representação. "À medida que o tempo histórico parece ser posto em movimento por tantos impulsos convergentes, não é mais possível pensar o presente como um intervalo de continuidade" (Gumbrecht, 1998, p. 16).

No contexto da sofisticada experiência urbana, "a literatura – como todas as outras formas de olhar, inclusive o fotográfico – voltou-se para o menos evidente. Sem personagens nem rostos tornou-se introspectiva, voltada para os mistérios e percalços da alma humana" (Peixoto, 1996, p. 21).

Em um período marcado por uma economia que transforma indivíduos em ávidos espectadores de dramas urbanos, guiados por impulsos e sensações diante da aglomeração de imagens mutáveis nas ruas e seduzidos por experiências acerca dos limites da consciência, Lima Barreto ficcionaliza os processos de subjetivação. Questionar os limites do indivíduo, estender as fronteiras entre os gêneros, para expor os conflitos da subjetividade, representa uma forte característica da sua produção literária.

Mesmo desejoso de mostrar aos leitores o poder de sedução da literatura, os limites e a força de quem escreve e as funções que lhe são atribuídas pela sociedade, à maneira de esclarecimento e orientação, Lima Barreto reconhece a necessidade de inovar a forma, em um diálogo tenso com a tradição. Por isso, reencontra o rompimento na linearidade da ação e a fabulação do eu do autor, apresentados por Stendhal, a inserção do detalhe e da banalidade cotidiana em Balzac e o traço psicológico de Flaubert. Apropria-se de seus recursos estéticos para, modificando-os, renovar o romance, a partir de sua obra de estreia, *Recordações do escrivão Isaías Caminha* (1907, 1909, 1917).

Se o escritor não abre mão de tais questionamentos, ele os realiza a partir de uma forma que introduz, na literatura brasileira das primeiras décadas do século XX, a problematização da autoria, a apresentação da escrita como experiência e atividade inacabada, a reflexão sobre a transitividade do real e o ficcional, os impasses do narrador diante das novas tecnologias e complexos processos de subjetivação. No romance de estreia, essas características se constituem por meio de uma espécie de "pacto ambíguo"[1] com o leitor, obrigando-o a transitar no espaço instável entre narrador e autor, literatura e vida. Apresenta rasuras graduais nas marcas da narrativa tradicional, pela justaposição de planos, os quais, desde o prefácio, questionam a apresentação da subjetividade, o lugar do autor.

Rasuras que produzem a suspeita sobre a linguagem e trazem a compreensão do tempo (e da memória) como construção do sujeito e da cultura, na crítica à estratégia de causalidade no desenvolvimento das ações. Na obra, o vaivém espacial e temporal e a subjetividade flutuante coadunam-se com a sensibilidade, das primeiras décadas do século XX, que indica entre outras coisas um novo perfil de intelectual. Diante das recém-chegadas formas de entretenimento, como, na música, a modinha dos subúrbios, os primeiros filmes, inventos ópticos diversos, ruas e vitrines, o intelectual ainda enfrenta a divisão de poder quanto ao uso da linguagem, na franca disputa com a rapidez da informação e o impacto das imagens, assim como a luta por funções e espaço, no interior dos jornais e revistas.

Da complexidade do romance *Recordações do escrivão Isaías Caminha*, destaco, apenas, dois aspectos significativos para reflexão, por configurarem a tensão entre a finalidade do literário, para Lima Barreto, e as inovações formais de sua obra: as ligações do romance com o memorialismo e o diálogo entre o espetáculo urbano e a subjetividade.

Romance e memorialismo

Nos intervalos entre as edições de *Recordações do escrivão Isaías Caminha*, há vários processos de escrita e elaboração do romance, com diferenças importantes no texto. Os primeiros capítulos vieram a público em 1907, na revista *Floreal*, que, dirigida pelo escritor, sobreviveu até quatro números. A primeira edição em livro foi feita em Portugal, em 1909, com alterações

1. Expressão adotada pelo crítico espanhol Manuel Alberca (2007) para tratar das narrativas que se situam na zona ambígua entre o pacto autobiográfico e o novelesco.

no texto à revelia do autor. A segunda edição, publicada sob os cuidados de Lima Barreto, aparece em 1917, com acréscimos e modificações.

O romance move-se através do recurso da narrativa em primeira pessoa e discurso memorialístico, que simula a autobiografia, em um duplo processo: de um lado, a formação do jovem intelectual, em um diálogo com toda a tradição relativa aos efeitos da leitura, do saber, da ilustração; de outro, a reflexão, via relembrança, em busca do autoconhecimento, a qual revela a ausência de sentido e finalidade daquele processo formativo de cidadão e intelectual, em uma realidade avessa a tais princípios. O resultado produz um movimento de profunda ironia entre a forma anunciada (memórias da formação intelectual e humanística) e o conteúdo em desenvolvimento, cuja consequência é a contaminação do épico pela reflexão, o esvaziamento da ação na narrativa e um herói reflexivo, que deambula pelas ruas, redações de jornais e em torno de si mesmo.

Recordações do escrivão Isaías Caminha concentra-se no drama íntimo da consciência do protagonista, com o ponto de vista em primeira pessoa. Ainda que fartamente entremeado de narrações dos acontecimentos culturais e políticos que rodeiam o protagonista, é a representação da consciência do personagem, na sua vida interior, diante do confronto consigo mesmo e com a sociedade, o ponto forte dessas *Recordações*. O movimento da consciência recebe certa ordenação do narrar, mesclada a associações imaginativas, no espaço entre as reminiscências e o presente da narrativa.

> Escrevendo estas linhas, com que saudades me não recordo desse heroico anseio dos meus dezoito anos esmagados e pisados! Hoje... É noite. Descanso a pena. No interior da casa minha mulher acalenta meu filho único. A sua cantiga chega-me aos ouvidos cheia de um grande acento de resignação. Levanto-me e vou à varanda. A lua, no crescente, banha-me com meiguice, a mim e a minha humilde casa roceira. [...] Correm alguns instantes; ela cessa de cantar e o brilho do luar é empanado por uma nuvem passageira. Volto às minhas reminiscências: vejo o bonde, a gente que o enchia, os sofrimentos que me agitavam e a rua transitada [...]. (Barreto, 1990, p. 48)

A melancolia e a dor contaminam o narrador no presente, enquanto escreve suas memórias; melancolia e impotência de quem se arrasta, enquanto registra suas lembranças. O estado psicológico do narrador das memórias, que é, ao mesmo tempo, personagem, apesar da distância entre o eu narrado e o eu narrador, caracteriza-se pela melancolia e pela dor, expressas em uma imagem frequente na obra: "Nuvens plúmbeas já de todo tinham coberto a nesga do céu vista pela janela. Havia como que fuligem na atmosfera e a luz do sol tornara-se de um amarelo pardacento e fúnebre" (Barreto, 1990, p. 52).

Dessa maneira, o mal-estar que acomete o jovem Isaías, após ser suspeito de roubo, intimado a comparecer a uma delegacia e ser chamado de "mulatinho" pelo delegado, também é o mesmo sentimento do Isaías narrador, adulto, relembrando aqueles dolorosos momentos para escrever suas memórias. "Despertei hoje cheio de um mal-estar que não sei de donde me veio. Nada ocorreu que o determinasse. (...) Penso – não sei por que – que é este meu livro que me está fazendo mal (...)" (Barreto, 1990, p. 56). Nesse sentido, a temporalidade escoa no romance, com o passado projetando-se sem cessar sobre o presente.

No entanto, há momentos de interessante alternância de estados emocionais do jovem Isaías, que são explicados pelo narrador mais maduro, posteriormente. Exemplo disso é a cena em que, na delegacia, demonstra solidariedade ao desamparo de uma jovem lavadeira, protagonista de uma briga banal de vizinhas, moradoras, ambas, de uma casa de cômodos.

> As palavras saíam-lhe animadas, cheias de uma grande dor, bem distante da pueril querela que as provocara. Vinham das profundezas do seu ser, das longínquas partes que guardam uma inconsciente memória do passado, para manifestarem o desespero daquela vida, os sofrimentos milenares que a natureza lhe fazia sofrer e os homens conseguiram aumentar. Senti-me comunicado de sua imensa emoção; ela penetrava-me tão fundo que despertava nas minhas células já esquecidas a memória enfraquecida desses sofrimentos contínuos que me pareciam eternos; e achando-os por debaixo das noções livrescas, por debaixo da palavra articulada, no fundo de minha organização, espantei-me, aterrei-me, tive desesperos e cristalizei uma angústia que me andava esparsa. (Barreto, 1990, p. 54)

A solidariedade à dor alheia – que é também sua – acentua os traços de inquietação e angústia, marcas do personagem quando jovem e quando adulto, como narrador; solidariedade que expressa a percepção de um sentimento de humanidade, muito além da simples subjetividade. Novamente, a expressão de mal-estar acompanha-se do movimento da natureza: "A ela e ao meu abalo moral, juntavam-se a tonalidade amarelaça da tarde e o ambiente de forja para me dar um mal-estar nunca sentido." (Barreto, 1990, p. 54).

A apresentação do estado emocional do jovem Isaías logo se acompanha da explicação do narrador, maduro, que usa a referência literária para esclarecer o movimento da consciência. A narrativa de um estado psíquico, antes da verbalização, a partir de impressões e reflexões, demonstra uma preocupação maior com aquilo que se é, ou que se pode tornar, do que com o relato de acontecimentos exteriores.

> Por aí, houve em mim o que um autor russo chamou a convulsão da personalidade. Todo eu me agitei, todo eu me indignei. Senti num segundo todas as injustiças que vinha sofrendo; revoltei-me contra todos os sofrimentos que vinha suportando. Injustiças, sofrimentos, humilhações, misérias, juntaram-se dentro de mim, subiram à tona da minha consciência, passaram pelos meus olhos e então expectorei as sílabas: – Imbecil. (Barreto, 1990, p. 55)

No romance, não é a ação, portanto, que predomina; todos os acontecimentos realizam-se no perscrutar das lembranças e dos pensamentos do protagonista. Os aspectos cronológicos, culturais e históricos constituem elos entre os dois momentos, o vivido e o narrado, e apenas reforçam a complexidade temporal da narrativa.

Do capítulo VII, quando inicia a trajetória de Isaías na imprensa, até o capítulo XIV, o último do romance, as mesmas reflexões e o estado psíquico do protagonista – quando jovem e quando memorialista – permanecem, com um misto de angústia, impotência, desolação e, acima de tudo, solidão, mesmo depois de bem empregado como redator de importante jornal.

No último capítulo, há sinais claros de ascensão social do protagonista: "Dois meses antes era simples contínuo, limpava mesas, ia a recados de todos; agora, poderosas autoridades queriam as minhas relações e a minha boa vontade" (Barreto, 1990, p. 135). No entanto, há também índices de transformação interior: a capacidade de reagir com violência às ofensas e humilhações. Assim, diante da provocação de um colega jornalista, Isaías reage com violência e força: "Senti-me outro, muito mais forte, transtornado e desejoso de matar" (Barreto, 1990, p. 136). Portanto, da convulsão interior e balbucio do jovem recém-chegado à capital, na delegacia, no capítulo VII, ao agora orgulhoso jornalista.

Apesar do dinheiro, das pândegas, da sensação de domínio e controle, o reencontro com um cenário de interior – casas pobres, com quintais, em região rural – provoca no protagonista a reflexão de que não avançara, pessoalmente, em nada com relação a seus sonhos. Na sua viagem do interior para a cidade, seu estado psíquico desmancha-se em apatia e dilacerações, em uma angústia contínua do sujeito alquebrado diante das dificuldades externas.

> Fomos servidos em velhos pratos azuis com uns desenhos chineses e as facas tinham ainda aquele cabo de chifre de outros tempos. À vista deles, dos pratos velhos e daquelas facas, lembrei-me muito da minha casa, e da minha infância. Que tinha eu feito? Que emprego dera à minha inteligência e à minha atividade? Essas perguntas angustiavam-me. [...] Lembrava-me de que deixara toda a minha vida ao acaso e que não a pusera ao estudo e ao trabalho com a força de que era capaz. Sentia-me repelente, repelente de fraqueza, de falta de decisão e mais amolecido agora com o álcool e com os prazeres... Sentia-me parasita, adulando o diretor para obter dinheiro. (Barreto, 1990, p. 142-143)

A imbricada ação de lembrar e esquecer, marcante no romance, ilumina-se à vista de "pratos azuis" com "desenhos chineses", imagens de objetos insignificantes tomados pelo protagonista como *medium* de recordação. A referência ao passado surge como um complexo de superposições e cruzamentos de diversos planos da memória: o dos objetos, dos gestos, dos sentimentos, que evidenciam a latência como aspecto central da memória.

Na avaliação de sua vida, restam ao personagem frustração e dor:

> Sentia-me sempre desgostoso por não ter tirado de mim nada de grande, de forte e ter consentido em ser um vulgar assecla e apaniguado de um outro qualquer. [...] Por que o tinha sido? Um pouco devido aos outros e um pouco devido a mim. (Barreto, 1990, p. 143)

O escrivão Isaías, ao escrever suas memórias, reconhece que não é mais tempo de ler nos astros o destino dos homens – "A nossa humanidade já não sabe ler nos astros os destinos e os acontecimentos" (Barreto, 1990, p. 143) –, embora, na sua juventude, tenha se guiado por sinais, como o movimento de aves no céu, que formavam um V indicando, na sua interpretação, um "vai", estímulo para deixar o interior e tentar a vida na capital.

As marcas no céu não sugerem mais a confiança em si mesmo, nos outros e na sociedade que deveria funcionar como um árbitro. A tarefa de autoidentificação mostra-se hercúlea para Isaías Caminha, em relação às escolhas feitas. Já nas primeiras décadas do século XX, a tarefa de um "construtor de identidade" é semelhante à "de um *bricoleur*, que constrói todo tipo de coisas com o material que tem à mão (...)" (Bauman, 2005, p. 55), sem ter como guia a racionalidade do objetivo, da finalidade ou da causa, em um mundo sem deuses de qualquer espécie.

Espetáculo urbano e subjetividade

Em *Recordações do escrivão Isaías Caminha*, apesar do predomínio do foco introspectivo, voltado a investigar os impasses da consciência, os choques recebidos das ruas ou do seu turbilhão interior, há momentos de abordagem panorâmica, quando o narrador observa, analisa e explica atitudes e valores aos leitores, especialmente sobre a imprensa e os intelectuais, na segunda parte do romance.

Na primeira parte do romance, Isaías, "vagueando", "saltando de bonde em bonde", conhece e apresenta as contradições da cidade – "alternativamente povoada e despovoada, com grandes hiatos entre ruas de população condensada, e toda ela agitada, dividida, convulsionada pelas colinas e contrafortes da montanha em cujas vertentes crescera" (Barreto, 1990, p. 63). No entanto, o abandono, o desdém e a lassidão permitem que as imagens da cidade se misturem às da natureza e às da memória, conferindo uma percepção quase tátil do ambiente, com metonímias que expressam fragmentação e movimento. A visão da cidade e da natureza deixa de ser panorâmica e distante, para, mais próxima, permitir, com metonímias e frases nominais em sucessão, a absorção da experiência sensorial do personagem.

Por isso, na obra, o Rio de Janeiro aparece com traços, cores e movimentos que conduzem o leitor além da superfície. Neles, a visão se torna quase um fim em si mesma, tornando-se fundamental na apresentação de trama e personagens, com a valorização do instante na apreensão de ambiências diversas e simultâneas. Há, ainda, a percepção de que a cidade com seu brilho, fascínio e riscos produz nos sujeitos um misto de êxtase e tédio. Isso porque a experiência urbana oferece a sensação de liberdade e êxtase, embriaguez e vertigem, em uma atmosfera cambiante de sensações, com transgressão de limites espaço-temporais no deslocamento do sujeito pelas ruas. Os aspectos dinâmicos da cidade, como os bondes, automóveis, multidão, passeios públicos, servem ao deleite do olhar, tão errante quanto a subjetividade.

O personagem título do romance torna-se espectador da cidade e seu movimento, mas a modernidade subverte a possibilidade de uma percepção passiva, contemplativa. Espetáculo urbano e observador fundem-se em mutabilidade contínua. A sensibilidade torna-se extremamente aguçada para cores, formas, tons singulares em uma secreta concordância entre espaços e formas com um novo modo de vida, mesclado a fantasias, desejos subconscientes e reações a sentimentos e valores compartilhados. À medida que os objetos interpelam o observador, até com traços e apelos de erotismo, ele se torna consumidor que se perde, embriagado em seu poder de sedução.

Os deslocamentos de Isaías Caminha integram-se aos objetos e formas que ganham vida nas ruas, gerando, também, deslocamento de valores, conceitos e princípios. O olhar fragmenta as imagens da rua em *flashes* de vitrines, botas, chapéus, desfile militar, uniformes, rostos como recortes da visão do protagonista, que anulam a separação entre passado e presente, interior e exterior, expondo traços da subjetividade, também fragmentada, mas com percepção aguçada, quase apalpando plumas, laçarotes e chapéus, com enorme prazer sensual.

> Subi a rua. Evitando os grupos parados no centro e nas calçadas, eu ia caminhando, como quem navegava entre escolhos, recolhendo frases soltas, ditos, pilhérias e grossos palavrões também. Cruzava com mulheres bonitas e feias, grandes e pequenas, de plumas e laçarotes farfalhantes de sedas; eram como grandes e pequenas embarcações movidas por um vento brando que lhes enfunasse igualmente o velame. Se uma roçava por mim, eu ficava entontecido, agradavelmente entontecido dentro da atmosfera de perfumes que exalava. Era um gozo olhá-las, a elas e à rua com sombra protetora, marginada de altas vitrinas atapetadas de joias e tecidos macios. Parava diante de uma e outra, fascinado por aquelas cousas frágeis e caras. As botinas, os chapéus petulantes, o linho das roupas brancas, as gravatas ligeiras, pareciam dizer-me: Veste-me, ó idiota! Nós somos a civilização, a honestidade, a consideração, a beleza e o saber. Sem nós não há nada disso: nós somos, além de tudo a majestade e o domínio! (Barreto, 1990, p. 38)

Entre Isaías e a cidade, há o olhar errante pelo desenraizamento do observador transmitindo a sensação de estranhamento, semelhante a quem visita uma cidade pela primeira vez. O leitor acompanha, visualiza e percebe, quase de forma tátil, as sensações, as impressões, o silêncio, a solidão do personagem na cidade.

Uma espécie de sensibilidade impressionista contamina a perspectiva do olhar do protagonista e a estrutura do romance, e tudo se reveste de uma "melancolia tangível" (Barreto, 1990, p. 26) de acordo com o que sente e vive a personagem. A linguagem rivaliza com a gama de cores usadas por um pintor, envolvendo a exploração da luz, cor, movimento, textura e na descrição da experiência urbana. Além disso, "a atenção flutuante do indivíduo dirigida por um impulso caprichoso ou uma curiosidade" (Shapiro, 2002, p. 168) produz um interessante alinhamento entre as visões de artistas – na pintura, na fotografia, na literatura – e a atividade visual dos espectadores em deslocamento pelas cidades.

A longa citação, referente ao primeiro encontro do personagem com a cidade, mostra-nos o belo acordo entre sujeito, natureza e cidade, o qual tem, como princípio, o movimento, e não a mera contemplação passiva. O movimento exige fechar os olhos para ver.

> O espetáculo chocou-me. Repentinamente senti-me outro. Os meus sentidos aguçaram-me; a minha inteligência, entorpecida durante a viagem, despertou com força, alegre e cantante... Eu via nitidamente as cousas e elas penetraram em mim até ao âmago. Convergi todo o meu aparelho de exame para o espetáculo que me surpreendia. Estive por instantes espasmodicamente arrebatado, para um outro mundo, adivinhado além das cousas sensíveis e materiais. Voluptuosamente, cerrei os olhos; depois, aos poucos, descerrei as pálpebras para olhar embaixo o mar espelhento e misterioso. A barca vogava, as águas negras abriam – fingindo resistência, calculando a recusa. O casario defronte – o da orla da praia, envolvido já nas brumas da noite, e o do alto, queimando-se na púrpura do poente – surgia revolto aos meus olhos, bizarramente disposto sem uma ordem geometricamente definida, mas guardando com as montanhas que espreitavam a cidade, com as inflexões caprichosas das colinas e o meandro dos vales, um acordo oculto, um sentimento lógico. Evolava-se do ambiente um perfume, uma poesia, alguma cousa de unificador, a abraçar o mar, as casas, montanhas e o céu; pareciam erguidos por um só pensamento, afastados e aproximados por uma inteligência coordenadora que calculasse a divisão dos planos, abrisse vales, recortasse curvas, a fim de agitar viva e harmoniosamente aquele amontoado de cousas diferentes... O aconchego, a tepidez da hora, a solenidade do lugar, o crenulado das montanhas engastadas no céu côncavo, deram-me impressões várias, fantásticas, discordantes, fugidias [...]. Havia um brando ar de sonho, e eu fiquei todo penetrado dele. [...] Agora a barca movia-se ao longo de uma comprida ilha pejada de edifícios. Mais

perto, mais longe, pequenas lanchas corriam, erguendo para a pureza do céu irreverentes penachos de fumo; na linha do horizonte, havia uma terra baixa, ao fundo, onde, dolentemente agitado pela viração, um esguio coqueiro, firme e orgulhoso, crescia solitário; grandes cascos escuros de saveiros e galeras ruminavam placidamente; e botes velozes, cruzando as respectivas derrotas, brincavam sobre as ondas como crianças travessas [...]. (Barreto, 1990, p. 27)

A inserção de aspectos impressionistas coaduna-se com o aprofundamento da perspectiva psicológica. A relativização da perspectiva temporal, por meio da justaposição de tempos distintos e do relato de tudo a partir da consciência do protagonista, permite menor valorização da cronologia e dos acontecimentos externos. O mais importante é o resultado do tempo e das ações exteriores sobre a personalidade do sujeito. Assim, os efeitos da cor e da textura e a valorização da luz garantem dinamismo e evocam a atmosfera pictórica de sensações, ao lado de perambulações, encontros fortuitos, prazeres passivos, sensações inesperadas, que, no conjunto, caracterizam a forte nuance impressionista no romance. E o mais importante, "a natureza visível, em suas interações instáveis, é uma metáfora grandiosa do instável e ilimitado no sentimento e pensamento do eu inconstante" (Shapiro, 2002, p. 307).

O ar fizera-se rarefeito e percebia-se a poeira que flutuava na sua massa. As montanhas de Niterói recortavam-se nitidamente sobre o céu azul e fino, que começava a ser manchado, lá no fundo da baía, por cima do casario da Alfândega e do Mercado, por grandes pastas de nuvens brancas. Ainda pouco familiarizado com o tráfego pesado da rua, atravessei a Rua Direita cheio de susto, cercando-me de mil cautelas, olhando para aqui e para ali, admirado que aquela porção de gente trabalhasse sob sol tão ardente, sem examinar que valor tinham as suas Câmaras e o seu Governo. [...] Aventurei-me pela Rua do Ouvidor já preso a outros pensamentos. Agora tinha rápidas recordações de minha casa. Por momentos, em face daquelas damas a arrastar *toilletes* de baile pela poeira da rua, lembrei-me dos tristes vestidos de minha mãe, da sua casa eterna, da sua chita e do seu morim... (Barreto, 1990, p. 36)

Flashes de memória intervêm no trabalho do presente, em uma sobreposição de planos e movimentos: a casa da infância ressurge na mobilidade das ruas, a figura da mãe reaparece entre os vestidos que se arrastam na rua do Ouvidor.

O passado também alcança o presente a partir do "canto de saudade" de uma velha mansão abandonada e investida de nova função: servir de casa de cômodos para abrigar, no lugar de uma família abastada, muitas famílias pobres. A cidade, que foi banida do cenário de modernização, deixa suas marcas nas pedras, ruas e sacadas.

> O jardim, de que ainda restavam alguns gramados amarelecidos servia de coradouro. Da chácara toda, só ficaram altas árvores, testemunhas da grandeza passada e que davam, sem fadiga nem simpatia, sombra às lavadeiras, cocheiros e criados como antes o fizeram aos ricaços que ali tinham habitado. Guardavam o portão duas esguias palmeiras que marcavam o ritmo do canto de saudades que a velha casa suspirava; [...] Houve noites em que como que ouvi aquelas paredes falarem, recordando o fausto sossegado que tinham presenciado, os cuidados que tinham merecido e os quadros e retratos veneráveis que tinham suportado por tantos anos. [...] À noite, quando entravam aqueles cocheiros de grandes pés, aqueles carregadores suados, o soalho gemia, gemia particularmente, dolorosamente, angustiadamente... Que saudades não havia nesses gemidos dos breves pés das meninas quebradiças que o tinham palmilhado tanto tempo! (Barreto, 1990, p. 109)

A velha casa guarda a força memorativa ativada pelo olhar de Isaías Caminha, que se aprofunda em suas estruturas para resgatar a memória cultural. Os desenhos e a pintura das paredes e teto estavam deslocados e sem sentido, mas as ruínas insistem, à espera de outros olhos para iluminar sua "saudade".

Os passeios e deambulações dos personagens Isaías Caminha produzem uma combinação de múltiplas perspectivas: a atmosfera lírica de ecos do passado, os perigos e choques da rua, presentes no trânsito como ameaça à vida e ao corpo; fragmentação de percepções da experiência urbana, em momentos e espaços diversos; a densidade temporal do instante, que integra passado e presente, memória cultural e sujeito. Traços impressionistas no romance, portanto, nos quais a cidade é apresentada em seus vários instantes e espaços. Ao leitor fica a tarefa de reunir e interpretar os instantâneos de sensações, à medida que também é afetado por eles.

A missão e o romance: crise

Muitos elementos formais explicitados até aqui são próprios do romance do século XX, mas se inserem no âmago do romance que se anuncia, pelo título, como uma narrativa de perfil semelhante ao dos romances realistas do século XIX. No entanto, a expectativa anunciada não se cumpre.

O escritor utiliza referências importantes do romance do século XIX, como a trajetória de formação do jovem, sua busca de êxito e realização social; a experiência urbana, tema significativo também ao romance modernista; e a proposta de "memórias", frequente nos títulos de romances da literatura brasileira. No entanto, utiliza princípios formais que já introduzem nova realização estética do romance. Na forma tradicional do romance, introduz-se a zona ambígua entre narrador e autor, a temporalidade em que o passado escoa no presente na simulação da autobiografia, o tom lírico e reflexivo que retira da ação sua preponderância: uma montagem de princípios antitéticos que exige do leitor nova maneira de percepção.

Produz, portanto, uma crise, a qual não quer dizer insuficiência de forma, fracasso ou má qualidade estética.

A crise, em primeiro lugar, é característica própria do romance, cujos aspectos, como a plasticidade e a autocrítica, garantem, segundo Bakhtin (1988), a renovação do gênero. Em segundo lugar, a crise significa a consciência crítica acerca da impossibilidade de narrar, de escrever um romance, ou "as memórias", nas primeiras décadas do século XX e em seu contexto cultural efervescente, com os mesmos recursos estéticos e formais do século anterior. A única maneira de continuar narrando seria contradizendo a forma da narrativa até então. Na forma antiga (ou a esperada pelo leitor), inserem-se os novos elementos formais, como a temporalidade complexa, uma subjetividade flutuante e instável, a crítica à concepção da linguagem límpida e transparente em relação ao real e a contaminação do ficcional pelo autobiográfico.

Se a intenção do escrivão Isaías é produzir uma obra autobiográfica, na perspectiva tradicional, espera-se, então, um aprofundamento do eu, com a finalidade de explicar as diferenças entre a subjetividade e o mundo, as causas da angústia que o dilacera pela não realização de seus sonhos. O sujeito buscaria autoconhecimento e expressão pela exposição de si em uma ordem narrativa e de uma perspectiva privilegiada: ninguém melhor do que o protagonista para responder às questões sobre sua identidade, sendo, por isso, capaz de demonstrar convicção e segurança na apresentação, e justificativa, dos fatos. Em outras palavras, ele estabeleceria a si mesmo como campo de observação e investigação. As memórias de Isaías, entretanto, anunciam outras formas de falar de si.

Não se constitui, na obra, a perspectiva cartesiana de representação da subjetividade, numa escrita triunfante que teria como pressuposto a capacidade de selecionar critérios, estratégias e recursos persuasivos para projetar a si mesmo: Isaías Caminha não responde às perguntas sobre sua identidade, seu percurso de conhecimento e autoconhecimento; apenas formula perguntas e as projeta para o leitor. Isaías não demonstra nem pela razão, nem pela sensibilidade, conhecimento pleno de si e dos motivos de suas dores. As vozes dos outros – as pressões, impressões, injunções vindas dos outros – constituem e moldam o sujeito, num cruzamento de forças. As consequências (ou a escolha) desse processo aparecem na forma do romance, uma espécie de montagem e justaposição de vozes narrativas que se evidenciam desde o prefácio, mas estendem-se por toda a obra, tendo como ponto culminante o último capítulo. Nele, o autor intervém, novamente, no discurso do personagem Isaías, como a quebrar o pacto ficcional com a fabulação do eu autoral, exatamente na explanação sobre os preconceitos acerca da capacidade intelectual de jovens pobres e mulatos, cujo exemplo é o protagonista.

> [...] fiquei animado, como ainda estou, a contradizer tão malignas e infames opiniões, seja em que terreno for, com obras sentidas e pensadas, que imagino ter força para realizá-las, não pelo talento, que julgo não ser muito grande em mim, mas pela sinceridade da minha revolta que vem bem do Amor e não do Ódio, como podem supor. Cinco capítulos da minha *Clara* estão na gaveta; o livro há de sair... Penso, agora, dessa maneira; mas durante o resto do tempo em que estive no *O Globo*, quase me conformei, tanto mais que o interesse que o diretor mostrou por mim não foi nada platônico. (Barreto, 1990, p. 136)

O romance contamina-se, então, de discurso autobiográfico, assim como o autobiográfico matiza-se de ficção. Esse processo relativiza os limites do ficcional e expõe os impasses da escrita, porque

> inserir alguma coisa (o discurso autobiográfico) noutra diferente (o discurso ficcional) significa relativizar o poder e os limites de ambas, e significa também admitir outras perspectivas de trabalho para o escritor e oferecer-lhe

outras facetas do objeto literário, que se tornou diferenciado e híbrido. (Santiago, 2011, p. 17)

Há também referências ao leitor ("como podem supor"), sendo que a presença ou o desejo de interlocução fica mais evidente quando o narrador Isaías se refere às práticas jornalísticas dos colegas. Para explicar a adaptação feita por Leporace, um dos poucos jornalistas que ainda lia, de um trecho do romance de Daudet,[2] Isaías convoca o leitor:

> Os senhores lembram-se daquela passagem dos *Reis no Exílio* em que Colette de Rosen, cavalgando ao lado da rainha Frederica, atira-lhe indiretas referentes ao seu silêncio em face das infidelidades do marido? Lembram-se que a rainha, sentindo o golpe [...] Pois bem. Leporace não teve dúvidas; agarrou a frase do diálogo e desenvolveu-a no seu estilo barroco, por quase uma coluna, do seguinte modo: [...]. (Barreto, 1990, p. 138)

O discreto embate entre as vozes do autor, do eu narrador e do personagem é índice forte da consciência metaficcional sobre o narrar e da consciência da incompletude ou insuficiência de sentido para a existência.

Não há negação total do realismo na obra, o que impossibilitaria seu grande objetivo e missão: tornar a literatura significativa para a reflexão e formação dos leitores. No entanto, há quebras constantes do pacto ficcional pela inserção direta da voz autoral, provocando uma identificação e reconhecimento por parte do leitor. Quebra-se um pouco a coerência da estrutura, isto é, a lei da causalidade na narrativa, não somente pelo fato de as explicações finais acerca da trajetória do protagonista aparecerem no prefácio, mas também porque o encadeamento lógico, das motivações e ações, é rompido: Isaías termina o romance como começou: em deslocamento, insatisfeito, com seus sonhos intelectuais não realizados. O mais importante é que toda a ação é contaminada de reflexão e até de lirismo. A corrosão da cronologia, da perspectiva temporal e do enredo está intimamente ligada à fluidez do sujeito, na imprecisão de seus contornos morais na ausência de metas eficientes para alcançar seus objetivos.

Na segunda parte do romance, observa-se a preocupação de Lima Barreto, ao tratar da imprensa na perspectiva do narrador Isaías Caminha,

---

2. *Os reis no exílio* (*Les Rois en exil*, 1878). Na Limana, nome dado por Lima Barreto à sua coleção de livros, aparece o registro da obra em francês. Note-se aí o cuidado do escritor para com o leitor de citá-la, no romance, em português.

com certa finalidade de educação e orientação a ser cumprida pelo texto literário. Especialmente no momento em que se afirma o avassalador prestígio do discurso jornalístico sobre o discurso literário, seria preciso pensar o papel e função da Literatura na orientação da sensibilidade e, ainda, as explicações dos recursos técnicos que encurtam, e muito, o saber narrativo para, em seu lugar, introduzir a informação.

Essa opção produz um dilema: se o romance problematiza a própria impossibilidade de narrar, como tratar da crise que abala a força do discurso literário, diante de outros discursos, junto aos leitores? Como revelar os bastidores do espetáculo promovido pelos jornais?

Para que a missão se cumpra, o escritor apresenta aos leitores a linguagem do jornal como uma estratégia capaz de produzir o mesmo efeito que outras tecnologias, na estrutura da experiência subjetiva. O jornal garante esse efeito graças à apropriação de estratégias folhetinescas, como suspense, mistério, redundância calculada; ênfase no dinamismo, com senso de corte e movimento, sugerindo sensações mais do que informando. Lima Barreto considera importante explicar ao leitor a elaboração do espetáculo, feito de palavras, que jogará os indivíduos à deriva nas ruas ou revoltados em motins; expor como se faz a ascensão e/ou destruição de figuras públicas e reputações em troca de privilégios, vantagens e lucros; detalhar as etapas e a formatação de um texto jornalístico, com explicação quase didática sobre a folhetinização da notícia,[3] entre outros procedimentos.

Para tanto, Lima Barreto tensiona, na própria escrita, a fratura entre as diversas práticas discursivas. A linguagem que adota para o romance incorpora o ritmo do jornal (isso fica mais evidente na segunda parte da obra), explorando a ilusão de proximidade com o leitor construída pelo tom direto, períodos curtos, metonímias em sequência, diálogos breves, com expressões de uso comum. Tudo reunido sugere movimento e proximidade, como se se tratasse da dramatização da rotina de pessoas conhecidas dos leitores, em uma analogia com o cotidiano. Ritmo de informação, com aprofundamento psicológico e imagens de folhetim. Dito de outra maneira, a exposição ao leitor

3. "Feita com a moral de Simão de Nântua e a leitura de folhetins policiais, a 'cabeça' é a pedra de toque da inteligência dos pequenos repórteres e dos redatores anônimos . (...) Por fim, chegou Leporace e lembrou um título rocambolesco de romance popular:" Descampado da morte! Boa ideia – gritaram todos; e Adelermo pôs-se a escrever (Barreto, 1990, p. 101 e p. 103).

sobre os bastidores do espetáculo comandado pela imprensa realiza-se pela incorporação das mesmas estratégias do jornal na linguagem do romance.

Exemplar dessa estratégia é a cena em que Isaías precisa ir a uma casa de prostituição informar ao diretor do jornal sobre o suicídio de um jornalista, o crítico literário Floc. Vale a pena acompanhar o movimento: primeiro, a entrada na casa, a descrição da ambiência e das figuras ali presentes; depois, o mergulho no passado, provocado pelos objetos e prostitutas, o encontro com uma velha prostituta e, rapidamente, o corte com o diálogo direto e a informação passada ao diretor: atmosfera impressionista que inspira sensações visuais e táteis, ritmo ágil e quadro folhetinesco, sem faltar o quadro grotesco das figuras.

> Penetrei com tristeza naquela casa famosa entre rapazes ricos da cidade, pelas suas orgias e pelas mulheres que a habitavam. Ali moravam as cantoras de cafés-concertos, húngaras, espanholas, francesas, inglesas, turcas, cubanas; ali moravam também as Laís da cidade, as devoradoras de patrimônios e dos grandes desfalques. [...] Ao fundo do corredor, quase ao tomar uma pequena escada para o segundo andar, dei com uma velha prostituta em camisa, polaca pelo sotaque, de seios moles e quase sem pintura; àquela hora, a sua velhice surgia hedionda, e escaveirada, com um hálito de túmulo. Assustou-se. O porteiro sossegou-a. Subimos eu e ela. Quando nos sentiu só, ela lixou-me com sua pele, encostando-se muito a mim, passando o seu braço sobre meus ombros. Já no corredor, sob a luz de um bico de gás meio aberto, considerou bem a minha fisionomia, a minha mocidade, a falta de mulher que ela farejou logo; [...] Recordo-me muito bem que, certa vez, não sei que tontura me deu, que me deixei arrastar pelos sentidos. A entrada foi fácil; mas, depois acanhei-me a ponto de ter delicadezas, escrúpulos, certamente de noivo. [...] Foi naquele tempo... Adiante. Larguei a megera com medo de sua velhice e corri à sala onde estava o doutor Loberant. Estava semi-aberta. Aproximei-me da porta. A um canto havia um piano; ao centro uma mesa cheia de garrafas e copos. Pelos divãs, fumando, *três après*; as mulheres em camisa e os homens também, mas mais descompostos. Em torno da mesa, uma mulher cavalgava uma espécie de tapir ou de anta. Era Aires d'Àvila, cujas peles do vasto ventre caíam como úbere de vaca. A mulher montava-o com o garbo de uma *écuyére* e ele rodava em torno da mesa como se fosse um animal de circo. Os ditos choviam, mas não os pude ouvir. Uma das mulheres deu comigo e perguntou, sem espanto, com sotaque estrangeiro:

> – Que é que você quer?
>
> Loberant voltou-se e conheceu-me logo:
>
> – Que há Isaías?
>
> – 'Seu' Floc matou-se na redação. (Barreto, 1990, p. 133)

O efeito resulta na impressão de documento e veracidade, quase um testemunho, que o leitor absorve e nem percebe que Isaías tudo observa e registra "sob a luz de um bico de gás". Afinal, é a partir da perspectiva do canto de "uma sala pequena, mais comprida que larga, com duas filas paralelas de minúsculas mesas (...) com bicos de gás que 'queimavam baixo'" (Barreto, 1990, p. 72) que o protagonista Isaías Caminha observa a "onipotente imprensa, o quarto poder fora da Constituição" (p. 72). Nesse espaço "diminuto e acanhado" (p. 72), Isaías ocupa o lugar de espectador de um teatro de sombras, e assistirá aos personagens em cena a partir da sombra projetada na parede, pela luz bruxuleante do bico de gás. As imagens são detalhadamente descritas a partir dessa forma de olhar e as consequências resultam no traço caricaturesco.

> Do meu lugar, via-lhe a ponta dos ombros e a Aires d'Ávila inteiramente. O jogo de luzes projetava fantasticamente este último no vão da parede defronte. A sua face alongava-se desmedidamente e o crânio diminuía; o maxilar inferior avançava muito, o nariz ficava colado ao superior e vinha terminar com ele; e tudo tomava uma posição oblíqua, como se fosse uma imensa cabeça de porco. (Barreto, 1990, p. 75)

Percebe-se a coerência entre a primeira e a segunda parte do romance com a inserção da sátira e caricatura e do tema imprensa na trajetória de formação do jovem Isaías, uma vez que o jornalismo representa o espaço culminante de prestígio para um intelectual. Acompanhamos a apresentação do jornal a partir do olhar deslocado pela luz, semelhante ao produzido pelos mecanismos de ilusionismo óptico. Método complexo de visão em que o lugar fixo é substituído por vários pontos de vista, na mesma medida em que as lentes criam cenários, sobreposições, descrições, imagens.

Ainda que, da perspectiva da meia luz, o narrador retome o tom de espectador que também assume a autoridade narrativa, mesmo sob a luz do bico de gás, a figuração da imprensa, das primeiras décadas do século XX, realiza-se em detalhes. Observamos, no fictício jornal, a referência a inovações tecnológicas que inserem a ilustração diversificada, a luta por aumento de tiragens e vendas, a presença de recursos técnicos que agilizam a comunicação, como telefone e telégrafo, o intercâmbio com correspondentes internacionais, a variedade de segmentos com divisão de funções, do charadista ao repórter esportivo, além da censura e a violência da repressão, tão forte e intenso quanto as negociatas, favores e benesses do governo.

Também estão muito presentes na obra os aspectos culturais excludentes, como a impossibilidade de igualdade e cidadania produzida por um "cipoal"[4] de dificuldades, as quais caracterizam a sociedade oligárquica, clientelista, e também explicam as dores, ganhos e perdas nos processos de subjetivação do protagonista. Os traços mais evidentes dessa exclusão, expressos na cor da pele e na desigualdade econômica, fecham os acessos do jovem, promessa de intelectual, aos circuitos de saber, prestígio e poder. Ao lado disso, ocorrem a fragmentação da experiência e a compreensão do "eu" como pluralidade de vivências e estados psíquicos, em um contexto já mediado por imagens, mas repleto de fortes resquícios de trabalho escravo. Tais processos, simultâneos e diversos entre si, conferem ao romance sua riqueza e não podem ser considerados isoladamente.

Paradoxalmente, é pela impossibilidade de narrar, como no século XIX, que o romance reencontra a missão, idealizada por Lima Barreto, para a Literatura: em meio à disputa de discursos e o impacto dos efeitos das tecnologias, a escrita do romance afeta e inquieta, não permitindo ao leitor uma atitude *blasé*.

REFERÊNCIAS

ALBERCA, Manuel. *El pacto ambíguo.* De la novela autobiográfica a la autoficción. Prólogo de Justo Navarro. Madrid: Editorial Biblioteca Nueva, 2007.

BAKHTIN, Mikhail. *Questões de literatura e estética.* Trad. Aurora Fornoni Bernardini et al. São Paulo: Hucitec/Unesp, 1988.

BARRETO, Afonso Henriques de Lima. *Recordações do escrivão Isaías Caminha.* São Paulo: Ática, 1990.

4. Expressão utilizada pelo autor no prefácio do romance.

______. *Impressões de Leitura*. São Paulo: Brasiliense, 1956.
BAUMAN, Zygmunt. *Identidade*: entrevista a Benedetto Vecchi. Trad. Carlos Alberto Medeiros. Rio de Janeiro: Jorge Zahar Ed., 2005.
GUMBRECHT, Hans U. "Cascatas de modernidade". In: *Modernização dos sentidos*. São Paulo: Ed. 34, 1998.
KRACAUER, Siegfried. *O ornamento da massa*: ensaios. Trad. Carlos Eduardo Jordão Machado e Marlene Holzhausen. São Paulo: Cosac Naify, 2009.
NIETZSCHE, Friedrich. *Ecce homo*: como alguém se torna o que é. Tradução, notas e posfácio de Paulo Cesar de Souza. São Paulo: Companhia das Letras, 1995.
______. *A vontade de poder*. Trad.Marcos Sinésio P. Fernandes e Francisco José D. de Moraes. Rio de Janeiro: Contraponto, 2008.
PEIXOTO, Nelson Brissac. *Paisagens urbanas*. São Paulo: Ed. Senac/Marca d'Água, 1996.
SANTIAGO, Silviano. "Meditação sobre o ofício de criar". *Gragoatá*. Niterói, n. 31, p. 15-29, 2011.
SHAPIRO, Meyer. *Impressionismo*: reflexões e percepções. Trad. Ana Luiza Dantas Borges. São Paulo: Cosac Naify, 2002.
SIMMEL, Georg. "As grandes cidades e a vida do espírito". In: *Psicologia do dinheiro e outros ensaios*. Trad. Artur Morão. Lisboa: Texto e Grafia, 2009. p.79-97.

VIDA(S), POLÍTICA & PROCESSO CIVILIZATÓRIO NO SISTEMA LITERÁRIO BRASILEIRO

Davidson Diniz

Para Andréa Werkema e Rogério Brittes

"*Vivemos através de um direito sonâmbulo.*"
Oswald de Andrade, *Manifesto antropófago*

Motivam estas páginas as seguintes perguntas: *como* e *em que medida* a conceitualidade por trás das formas de vida emergentes do sistema literário brasileiro (interseccionado com a nossa história intelectual) encontraria diálogo com alguns vocabulários que proliferam tanto na filosofia política quanto na crítica cultural ao longo das últimas décadas? Vale dizer então: seria possível estabelecer graus de correspondências e, também, de incomunicabilidades entre a ficcionalização de modos de vida na literatura brasileira e os repertórios conceituais que contemporaneamente amparam questão específica de um ramo da filosofia política e da crítica cultural em nossos dias? Compondo um breve panorama acerca das formas de vida produzidas na literatura brasileira, tentarei ler aqui, em linha histórica, as sobreposições e tensões discursivas mediante as quais a categoria vida – em suas elocuções poéticas – aparece representada na nossa ficção, permeada ora do léxico científico, ora do imaginário político. Trata-se, portanto, de esboçar um plano de legibilidade, de índole crítico-comparativa, por meio do qual se interpelarão as configurações verbais emergentes das metáforas e alegorias que possibilitariam uma reflexão específica tanto a respeito dos procedimentos de criação do objeto literário quanto da sociedade na qual os textos que daí emergem passam a ser lidos.

O procedimento de normatização da vida, seja na sociedade civil brasileira, seja no nosso sistema literário, não ocorre senão mediante inflexões estéticas, epistemológicas e sócio-históricas que variam no tempo à medida que o regimento disciplinar de uma determinada época ou conjuntura histórica é alterado. É, contudo, no horizonte de expectativa da literatura – posto se tratar de um grau de instabilidade comunicativa na linguagem – que se constitui um âmbito discursivo extraordinário no momento de se pensar a dinâmica dos modos por meio dos quais são definidos e, principalmente, desconstruídos os limites entre a condição humana da vida (produzida não em "estado de cultura", mas, antes, a partir da internalização/exteriorização ética, jurídica e política que vislumbra a neutralização da animalização integral do humano) e a condição animal da vida (compreendida para além da noção romântica de "estado de natureza", haja vista não nos interessar mais a paralisante oposição *physis* vs. *nomos*). Isso ocorre em razão do caráter de linguagem intempestiva que a formação discursiva literária carrega consigo, o que permite potencializar as formas singulares de vidas produzidas na zona de excepcionalidade daquilo que está fora da lei, do normatizável. É daí que emergem objetos verbais capazes de rasurar, por vezes, a própria letra da lei mediante a exterioridade do texto literário em relação à sociedade, e, por outras, de suspender a letra da lei por completo em função do direito ao não direito, problematizando, por fim, tanto a humanização integral do animal/irracional quanto os procedimentos de animalização daquilo que está à margem da norma de legitimação do humano.

O que se define como sociedade brasileira (categoria constituinte de um processo civilizatório ao longo do qual se buscou instaurar entre nós uma comunidade de afetos nacionais imaginados, zona irradiadora de uma totalidade alegórica de sentidos identitários que o mercado, por si só, já se demonstrou incapaz de reproduzir) decorre da criação de dispositivos autorreguladores e campos simbólicos que determinam o funcionamento e a legitimação do nosso Estado-nação. Com a implementação de dispositivos de normatização e ordem social são traçadas linhas de identificação e segmentação sobre o corpo vivente da população a fim de produzir sujeitos, subjetividades e assujeitamentos. Na literatura brasileira, entretanto, sempre houve formas de *vida outra* para além das palavras pétreas que o Estado civilizador e, também, o mercado endossam ou atestam quando recorrem ora ao laudo médico, ora ao texto jurídico, ora à constituição legislativa do político, ora ao prognóstico do especialista econômico que dita tendências de consumo ou poupança, entre outros poderes/saberes adjacentes à opinião pública, ocupados em assegurar uma forma de vida cívica e outra forma (a bem da verdade mais sobrevivência que propriamente vida) matável ou precarizada.

Exemplos da condição de *sobrevivência em outredade* (espécie de léxico e registro verbal de batalhas culturais acerca da vigilância das diferenças e da produção de desigualdades) poderão ser encontrados nas expressões literárias da vida ressignificada de populações indígenas, das comunidades afro-brasileiras, dos contingentes de loucos e anormais, dos seres grotescos ou deformados, dos mutantes ou nos híbridos, da personagem da mulher, das nomenclaturas de gêneros/transgêneros, dos nordestinos, dos animais e bestas, do favelado, da população carcerária, dos imigrantes de nacionalidades latino-americanas, especialmente os residentes no país em data mais recente (peruanos, cubanos, bolivianos, haitianos etc.), dos espectros, do lobisomem, etc., e no limite do vivo, na sobrevida dos desaparecidos, dos cadáveres e dos defuntos anônimos apesar de corpóreos.

É por meio de algumas das principais formas de vida englobadas por esse repertório vivente que adiante se procurará visualizar a diversidade de modos e condições de produção de vidas na ficção e na narrativa da sociedade brasileira. Ao discutir os quatro eixos temáticos que a seguir passarão a estruturar nosso plano de leitura a propósito da relação entre vida(s) e linguagem na literatura brasileira, espera-se dar visualidade a alguns elementos que possibilitariam a assimilação de acontecimentos de sentido sem igual e que, em sua irrupção imprevisível e particular, desestabilizam os consensos em torno das significações dominantes, dotando, por tudo isso, a literatura brasileira de intensidades traumáticas inomináveis e variações ingovernáveis frente aos discursos que monopolizam politicamente as definições do real mediante a normatização da vida (e da sua conceitualidade coalescente, a morte).

Variações da vida selvagem

Arcádia indianista. O indianismo romântico em vista da retórica da 'raça extinta'. A reapropriação do tópos *indianista pelo modernismo dos anos 1920*

A primeva forma vivente a se ficcionalizar no cânone da literatura brasileira ocorre por meio da ideia de uma "vida selvagem". Mais do que uma vida à brasileira, dados os impedimentos teóricos quanto a falarmos de um ideal nacionalista a partir do arcadismo mineiro,[1] trata-se de uma dimensão alegórica a propósito da vida pré-cabraliana dos povos originais americanos, escrita em contraponto com a vida dos colonos portugueses. Da vitalidade indianista – cantada seja positivamente, seja negativamente, em linha temporal que se inicia com o *arcadismo americanista*, irrompendo no *romantismo nacionalista* e ressurgindo nas *vanguardas modernizantes* de princípios do século passado – é que se abrirá, portanto, um horizonte de composição definidor da primeira alegorização acerca de uma forma de vida em nosso campo literário. Assim, a ideia de uma vida selvagem – como os propósitos variantes que faremos ler a seguir – aparece como raiz dos três gestos seminais da nossa literatura.

No arcadismo mineiro, a poética da vida selvagem terá pelo menos três mo(nu)mentos. O primeiro deles é o poema lírico *O Uraguai* (1769), de José Basílio da Gama, obra que dota o épos moderno, setecentista, de antecedentes ideológicos da reforma administrativa do absolutismo português. Rege o acontecimento poético em *O Uraguai* uma série de princípios ilustrados organizadores da reforma pombalina, formulando-se, assim, como uma sátira aos jesuítas e à maneira como eles tratavam os povos originais. Basílio da Gama recorre à figura do índio para torná-la alegoria americana por meio da qual seriam invocados ideais pombalinos na colônia portuguesa à parte do mundo ibérico. Decorre daí uma das grandes inovações de sua obra: a substituição – primeira em língua portuguesa – dos pastores virgilianos pelo índio americano, renovando a antítese da tradição arcádica e, ainda, criando uma tensão limítrofe para a convenção bucólica, assim começando a dissolver, por meio do contraponto indianista, o excesso de intelectualismo ilustrado (cf. Candido, 2000, p. 121).

Sob essa lógica, Cacambo, o herói índio de *O Uraguai*, guerreiro, porém de espírito amansado, aparece em estado bélico, a contragosto de seus próprios desígnios:

> Vê que o nome dos Reis não nos assusta./ O teu está mui longe e nós, os Índios,/ Não temos outro Rei mais do que os Padres./ Acabou de falar; e assim responde/ O ilustre General: – Ó alma grande,/ Digna de combater por melhor causa,/ Vê que te enganam: risca da memória/ Vãs, funestas imagens,

1. Não faço aqui uma revisão teórica a esse respeito. São, sobretudo, Sérgio Buarque de Holanda (*Capítulos de literatura colonial*) e Antonio Candido (*Formação da literatura brasileira*) as referências bibliográficas imprescindíveis para discutir dito tema.

> que alimentam/Envelhecidos, mal fundados ódios./ Por mim te fala o Rei: ouve-me, atende/ E verás uma vez nua a verdade./ Fez-vos livro o Céu, mas se o ser livres/ Era viver errantes e dispersos, sem companheiros, sem amigos, sempre/ Com as armas na mão em dura guerra,/ Ter por justiça a força e pelos bosques/ Viver de acaso, eu julgo que ainda fora/Melhor a escravidão que a liberdade. (Canto II, v. 108-125, 2008, p. 268-269)

Mais tarde, ele invocado por Sepé como legítimo herói ante a figura de Gomes Freire, sendo, por fim, liberto pelas estratégias ilustradas contra a opressão do fanatismo jesuítico:

> Sepé, que entra no meio e diz: – Cacambo/Fez mais do que devia; e todos sabem/Que estas terras que pisas o Céu livres/Deu aos nossos avós; nós também livres/As recebemos dos antepassados./Livres as hão herdar nossos filhos./ Desconhecemos, detestamos jugo/Que não seja o Céu, por mão dos Padres./ As frechas (sic) partirão nossas contendas/Dentro de pouco tempo; e o vosso mundo,/Se nele um resto houver de humanidade,/Julgará entre nós: se defendemos/Tu a injustiça; e nós, o Deus e a pátria./ – Enfim, quereis a guerra e tereis a guerra,/ Lhe torna o General: podeis partir-vos,/Que tendes livre o passado. Assim dizendo,/Manda dar a Cacambo rica espada/ De tortas guarnições de prata e outro,/A que ainda mais valor dera o trabalho. (Canto II, v. 176-194, p. 270-271)

Tal valorização do índio não significa, entretanto, uma antecipação da brasilidade, de um sentimento nacional propriamente dito em termos românticos, mas, antes, a espessura literária de um conflito moral característico de poetas do período colonial, que oscilam entre a coesão do progresso iluminista e a ordem natural das Américas (Cf. Teixeira, 2008, p. 161-162). O índio de *O Uraguai* é por tudo isso uma dimensão alegórica do elemento rústico do mundo americano, representação da lei vivida em seu estado de natureza, ou seja, uma instância nada mecânica, autóctone, e que, portanto, não gira conforme os eixos da máquina civilizatória europeia. Trata-se da representação do índio como porta-voz que exprime à Europa algumas das reivindicações americanas por um governo ilustrado: a deposição do modelo teocrático dos jesuítas pelo regimento da reforma pombalina. É óbvio então que ele não chega a ser uma vivência linguística, uma dimensão verdadeiramente poética da espessura verbal indianista, como tampouco chegará a ser plenamente nos glossários de nossos românticos.

Se *O Uraguai* fez de Basílio da Gama um poeta cuja mão estava completamente afundada nas tintas de seu tempo presente, submerso na espessura efêmera da época política para daí emergir com a dimensão duradoura de seu objeto literário, o *Caramuru* (1781), bem pelo contrário, faz de José de Santa Rita Durão um poeta que põe os olhos naquilo que havia ficado para trás. Disso resulta uma ação poética restauradora, haja vista encenar o corpo místico do Estado português à época mariana em que se instaurou a contrarreforma da "Viradeira".[2] Apesar disso, o *tópos* indianista do *Caramuru* traz inovações verbais mais consideráveis em vista de seu antecessor. Durão logra uma representação do índio integrado à natureza, semeando o que veio a ser colhido mais tarde no campo de criação dos românticos brasileiros. Há no *Caramuru* viva simpatia pelo índio em estado de natureza, apesar da determinação da condição humana pela religião cristã. Ainda que os costumes ameríndios sejam compreendidos em função do estado de cultura europeia, encontramos, no poema de Durão, algumas passagens que evidenciam uma sugestão de equivalência de idades antropológicas (desde que os indígenas se unissem "com a fé pura") entre os selvagens americanos e os civilizados europeus:

> Foram qual hoje o rude americano/ O valente romano, o sábio argivo;/ Nem foi de Salmoneu mais torpe o engano/ Do que outro rei fizera em Creta altivo./ Nós que zombamos deste povo insano,/ Se bem cavarmos no solar nativo,/ Dos antigos heróis dentro às imagens,/ Não acharemos mais que os outros selvagens. (Canto II, v. XLVII, 2008, p. 410)

A apoteose poética do *Caramuru* procura na religião cristã uma coextensão da natureza. Opera aí um "humanismo" no estilo de Bartolomeu de las Casas. Durão recorre, na verdade, às chamadas *Crônicas da Companhia de Jesus* (1663), escritas pelo Padre Simão de Vasconcelos, para assim fundamentar a sua representação do índio. Em vez do índio deliberadamente imaginado, como ocorre em *O Uraguai*, o *Caramuru* descreve e analisa os

---

2. A obra de Durão procura dar com isso consistência épica ao descobrimento da Bahia (local de desembarque dos portugueses em solo americano), cuidando de cantar a invasão e conquista territorial por meio do vínculo com a fé cristã. Por tudo isso, procura-se reviver algo da ideologia reinante no século XVI, período em que a anexação de novas terras ao Império Lusitano é função regida não apenas pelo poder do rei português, mas, também, pelo poder da Igreja Católica. Logo, a apologia do Caramuru é nitidamente pró-jesuítica ao narrar os processos de catequização que simbolizam o êxito de tal ordem no Brasil colonial (cf. Biron, 2008, p. 327-335).

costumes, as técnicas e os ritos, sempre orientado por um grau de exatidão tanto quanto a época lhe permite. Mas o justo é dizer que ambas as representações são ficções, artifícios verbais que respondem a causas distintas: o primeiro, às luzes do processo civilizatório e do mundo administrado pombalino; o segundo, à fé de Cristo em momento em que a Igreja católica recobra participação nas decisões do Estado português.

Já o poema *Vila Rica* (1773/1839),[3] de Cláudio Manuel da Costa, aborda a conquista territorial e ideológica das Minas, a descoberta do ouro e, ato contínuo, a implantação do projeto civilizatório por meio do qual se dá o estabelecimento das cidades mineiras, concentrando-se especialmente na fundação da capital, de onde o título do poema. Antônio de Albuquerque, o herói, aparece como uma personagem altamente ilustrada, que veio a fundar Vila Rica substituindo a via bélica pela moderada, configurando, desse modo, uma consciência conciliadora, protodemocrática. Eis a grande singularidade da épica em Cláudio: o feito heroico celebrado no poema não é condicionado a um ato de guerra, praxe na estrutura da épica clássica, mas, muito antes pelo contrário, a um empreendimento civilizatório (cf. Muzzi, 2008, p. 663).

Características dessa ordem determinam o *tópos* do indianismo no *Vila Rica*, sendo, aparentemente, o texto árcade menos interessante para os propósitos de analisar a representação do índio na literatura brasileira, caso o comparemos à substancialidade ficcional que a questão alcança em *O Uraguai* e no *Caramuru*. O indígena do *Vila Rica* é sempre assimilado pelo herói que, sob a marca da Ilustração, cônscio das injustiças sofridas pelos nativos à época da invasão e colonização do território americano (compreende-se aí uma crítica ao Portugal pré-pombalino), é capaz de redimi-los no poema, não os acusando de conspiradores ou coisa que o valha. Argasso, um índio monaxós, quando atenta contra os desígnios de Albuquerque, com a intenção de recuperar para si a amada Aurora, é apenas um sujeito em que "obra a rudeza". Por esse motivo, merece ser perdoado pelo herói ilustrado:

---

3. A fortuna crítica do *Vila Rica* dá por certo que Cláudio Manuel da Costa (1729-1789) o finalizou em 1773, dezesseis anos antes da Inconfidência Mineira (1789). O poema, contudo, só foi publicado pela primeira vez em 1839. Sendo assim, só posteriormente à Independência brasileira (1821) é que ele se torna conhecido do público letrado. Há quem diga que, antes de sua publicação impressa, correu clandestinamente nas Minas setecentista pelas mãos dos inconfidentes. Não há registros de sua existência nos "Autos da Devassa Mineira".

> Fia de mim (ao índio se tornava),/ que a mesma que já viste minha escrava,/ Há de ver-me a seus pés por ti rogando;/ Nem de ti outro prêmio então demando/ Mais que em uso melhor convertas logo/ Esse tão louco, como ilustre fogo,/ Que alimentas no peito; serás nosso/ Amigo e não escravo, e quanto eu posso,/ Nobre rival, te digo desde esta hora,/ Neágua é tua, é tua minha Aurora. (Canto IV, v. 159-168, 2008, p. 744)

Vale o mesmo para o canto quinto do *Vila Rica*, momento em que Albuquerque, no caminho para as "Pátrias Minas", cruza os pataxós, tribo cujos membros estufam os "insolentes peitos" contra a comitiva albuquerquiana. À maneira de um parlamento, o clima bélico, inicialmente armado, logo se dissolve sob um céu em que prevalecem os argumentos retóricos do herói. Por tudo isso, o índio do *Vila Rica* não é senão um ponto dialógico, de reverberação, para a sobreposição da elocução do arcadismo ilustrado de Cláudio, que, operando a voz de Albuquerque, consegue contornar qualquer turba contra ele armada pelos povos originais. A diferença fundamental está em que, no *Vila Rica*, o caminho que aponta para a conciliação com os índios não será obrigatoriamente a via da fé cristã, como o é no *Caramuru*, nem tampouco, como em *O Uraguai*, obra em que os índios são cooptados pela necessidade de reivindicar o bom governo metropolitano capaz de romper tanto com o modelo de domínio teocrático jesuítico quanto com a monarquia prévia ao despotismo ilustrado pombalino. Bem pelo contrário, o percurso para a reconciliação com os indígenas, no *Vila Rica*, é o da redenção por meio de um ganho de consciência histórica até então não visto na literatura brasileira (Muzzi, 2008). Albuquerque não denega as injustiças humanas cometidas pelos portugueses no passado colonial, quer sejam responsabilidade jesuítica ou monárquico-mercantilista, e procura convencer os indígenas de que se trata de outro período histórico, de outro pensamento. É essa a formação discursiva do poema a propósito da tópica indianista na literatura brasileira, e é precisamente isso o que o singulariza entre os demais.

Quando passamos as páginas do arcadismo mineiro para o romantismo, vemos o *tópos* indianista ser trabalhado de modo a finalmente conformar a consciência orgânica do "instinto de nacionalidade" na literatura brasileira. A questão toma corpo em 1836 por meio do documento fundacional do programa romântico brasileiro, publicado por Gonçalves de Magalhães, na *Revista Niterói*: "Ensaio sobre a história da literatura brasileira". Tal texto aponta inicialmente para a penúria da nossa produção literária relativa ao período anterior à independência política, argumentando, para isso, a supervalorização de ideais classicistas ao longo do período colonial. O problema daí decorrente questiona se a natureza tropical é suficiente ou não para a imaginação dos poetas brasileiros. Conclui-se ali que a paisagem brasileira apresenta potencialidade poética, bem como haveria uma rítmica (musicalidade) nos cantos dos tamoios, caetés e tupinambás, neles identificando matéria poética capaz de inspirar uma literatura original no Brasil. Assim o índio comparece no ensaio de Magalhães como provedor da consciência diferencial da literatura a ser plasmada pelo ideal romântico brasileiro. Mas, por não haver registros escritos da literatura indígena, o índio, como já apontou Paulo Franchetti (2008, p. 1.098-1.099), vem a ser, no ensaio de Magalhães, mais uma ausência do que uma presença cultural. Quer dizer então que da sua figuração emerge o tema poético do nacional por excelência. Porém, justamente por meio dessa emergência é que se apaga a presença do índio no presente histórico do Segundo Reinado, uma vez que a sua representação literária é meramente convertida em mito sem substancialidade política ou histórica, nada apresentando dos conflitos contemporâneos à oposição selvagem/civilizado que marcam a regência de Dom Pedro II.

Esse horizonte de composição é que determinará os dois grandes projetos indianistas do nosso romantismo, Gonçalves Dias e José de Alencar. Na épica de *I-Juca-Pirama* (1851) a figura do índio é transportada da condição de mera temática para o lugar do sujeito da elocução da voz lírica do poema. Dita enunciação, contudo, exibe a cada verso uma formalização neoclássica, configurando um plano diccional e sintático profundamente entroncados na raiz estilística da lírica portuguesa. Aqui nos interessa debruçar sobre o étimo de *Pirama*: "aquilo que há de morrer", "o que é digno de morte" ou "condenado heroicamente à morte". Digno de morte heroica na épica de Gonçalves Dias não é apenas a personagem principal, que intitula o poema, mas, antes, toda a tribo dos tupis. A morte em *I-Juca-Pirama* configura assim o fim de uma descendência e de uma etnia (cf. Franchetti, 2008, p. 1116) em vista da chegada do invasor branco. Notável é portanto a inserção da morte no cálculo da vida que se canta no *I-Juca-Pirama*. Dessa forma, inscreve-se na literatura brasileira o primeiro registro poético acerca de como bem mais que uma gestão biopolítica (conjunto de mecanismos criados pelo poder governamental por meio do qual a razão de Estado desenvolve tecnologias de controle capazes de inscrever no cálculo político uma série de características biológicas fundamentais à vida humana, conforme a definição dada por Michel Foucault [2008, p. 3]), o processo civilizatório brasileiro é marcado, também, por uma tanatopolítica (o controle e a decisão total a respeito de uma vida matável, sacrificável, segundo a maquinaria do poder estatal, conforme Agamben [2002, p. 16-127] pretendeu adicionar mais tarde à tese foucaultiana).

José de Alencar opera uma crítica ao projeto de Gonçalves Dias. Alega que "os selvagens de seu poema [*I-Juca-Pirama*] falam uma linguagem clássica", como é bastante conhecido nos prólogos e adendos (a carta escrita a Jaguaribe) que figuram marginalmente no romance *Iracema* (1865). Apesar disso, é de modo equivalente – uma vez que endossa a retórica da "raça extinta"– que Alencar avança pelo programa anunciado por Magalhães, reiterando a noção que "as tradições dos indígenas dão matéria para um grande poema" sem dimensionar o presente histórico dessa matéria. O autor comenta que "uma espécie de instinto" lhe "impelia a imaginação para a raça selvagem e indígena" e, logo, afirma que o "conhecimento da língua indígena é o melhor critério para a nacionalidade da literatura" no Brasil. Eis a fonte a que deve recorrer o poeta brasileiro, segundo Alencar. Por desejar suplantar a embocadura classicista de Gonçalves Dias, ele procura, com o romance *Iracema*, compor as "imagens e pensamentos indígenas" mediante termos e frases que, aos ouvidos do leitor, "pareceriam naturais na boca do nosso selvagem". Nesse sentido, fala de uma "poderosa irradiação tropical" como "expressões do poder criador". A nacionalidade da literatura brasileira, para ele, deveria moldar a "língua civilizada" pela "singeleza primitiva da língua bárbara", ainda que ao custo da incompreensão do público receptor. Assim procura se explicar, exemplificando o trabalho poético entre o civilizado léxico do português e o idioma aborígene, pré-cabraliano:

> Todo este ímprobo trabalho que às vezes custava uma só palavra, me seria levado à conta? Saberiam que esse escrópulo d'ouro fino tinha sido desentranhado da profunda camada, *onde dorme uma raça extinta?* Ou pensariam que fora achado na superfície e trazido ao vento da fácil inspiração?
>
> E sobre esse, logro outro receio.
>
> A imagem ou pensamento com tanta fadiga esmerilhados seriam apreciados em seu justo valor pela maioria dos leitores? Não os julgariam inferiores a qualquer das imagens em voga, usadas na literatura moderna?
>
> Ocorre-me um exemplo tirado deste livro. Guia, chamavam os indígenas, senhor do caminho, *piguara*. A beleza da expressão selvagem em sua tradução

> literal e etimológica me parece bem saliente. Não diziam sabedor do caminho, embora tivessem termo próprio, *coaub*, porque essa frase não exprimia a energia de seu pensamento. O caminho no estado selvagem não existe; não é cousa de saber. O caminho faz-se na ocasião da marcha através da floresta ou do campo, e em certa direção; aquele que o tem e o dá, é realmente senhor do caminho.
>
> Não é bonito? Não está aí uma joia da poesia nacional? (Alencar, 1979, p. 13)

Por meio de tal procedimento poético, Alencar justifica a sua tentativa de tornar "o brasileiro uma língua diferente do velho português", conforme a censura que lhe endereçara o crítico lusitano Pinheiro Chagas. Alencar defende a prática do enriquecimento do idioma nacional, pois, entende ele, estaria aí o modo pelo qual criaríamos uma individualidade gramatical, capaz de receber e fazer conviver as tradições indígenas e o idioma da imigração, compondo assim o verbo humano através do qual bem dizer a paisagem americana. Mas reduz o léxico selvagem à ideia de língua morta, "escrópulo d'ouro fino (...) onde dorme uma raça extinta", mero fetiche linguístico tomado por sustentáculo dos encantos de nosso romantismo, por isso mesmo não alcançando, no tempo presente, a carne viva sob a ferida aberta pelo golpe do processo civilizatório da colonização portuguesa e do Segundo Reinado.

Inflexão verdadeiramente consubstancial na tópica brasileira do indianismo – não mais apenas em nível meramente semântico, mas já sintático, vale dizer, na dimensão linguística de que a literatura mais verdadeiramente emerge – ocorre somente a partir do modernismo brasileiro, e não exatamente no conteúdo programático dos manifestos ("Pau-Brasil", "Antropófago", "Nhengaçu verde-amarelo"), e sim especificamente no *Macunaíma* (1928). Com a narrativa desse que é o primeiro romance experimental latino-americano, fundem-se, sem precedentes, camadas temporais, étnicas e linguísticas capazes de levar nossa literatura a registros sintáticos a que ela ainda não havia chegado por meio do *tópos* indianista.

Macunaíma nasce lá entre o índio e o preto, já no entre-lugar étnico. Logo após banhar-se na poça do gigante do Sumé, no episódio "V. Paimá", é convertido em branco dos olhos azuis, enquanto que um de seus irmãos, Jiguê, passa a ter a "cor do cobre", mulato, e o outro, Maanape, permanece preto. A cena nos dá ironicamente uma imagem-alegoria do mito das três raças da formação étnica brasileira. Contudo, ao caminhar para o Sudeste, rumo a São Paulo e Rio de Janeiro, a ficção da temática indianista macunaímica é inscrita no tempo presente da sociedade brasileira. No espaço paulistano, industrializado, Macunaíma aprende a dicção do capital e da máquina. A moeda tradicional deixa de ser o cacau para chamar-se "arame contos contecos milréis tostões (...)". Mais tarde descobre que o dinheiro é "o *curriculum vitae* da Civilização" (Andrade, 2001, p. 41-72). A modernização à paulistana, bem como o peso do processo civilizatório, ambos produzem, em Macunaíma, uma sorte de desencantamento do mundo selvagem do qual partira. O nosso herói, destituído de qualquer caráter, que antes "matutava", "maginava" ou, quando muito, dava-se ao neologismo do "pensamentar", passa, especificamente nas cenas ocorridas na cidade de São Paulo, a "maquinar". "A inteligência do herói estava [em São Paulo] muito perturbada". Passa uma semana sem comer nem "brincar" (verbo para o ato sexual), "só maquinando nas brigas dos filhos da mandioca com a Máquina" (Andrade, 2001, p. 42, 55, 56, 84, 105). Desgostoso, Macunaíma volta a "matutar". Chega ao Rio de Janeiro, cidade onde já não mais "maquina". Passa a temporada carioca então "matinando". Frequenta terreiro, prova cachaça, luta e dança com Exu, etc. Retorna a São Paulo. Após fazer "uma coleção de palavras feias de que não gostava tanto", escreve a "Carta pras Icamiabas", gesto literário potente por meio do qual compõe uma sátira ao uso da norma culta na língua portuguesa, zombando da tradição dos "Cronistas das Índias" e do parnasianismo literário, tudo isso em discurso empolado por farelos filológicos da linguagem clássica e de expressões psicanalíticas de moda. Depois, no capítulo "X. Pauí-Pódole", Macunaíma procede de modo a renomear o mundo paulistano-brasileiro, promovendo algo da ordem do que gostaria de denominar *perspectivismo ontolinguístico*. O linguajar paulistano é chamado de estrangeiro pelo herói sem caráter. As expressões e nomes em língua portuguesa passam a ser ressignificadas, a exemplo do emprego de *puíto* para designar cu ou de "Pai do Mutum" para dizer Cruzeiro do sul (símbolo mor da pátria brasileira) (Andrade, 2001, p. 84-85). Discursa em praça pública, explicando o mito e, com isso, encanta a multidão, que a princípio lhe é toda ouvidos. A massa urbana, entretanto, logo se revolta diante do pensamento selvagem de Macunaíma: ao ser convocada para acompanhá-lo na caça do rastro de tapir, animal inexistente em São Paulo, revolta-se contra o engodo e opta por linchá-lo. (Há, na cena em questão, um gesto infelizmente bastante presente em dias atuais). Não é sem sorte e astúcia malandra que o herói escapa aos justiceiros paulistanos...

Toda a história de Macunaíma, nosso herói sem nenhum caráter, se conta por meio de uma aguda instabilidade sintática mediante a qual se gesta o *perspectivismo ontolinguístico*, capaz de pôr em devir, isto é, ir da emulação catalogadora à conivência repertorial, entre distintas prosódias características das linguagens populares brasileiras, acrescidas de um rico substrato verbal tomado por Mário às expressões ameríndias, coletadas à época das "viagens pelo Amazonas até o Peru, pelo Madeira até a Bolívia e por Marajó até dizer chega" ao longo do ano 1927, conforme registrado no caderno que mais tarde renderia o livro *O turista aprendiz* (1976). O que estou chamando de perspectivismo ontolinguístico se compõe, em plano literário, em íntima convivência com aquilo que sintetiza a antropologia de Eduardo Viveiros de Castro (2002, p. 206, 207, 220 [lendo Pde. Antônio Vieira, Lévi-Strauss, Clifford e Deleuze]) a respeito da "inconstância da alma selvagem" dos índios tupinambás: trata-se, também em plano linguístico, de uma abertura, porosa, na qual a troca lexical, gramatical e prosódica – e não a identidade, conclusiva e essencialista – é o valor fundamental a ser afirmado. O que então se plasma na narratividade do *Macunaíma* – e justamente por isso ele será singular em relação a tudo aquilo que o precede no *tópos* indianista da literatura brasileira – é a afinidade relacional de temporalidades (há tanto mito, tempo etéreo, espiralado, bem como história, tempo cronológico, e antropologia, a sobreposição crítica e conflitiva das categorias anteriores), etnias, linguagens e fluxos paratáticos. Nunca, portanto, uma identidade substancial, mas, antes, a instabilidade ontolinguística capaz de sobrepor diversas camadas semânticas e síncopes sintáticas das línguas faladas popularmente no Brasil. Aliás, Macunaíma nunca se define como brasileiro, mas sempre como americano, destituindo a estrutura do sujeito nacional monolítico que fora forjado pelo romantismo. Eis aí então o princípio antropofágico: capacidade de absorver o outro e, a partir do giro irradiador desse processo, alterar-se por meio de uma incompletude ontológica essencial em que o devir e a relação se sobrepõem à substancialidade do ser. Com isso, Macunaíma compõe uma forma de vida e verbalidade sem precedentes na literatura brasileira, conseguindo, por fim, efetivar a proposta de axialidade nas vanguardas históricas: aproximar a arte das formas de vida.

De ser assim, bem poderíamos considerar *Macunaíma* um precursor (sob o uso borgiano dado ao termo) de *O Guesa* (1866/1868) de Sousândrade, assim como um hospedeiro do procedimento fundador do perspectivismo e da copresença ontolinguística, que também Guimarães Rosa empregaria no conto "Meu tio o Iauaretê" (1961). O poema sousandradiano, última épica e primeira prosa-épica experimental americana, destoa do romantismo brasileiro (tendência estética sob a qual é algo arbitrariamente abrigado na historicidade da literatura brasileira) por não reiterar a retórica romântica da "raça extinta". A virada indianista (e também nacionalista, uma vez que o poema – tal como mais tarde o *Macunaíma* – reivindica uma inscrição vocativa transnacional, interamericana) a ser operada por meio de *O Guesa* no romantismo brasileiro permite uma síntese e uma paródia tanto do passado colonial quanto do presente decimonônico (cf. Cuccagna, 2004, p. 135). O ameríndio pode ser desse modo vinculado ao tempo histórico das sociedades americanas mediante um corte diagonal na vida social, cultural, econômica, política e religiosa de seu tempo. Exemplo conciso dessa característica está no "Taturema" (Canto II), seção em que lemos o seguinte: "(Coro dos índios:)/ - Mas os tempos mudaram,/ Já não se anda mais nu:/ Hoje o padre que folga,/ Que empolga/Vem conosco ao *tatu*". O canto polifônico do "Taturema" reúne uma infinidade de grupos étnicos (Ticuna, Mura, Tupinambá, Umaurá, Mundurucu, Macu, Baniua, Bororo etc.) originários da grande bacia do Amazonas, bem como embalaia o campo intelectual e político brasileiro e europeu (D. João VI, Abreu-Lima, Dante, Byron, Gonçalves Dias, Napoleão, vasto etc.) para anunciar a mudança dos tempos, presentificando o ameríndio no centro da sociedade brasileira e ocidental. O experimentalismo linguístico que singulariza *O Guesa* – cujas resoluções alcançarão assombrosas dilatações protovanguardistas no chamado "Inferno de Wall Street" (Canto X) – não é, entretanto, capaz de depurar verdadeiramente o tópos indianista em plano sintático, estando, por isso, e talvez apenas por isso, bem aparentado à catalogação lexical do indianismo característica do nosso romantismo. A inconstância de uma agramaticalidade indianista na literatura brasileira, conforme proponho aqui, só emerge com ganhos sintáticos inéditos no *Macunaíma*, obra em cuja fibra verbal estará a célula poética daquilo que Guimarães Rosa extremaria mais tarde no "Meu tio o Iauaretê" (Passos, 2009, p. 995). Do desfecho do conto rosiano resulta uma das maiores rupturas com a normatização da língua portuguesa. Isso, à maneira do *Macunaíma*, é praticável no relato do Iauaretê por meio do elemento indianista, que permite a configuração de um narrador híbrido e hesitante entre duas ou mais linhagens culturais, a isso se somando uma transmutação da linguagem humana através da emergência de um devir-animal.

Tal questão se exemplifica particularmente quando o onceiro do conto rosiano é tomado pelo que Haroldo de Campos (1992, p. 61) chamou de "clímax metamórfico":

> Ui, ui, mecê é bom, faz isso comigo não, me mata não... Eu – Macuncozo... Faz isso não, faz não... Nhenhenhém... Heeé!... Hé... Aar-rrã... Cê me arrhoôu... Remuaci... Reiucàanacê... Araaã... Uhm... Ui... Uh... uh... êêêê... êê... ê... (Rosa, 2001, p. 235)

A aproximação estocástica ao tupi verdadeiro por meio do "nheengatu" e do "jaguanhenhém" (a linguagem tupi-jaguar na dicção do onceiro segundo Campos) opera no conto de Guimarães Rosa um grau de transfiguração isomórfica capaz de desarticular a linguagem, que, atravessada por resíduos fônicos, sugere tanto uma tupinização (sutilmente acrescida de uma africanização pela inscrição do termo "macuncozo") quanto uma animalização do português, alcançando assim, no plano poético, uma suplementação sem igual dos intervalos linguísticos que fraturariam desde a origem as formas de vida postas em cena no cânone da literatura brasileira.[4]

Vidas alienadas e desterritorializadas

Civilização & barbárie. A formação-ficção discursiva da psiquiatria e do cientificismo positivista no Brasil e a delimitação de um território político para a produção de uma vida demográfica administrada

A suplantação da monarquia constitucional parlamentarista – instaurada em 1840, à época do Segundo Reinado – pelo republicanismo de 1889 introjetou, no processo civilizatório brasileiro, uma ideologia de Estado-nação altamente determinada pela governamentalidade (gestão política e estratégias de controle global da vida) populacional e mental da nossa sociedade. As dicções do bio/tanatopoder (controle tanto da vida quanto

4. A exegese de Haroldo de Campos transcreve o "clímax metamórfico" da seguinte maneira: "O homem-onça, vendo-se perdido, apela para seu interlocutor, porém já em língua-de-jaguar, com sons que querem inutilmente dizer: 'Não me mate! Sou seu amigo, meio-irmão, quase parente!'". Recentemente, Erich S. Nogueira (2013) compilou em artigo outras interpretações concorrentes a partir de uma análise dos tradutores de Rosa, bem como sugeriu uma própria.

da morte pelo cálculo estatal) que daí decorrem terão cargas simbólicas e alegóricas *sui generis* em pelo menos duas narrativas do período.

Machado de Assis, com a fina ironia que sempre lhe marca o registro, compõe, em *O alienista* (1882), uma cena textual na qual o discurso da razão pretenderá criar um controle vertical acerca da formação discursiva da desrazão. A "Casa Verde" – espaço de reclusão e claustro idealizado pelo médico Simão de Bacamarte – "torna-se uma espécie de mundo, em que há o governo temporal e o governo espiritual" (Assis, 1992, p. 13). Tudo na boca de Bacamarte aparece formatado pelo ideal cientificista e pela ideologia positivista, características fundacionais da governamentalidade finissecular do Estado-nação brasileiro. São exemplos disso os critérios eugenistas por meio dos quais Bacamarte elege dona Evarista por sua esposa: mulher detentora de um corpo que "reunia condições fisiológicas e anatômicas de primeira ordem", apta portanto a lhe render "filhos robustos, sãos e inteligentes", bem como os variados argumentos dos dogmáticos diagnósticos bacamartianos lavrados sobre a população local.

Emerge do plano alegórico do romance machadiano a empresa civilizatória destinada a romper – por meio de um corte vertical entre razão e desrazão – com a representação medieval de uma loucura circulante, que, antes de a episteme clássica dar lugar à episteme moderna, era – ainda incompreendida – produtora de imaginários e ocultismos. O corte operado pela episteme moderna impedirá que algumas formas de vida, "desviantes", anormais, em último caso improdutivas, componham a sociedade em vias de modernização, vidas nada utilitárias que a partir de então necessitam ser enclausuradas para ser então controladas (cf. Foucault, 1979, p. 121). Isso ocorre porque a razão não se sustenta em si mesma senão na administração e controle da loucura, isto é, manipulando a produção e o acontecimento de uma verdade segunda que poderia desestabilizá-la. O deslocamento populacional à Casa Verde vislumbra produzir a realidade de uma doença mental de modo a reproduzir fenômenos inteiramente acessíveis ao conhecimento pretendido por Bacamarte. Assim, a Casa Verde se configurará em uma povoação a partir da pretensão de ampliação cientificista dos territórios da loucura. Trata-se da invenção de um lugar inclusivo (discursivo) da exclusão (espacial). É a partir daí que a ironia machadiana começa a funcionar. O internato passa a ser visto como um cárcere privado, a ciência médica como um dogma teológico, logo, o alienista como o verdadeiro alienado. A narrativa de *O alienista* então interpola, por um lado, uma linguagem fechada em si mesma, entroncada no léxico pseudocientífico e, às vezes (conforme o episódio em que Bacamarte fala à câmara municipal) jurisprudente, traduzindo o mundo dogmático do alienista, e, por outro lado, as variações de expressões e chavões prosaicos, populares, semicultos, construções linguísticas que pretendem expressar a superficialidade do universo mental das relações sociais de Itaguaí (cf. Garbulio, 1992, p. 5). Tudo isso é exemplo do ceticismo verbal por trás daquilo que Roberto Schwarz (1976) chamou de "comédia ideológica" ao designar, a partir da obra machadiana, a idiossincrasia brasileira em repor as ideias europeias em solo tropical.

O "despotismo científico do alienista" cria então a equação saber = poder, notação por meio da qual o positivismo se instaura entre nós no final dos Novecentos. Há uma passagem em que Porfírio, o barbeiro à frente da "revolta dos canjicas", argumenta que "a opinião crê que a maior parte dos doidos ali metidos estão em seu perfeito juízo, *mas o governo reconhece que a questão é puramente científica e não cogita em resolver com posturas as questões científicas*" (Assis, 1992, p. 35; grifo nosso). Antes de sugerir uma autonomia entre o campo político e o científico, a passagem destacada nos permite visualizar bem mais o modo por meio do qual a governamentalidade sobrepõe camadas discursivas a fim de criar discursos de autoridade. Dito por outras palavras: às previsões do biopoder estatal, às tentativas de inclusão da vida biológica, quer dizer, uma forma de vida em estado de natureza (*zoé*), a ser submetida à exclusão da vida política, isto é, uma forma de vida em estado cívico (*bíos*), sobrepôs-se uma simbiose cada vez mais íntima entre a racionalidade estatal e o logos do jurista, entrelaçando ambas as instâncias ao discurso do saber médico, do cientista, do perito etc. Assim, o laudo do especialista – convocado a produzir um discurso autoritarista acerca de um campo do saber – torna-se indispensável para a soberania da governamentalidade. É o que nos permite captar os seguintes trechos do romance machadiano (no momento em que a multidão investe contra os mandos governamentais):

> A generosa revolução que ontem derrubou uma câmara vilipendiada e corrupta pediu em altos brados o arrasamento da Casa Verde; mas pode entrar no ânimo do governo eliminar a loucura? Não. E se o governo não pode eliminar, está ao menos apto para discriminá-la, reconhecê-la? Também não; é matéria de ciência. Logo, em assunto tão melindroso, o governo não pode, não quer dispensar o concurso de Vossa Senhoria. O que lhe pede é que de certa maneira

demos alguma satisfação ao povo. Unamo-nos, e o povo saberá obedecer. (Assis, 1992, p. 36)

A equação poder = saber passa a gerir vidas, de modo a selecionar formas de vida não assimiláveis pela razão de Estado. Aquilo que não é produtivo – do ponto de vista da racionalidade liberal do Estado – deverá ser enclausurado, interditado, eliminado. À instrumentalização da vida psíquica e corporal (não apenas pela via ideológica, mas, começando pelo controle dos corpos), tal como a questão é posta já em *O alienista*, concorrerá, ainda, a instrumentalização da vida cívica, em sua condição de instrumentalização do espaço urbano. A disciplina liberal republicana – marcada tanto pelo controle quanto pela otimização das multiplicidades, enquanto racionalização do exercício de governo – procurou capitalizar a espacialidade brasileira de modo a maximizar os efeitos da bio/tanatopolítica sobre a população que ela assiste. É isso o que nos conta a narrativa de *Os sertões* (1902), relato de Euclides da Cunha a propósito do que, entre nós, ficou conhecido como a Campanha de Canudos. Diversas cenas, no texto euclidiano, nos permitiriam visualizar a transição de um *Estado territorial* para um *Estado demográfico* no âmbito da governamentalidade brasileira. Trata-se de uma seleção republicana destinada a operar um corte na multiplicidade do povo brasileiro, de modo a estipular o que é, no interior da massa amorfa do povo, a população brasileira. População é aquilo que é pertinente aos objetivos da racionalidade governamental, ao passo que as séries de indivíduos, os grupos, a multiplicidade, tudo isso não será pertinente, devendo ser sancionado da população, esta entendida como sujeito-político nos círculos da ação econômica-política do exercício de governo (cf. Foucault, 2008, p. 56). A multidão da cidadela de Canudos configura por tudo isso uma anomalia, uma categoria que não se deixa administrar e nem tampouco entra na rentabilidade da soberania estatal. É preciso, portanto, o corte vertical, de modo a eliminá-la demograficamente da governamentalidade republicana. Sendo não positivada, ela não pertence ao Estado demográfico; não compõe a população brasileira.

É nesse sentido que *Os sertões*, obra profundamente marcada pela ideologia eugenista e cientificista do positivismo republicano, divulga o processo civilizatório como uma marcha implacável pelo sertão brasileiro, falando a partir de um campo semântico que predica o combate, a luta, como o "primeiro assalto" da *struggle for life* na costa do país atlântico. Tanto será ali condenada nossa gênese mestiça que, dela, resultará o impedimento para o processo civilizatório brasileiro:

> Não temos unidade de raça.
> Não a teremos, talvez, nunca.
> Predestinamo-nos à formação de uma raça histórica em futuro remoto, se o permitir dilatado tempo de vida nacional autônoma. Invertemos, sob este aspecto, a ordem natural dos fatos. A nossa evolução biológica reclama a garantia da evolução social.
> Estamos condenamos à civilização.
> Ou progredimos, ou desaparecemos.
> A afirmativa é segura. (Cunha, 2003, p. 76-77)

As formas de vida do Norte (em oposição ao Sul), do mestiço, do jagunço ("Hércules-Quasímodo", i.e., uma heroica monstruosidade, inglória), do vaqueiro ("Centauro-Bronco"), todas elas, serão depreciadas, teratologizadas ou animalizadas, de modo a abrir um horizonte de expectativa eugenista que dê acesso a uma "raça forte", a qual, não pelas armas, mas pela civilização (!), deveria esmagar as demais. O sertanejo, apesar de "não ser um degenerado", "é um retrógrado" (2003, p. 117). Ou seja: dali chega-nos tudo o que é antimoderno, antirrepublicano, anticívico etc. O espaço do sertão é um "purgatório duro", onde há uma "derrocada universal da vida" (2003, p. 174).

Canudos assim emerge como a cidadela arcaica, de figuração medieval, antípoda da racionalização do espaço urbano primeiro-republicano - que determina a geometrização de um espaço vazio e fechado em cujo interior serão construídas multiplicidades artificiais, organizadas e controladas em função de um ambiente que só cria acontecimentos regularizáveis, a exemplo da hierarquização social empregada na planta cartográfica de Belo Horizonte (1897), cidade planejada sob os auspícios do iminente republicanismo finissecular, ou, ainda, daquilo que se espera das reformas urbanas de Pereira Passos a partir de 1904, no centro antigo do Rio de Janeiro. Por tudo isso é que Canudos, nas páginas de *Os sertões,* parece ser já ruína quando era ainda construção:

> A *urbs* monstruosa, de barro, definia bem a *civitas* sinistra do erro. O povoado novo surgia, dentro de algumas semanas, já feito ruínas. Nascia velho. Visto de longe, desdobrado pelos cômoros, atulhando as canhadas, cobrindo área enorme, truncado nas quebradas, revolto nos pendores - tinha o aspecto

perfeito de uma cidade cujo solo houvesse sido sacudido e brutalmente dobrado por um terremoto. (Cunha, 2003, p. 187)

Em vez de segurança, controle, poder, disciplina, governamentalidade, norma etc., Canudos é uma "psicose coletiva" (2003, p. 192). A cidadela, "vivendo sob a preocupação doentia de outra vida", em vias de tornar-se um cosmos, só representa uma "civilização de empréstimos", incapaz de cogitar as "instituições garantidoras de um destino na terra", de cujo coro multitudinário só se poderá ouvir o "gaguejar do povo". Nunca, em momento algum, a dinâmica multitudinária de Canudos poderá significar, para a ideologia cientificista à que responde o texto euclidiano, uma via alternativa ao domínio normativo dos corpos, da capitalização do espaço urbano, da disciplina mental e hierarquização social. Não existe a opção de interpelar Canudos como um gesto anárquico contra a bio/tanatopolítica republicana, enfim, contra a demanda de assujeitamento do processo civilizatório brasileiro. A cidadela é o nó górdio entre civilização e barbárie que precisamos desatar a fim de fundar – rasurando a lei para inscrever novamente a lei – a soberania policial e política como instrumentos de excepcionalidades estatais a sustentarem nossa governamentalidade primeiro-republicana e a experiência democrática que daí mais tarde decorrerá.

Vidas agrestes

Regionalismo e devir telúrico/humano/animal

Poéticas como a de *Vidas secas* (1938), romance de Graciliano Ramos, e a de *Morte e vida severina* (1955), auto natalino dramático de João Cabral de Melo Neto, dão vazão ao *tópos* da vida sertaneja que havia ganhado as primeiras nervuras literárias nas páginas de *Os sertões* (1902). São formas de vida conceitualmente adjetivadas, algo que aparece desde a inscrição dos títulos, como vidas secas ou severinas, em deslocamento migratório norte-sul. O campo semântico das paisagens verbais e humanas, em ambos os textos, é agreste, árido, de uma dureza difícil de ser suportada, grave etc. Essa característica se transfere às poéticas de Graciliano e João Cabral por meio de uma depuração estilística, já bastante apontada pela fortuna crítica de ambas as obras, em que o austero e o sóbrio determinam o procedimento de formalização da escrita.

Em *Vidas secas,* a migração é um gesto de resistência, modo de se retirar de um território em que a precarização do vivente impede a emergência de novas formas de vida. As personagens, sempre que assediadas pelo risco de morte (cujo sinônimo, no texto, será a fome), nunca se abatem, mas, antes, se fortalecem. Sempre que há o de comer, ainda que escasso, há também esperança de sobreviver, de ressurgir com uma vida nutritiva rediviva:

> Aquilo era caça bem mesquinha, mas adiaria a morte do grupo. E Fabiano queria viver.
> A fazenda renasceria – e ele, Fabiano, seria o vaqueiro, para bem dizer seria dono daquele mundo.
> [...]
> Os troços minguados ajuntavam-se no chão: a espingarda de pederneira, o aio, a cuia de água e o baú de folha pintada. A fogueira estalava. O preá chiava em cima das brasas.
> Uma ressurreição. As cores da saúde voltariam à cara triste de Sinhá Vitória.
> [...]
> Pouco a pouco uma vida nova, ainda confusa, se foi esboçando. Acomodar-se-iam num sítio pequeno, o que parecia difícil a Fabiano, criado solto no mato. Cultivariam um pedaço de terra. Mudar-se-iam depois para uma cidade, e os meninos frequentariam escolas, seriam diferentes deles.
> [...] E andavam para o sul, metidos naquele sonho. Uma cidade grande, cheia de pessoas fortes. (Ramos, 2012, p. 14, 16, 127)

Todo o ambiente ao redor, que só na dimensão onírica configura um *locus amoenus*, é hostil, compondo a paisagem por meio de traços áridos em que há uma conivência entre o entorno e os viventes. A fazenda é seca, sem vida. Igualmente, as plantas estão mortas ou murchas, o solo é um barreiro esturricado, queimado. A proporcionalidade geológica que daí decorre entre paisagem telúrica e paisagem humana tem, contudo, princípios outros quando postos em relação com *Os sertões*. No texto euclidiano há apenas correspondência de relações entre a terra e o vivente humano. Em *Vidas secas* há coexistências entre ambas as dimensões. Tudo é comunicante, sem deixar prevalecer um modelo originário de mimese. Vale dizer que, na mesma proporção em que a vida aparentemente humana (Fabiano, Sinhá Vitória, os meninos etc.) se animaliza ou ganha nuanças da vida vegetativa, a vida animal (a cachorra Baleia, o papagaio etc.) ou vegetativa (toda a árida paisagem do sertão, os mandacarus, a vegetação esturricada etc.) cobrará aspectos humanos.

Disso resulta um nível de copresença, de zonas de vizinhanças, enfim, de uma anomalia inscrita no interior daquilo que é pré-identitário, refutando a semelhança e a imitação apenas, algo bastante distinto do que é corrente em *Os sertões*. No texto euclidiano a paisagem telúrica explicará a degeneração da paisagem humana. Nas cenas gracilianas, bem pelo contrário, promove-se a suplantação da notação pré-ontológica, havendo então coexistência de durações entre a *zoé* (a mera vida – vegetativa, animal e a dimensão humana não participante da polis – em estado de natureza) e a *bíos* (a vida humana, inscrita na polis, em estado de cultura) (cf. Arendt, 2001, p. 109; Agamben, 2002, p. 9; Agamben, 2015, p. 13), produzindo, por fim, o devir – não a filiação hereditária ou especista, e sim a aliança, conforme a definição de Deleuze e Guattari (1995).

As personagens de *Vidas secas* "precisavam ser duros, virar tatus" (Ramos, 2012, p. 25). Fabiano, ao se lembrar de Baleia, sente seu "coração grosso, como um cururu" (p. 115). Ele é descrito como "bicho resistente, calejado" (p. 106). "Era um desgraçado, era como um cachorro, só recebia os ossos" (p. 97). Na cena em que Fabiano lava os pés, ele se faz ver com uma pele cheia de características geológicas, seca, com gretas fundas em que afundava o barro (p. 72); seus pés são espécie de casco, precisa "quebrar espinhos" e, ainda, "não sentir a quentura da terra" (p. 20). É homem que "andava banzeiro, pesado, direitinho um urubu" (p. 52). Baleia, a cadela, "bicho diferente dos outros", anda "como gente, em dois pés" (p. 88) e "detestava expansões violentas", ergue-se "nas pernas traseiras, imitando gente" (p. 40), de modo que os adjetivos que lhe cabem na narrativa são a prudência, o receio, enfim, a reflexão crítica do mundo ao redor. Já Fabiano espreita a si mesmo a partir de uma zona de indistinção, de abertura ontológica entre o humano e o animal. Não está seguro da superioridade de sua antropogênese. Por isso exclama em voz alta: "– Fabiano, você é um homem" (p. 18). Logo emenda: "– Fabiano, você é um bicho". "(...) Sim senhor, um bicho capaz de vencer dificuldades" (p. 19). A voz narrativa arremata: "Aparecera como um bicho, entocara-se como um bicho, mas criara raízes, estava plantado. Olhou as quipás, os mandacarus e os xiquexiques. Era mais forte que tudo isso, era como as catingueiras e as braúnas. Ele, Sinhá Vitória, os dois filhos e a cachorra Baleia estavam agarrados à terra" (p. 19).

A indecidibilidade da antropogênese é uma espécie de fortaleza, ponto limiar entre a *zoé* e a *bíos*. Trata-se de um potencializador da virtualidade de formas de vidas em coexistência a fim de gerar uma economia – durações comunicantes e contagiosas – entre o animal, o vegetal e o humano. Essa economia da simbiose (não apenas uma somatória, mas uma coestância) é o que permite, em *Vidas secas*, a inscrição da sobrevivência. Entrecruzadas as dimensões variantes vegetal/animal/humano, sedimenta-se o hiato identitário que apenas hierarquiza sem jamais criar uma força de vida verdadeiramente potente. Assim, tal forma de experiência de vida parece traçar uma espécie de hieróglifo para uma nova inumanidade, algo que destitua a censura da articulação entre as categorias do humano, animal e vegetal. A dicção dessa inumanidade, em que os campos viventes todos se procuram, se dá mediante uma guturalidade, sorte de voz "rouca e medonha" que sai da boca de Fabiano. Ao falar, as personagens recorrem à animalidade, jamais à articulação da voz humana: "Pôs-se a falar, imitando as cabras" (p. 51). Lembre-se da cena em que o papagaio é morto para servir de comida. A ave não "fala", pois não ouvia voz humana para reproduzi-la. Por isso, torna-se inútil. Serve apenas como alimento. Sinhá Vitória e os meninos tampouco falam. Não podem arrumar o que têm dentro, ou seja, são incapazes de transformar pensamento em linguagem (apenas) humana. É por isso que *Vidas secas* constitui uma narrativa por meio da qual se paralisa a máquina antropológica, i.e., a produção do que é humano, civilizado, pela oposição (submissão) humano/animal, cultura/natureza, civilização/barbárie etc. Tudo está para além da suspensão da animalidade e, também, da forma de vida vegetal, criando, dessa maneira, uma vida outra que não mais se justifica pela dominação da relação entre natureza e humanidade, e sim pela relação, pela copresença, de modo que a humanização integral da animalidade e da forma de vida vegetal coincide ali com uma animalização e uma dimensão vegetal do humano.

Também em *Morte e vida severina* (1955) as paisagens telúricas e humanas são inseridas no campo semântico de uma poética do vazio, do desértico, da secura e da pedra. A isso se soma o cronotopo da migração como estrutura narrativa do poema, o deslocamento norte-sul. Esses aspectos constituem os horizontes da privação nas cenas poéticas. Chamativo de atenção no poema é o modo por meio do qual João Cabral inseriu a categoria "morte" na conceitualidade da vida severina. É nisso bem destoante do *I-Juca-Pirama*, obra em que a inscrição da morte em uma forma de vida – como procuramos mostrar – parece vir a justificar a ideologia da política do Segundo Reinado a fim de compor o tópico indianista por meio da noção romântica de "raça extinta". A maneira como ambas as dimensões – morte/vida – convivem no auto cabraliano pretende simbolizar como a vida severina é de tudo privada, inclusive da própria morte:

> – Desde que estou retirando/ só a morte vejo ativa,/ só a morte deparei/ e às vezes até festiva;/ só morte tem encontrado/ quem pensava encontrar vida,/ e o pouco que não foi morte/ foi de vida severina/(aquela vida que é menos vivida que defendida,/ e é ainda mais severina/ para o homem que retira) [...] Decerto a gente daqui jamais envelhece aos trinta/ nem sabe da morte em vida,/ vida em morte, Severina. (Neto, 2000, p. 52, 53, 59)

A morte/vida severina é uma forma de "vida a retalho": mais defendida que vivida, é, antes de uma forma de vida, também uma modalidade de sobrevivência. A viagem de migração não é viagem senão cortejo ao próprio enterro. Os Severinos – assujeitados, por antonomásia, a um nome/destino de privação – nem sequer na morte podem se subjetivar: "iguais em tudo na vida,/ morremos de morte igual,/mesma morte Severina" (2000, p. 46). O sertão parece ser convertido, portanto, numa espécie de "cemitério geral" em que a morte deixou de ser um dispêndio de vida:

> – A todos os defuntos/ logo o Sertão desapropria,/pois não quer defuntos privados/o Sertão coletivista./ – E assim não reconhece/ o direito a túmulos estanques,/ mas socializa seus defuntos numa só tumba gigante./ [...] – Nestes cemitérios gerais/ não há a morte em excessos. – Ela não dá ao morto/maior volume nem mais peso. – A morte aqui não é bagagem/nem excesso de carga./ – Aqui, ela é o vazio/ que faz que se murche a saca. – Que esvazia mais uma saca/ aliás nunca plena./ – Ela esvazia o morto,/ a morte aqui, jamais o emprenha./ – A morte aqui tão indigesta,/ mais bem, é morte azia./ É o que come por dentro/o invólucro que nada envolvia. (Neto, 2000, p. 84-85)

A mortandade aparece como uma questão de classe, ou melhor, agenciamento de uma fratura social que não dá conta de solucionar nem o campo político nem muito menos o processo civilizatório:

> – Nestes cemitérios gerais/ não há morte isolada/mas a morte por ondas para certas classes convocadas./ [...] – Nestes cemitérios gerais/ não há morte pessoal./ – Nenhum morto se viu/ com modelo seu, especial./ – Vão todos com a morte padrão,/ em série fabricada/ [...] – É como se morrendo/ nascessem

> de uma raça./ – Todos estes mortos parece/ que são irmãos, é o mesmo porte./ – Se não da mesma mãe,/ irmãos da mesma morte./ – E ainda mais: que irmãos gêmeos,/ do molde igual do mesmo ovário./ – Concebidos durante/ a mesma seca-parto./ – Todos filhos da morte-mãe,/ ou mãe-morte, que é mais exato./ – De qualquer forma, todos, gêmeos, e morti-natos. (Neto, 2000, p. 86-87)

Assim ocorre então uma falência do significante em *Morte e vida severina*. É o que sugere todo o processo de precarização da vida/morte severina sintetizado por meio de sintagmas a exemplo de "morte-mãe", "seca-parto", "mãe-morte", enfim, de uma fraternidade de "morti-natos" (não é altamente sintomática a inversão da grafia corrente, natimortos para morti-natos?), cujos galhos sintáticos nos permitem ler os dispositivos linguísticos de conceituação da vida/morte severina no poema do João Cabral.

Vidas em estado modernizador de inclusão-exclusiva

Novos territórios políticos: modernização da vida e margens do espaço urbano

O cronotopo da migração norte-sul na literatura brasileira (de raízes euclidianas e marca inconfundível do regionalismo predominante nas décadas de 1930, de 1940 e de 1950) resultará saturado a partir dos anos de 1960. Daí por diante, o que mais frequentemente veremos são formas de vida (ainda que resultantes da condição migratória) erradicadas nos centros urbanizados, especialmente na cidade de São Paulo, destino preferencial das ondas migratórias no século passado e no atual. Também outras populações, oriundas das margens da capital paulista ou de outras latitudes nacionais, se somarão às formas de vida pensadas em contexto de industrialização. A inscrição dessas vidas no sistema literário brasileiro procurará colocar em xeque a modernização via capital, dando margens a uma crítica da condição de inclusão-excludente do nosso processo civilizatório. Algo dessa ordem aparece nos registros literários dos romances *Quarto de despejo. Diário de uma favelada* (1960), de Carolina Maria de Jesus, e *A hora da estrela* (1977), de Clarice Lispector.

Configura-se, de forma inaugural na narrativa de Carolina Maria de Jesus, tanto em contexto brasileiro quanto hispano-americano, o que passaria a ser chamado de "literatura-verdade" ou "literatura de testemunho" no âmbito dos estudos literários. É criada ali uma saturação histórica que permite traçar continuidades entre a escravatura e a modalidade de inclusão-excludente via capital. A questão é posta de modo deliberado em diversos trechos do livro, configurando um ganho verdadeiro de consciência étnico-social: "Atualmente somos escravos do custo de vida. (...) Devido ao custo de vida, temos que voltar ao primitivismo. (...) O custo de vida nos obriga a não ter nojo de nada. Temos que imitar os animais" (Maria de Jesus, 2000, p. 9, 58, 100). As condições de subsistência fazem com que a favela ocupe uma espacialidade rebaixada na hierarquia sócio-arquitetônica paulistana: "... Eu classifico São Paulo assim: o Palácio, é a sala de visita. A prefeitura é a sala de jantar e a cidade é o jardim. E a favela é o quintal onde jogam os lixos" (2000, p. 9, 58, 100). A topologia da oração questiona a condição humana na circunscrição da favela a que é submetida pela disposição citadina. As populações marginalizadas – em vista da precarização a que os favelados são submetidos pelo campo político e pelo processo civilizatório – passam a ser entendidas como "projetos de gente humana" (2000, p. 20).

Em vista disso, a narrativa de Carolina interpela as formas de vida pela condição de sobrevivência, oscilando ora entre um estoicismo, ora entre um pessimismo que renderá certa pulsão de morte:

> Suporto as contingências da vida resoluta. Eu não consegui armazenar para viver, resolvi armazenar paciência.
>
> [...] Já que os pobres estão mal colocados, para que viver?
>
> [...] Eu estou começando a perder o interesse pela existência. Começo a revoltar. E minha revolta é justa.
>
> [...] Eu estava tão triste! Com tanta vontade suicidar. Hoje em dia quem nasce e suporta a vida até a morte deve ser considerado um herói. (Jesus, 2000, p. 15, 29, 30, 91)

Essa forma de vida será entendida como um modo de punição injustificável, haja vista inexistir um crime ou condenação pelos quais responder, mas, antes, uma espoliação. Nesse sentido, a vida, de algo dadivoso, converte-se em um pesado fardo: "Não há coisa pior na vida do que a própria vida" (2000, p. 145).

Também emerge da narrativa do *Quarto de despejo* o procedimento da animalização. Isso porém já não ocorre como uma busca pela virtualidade do devir, como rasura de formas de vida pré-identitária, assim como líamos em *Vidas secas*, obra em que a animalização e a vida telúrica aparecem como um modo de copresença orgânica entre as formas de vida agreste. Em lugar de uma convivência, voltamos, na narrativa do *Quarto de despejo*, à analogia ou à metáfora. A animalização constitui dispositivo alegórico por meio do qual se narra a precarização da vida pela política institucional. Ela funciona, portanto, ativando a máquina antropológica, expondo os usos políticos do hiato hierarquizante entre o humano e o animal. Os favelados são análogos aos porcos, já que a favela, segundo Carolina (2000, p. 144, 155), é "o chiqueiro de São Paulo", enfim, trata-se de um lugar que sobrevive dos rejeitos, das sobras, do lixo etc. Há contudo uma cena em que a animalização, cobrando características narrativas de uma breve fábula, poderá ser lida como um componente da *zoopolítica* (cf. Derrida, 2010, p. 394, 405), i.e., aquilo que excede o próprio sentido de humano, ora recorrendo a uma borda de passagem entre a racionalidade humana e a irracionalidade animal, constituindo, pela via da ausência, da falta e da carência, uma comunidade política outra, por vir, frente à política institucional do mesmo, instância de onde decorre a falta, a ausência por meio da qual o comum se reunirá em gesto combativo:

> [...] O que o Sr. Juscelino tem de aproveitável é a voz. Parece um sabiá e a sua voz é agradável aos ouvidos. E agora, o sabiá está residindo na gaiola de outro que é o Catete. Cuidado sabiá, para não perder esta gaiola, porque os gatos quando estão com fome ficam contemplando as aves nas gaiolas. E os favelados são os gatos. Tem fome. (Jesus, 2000, p. 30)

É essa economia da ausência, da precariedade, que a narrativa de Carolina – apesar de às vezes deixar emergir uma entonação estoica, acrescida de um pessimismo mortiço – procura denunciar. O altíssimo grau de consciência étnica e de classe social, por meio do qual o texto se escreve, faz com que haja testemunho e imputação tanto frente ao abuso policial, que, diante dos pretos e favelados, diz Carolina (2000, p. 95-96), parece "ignorar que já foi extinta a escravidão" e considera que "ainda estamos no regime da chibata", quanto frente à negligência da política institucional, instância estatal a que Carolina atribui a culpa pela deformação do caráter dos favelados. Daí a pequena fábula do gato que, no texto em questão, simboliza um tipo de saber estratégico, por "não deixar [o gato] ninguém escravisá-lo (sic)" (2000, p. 130). A fome então ganha nuances propedêuticas: atingindo com fatalidade a economia moral da multidão, teria a contraface de incitar uma revolta popular libertária.

Vinculada à posição social, a questão por trás da consciência de uma negritude afro-brasileira, vale dizer, uma etnicidade determinada por uma sociedade enraizada na estratificação que sobrevive à abolição da escravatura, procura denunciar, na literatura de Carolina, o mercado editorial e o campo intelectual brasileiros, revelando que a sua literatura é rechaçada apenas por ser ela preta e pobre (2000, p. 58, 117). Isso – antes de ser introjetado como uma categoria de acusação, assimilação da discriminação pelo desejo do oprimido de converter-se em opressor – configurará um posicionamento político e literário, quer dizer, um lugar de reivindicação e de inscrição de um princípio performativo da linguagem capaz de – se não revertê-lo – atacar enfaticamente tal quadro. É nesses termos que a narrativa interpela a si mesma enquanto narrativa de denúncia social:

> Tenho apenas dois anos de grupo escolar, mas procurei formar meu caráter. A única coisa que não existe na favela é solidariedade.
> [...] – O que escreve? (sic)
> – Todas as lembranças que pratica os favelados, estes projetos de gente humana.
> [...] É preciso conhecer a fome para saber descrevê-la.
> [...] O Brasil precisa ser dirigido por uma pessoa que já passou fome. A fome também é professora. Quem passa fome aprende a pensar no próximo e nas crianças.
> [...] eu lutava contra a escravatura atual – a fome!
> [...] Vocês são incultas, não pode compreender. Vou escrever um livro referente a favela. Hei de citar tudo que aqui se passar. E tudo que vocês me fazem. Eu quero escrever o livro, e vocês com estas cenas desagradáveis me fornece (sic) os argumentos.
> [...] Não tenho força física, mas as minhas palavras ferem mais do que espada. E as feridas são incicatrizaveis (sic). (Jesus, 2000, p. 13, 20, 16, 27, 37)

Todas as variantes linguísticas e ortográficas marcadas nas citações anteriores – acrescidas de outras mais que renderiam aqui uma pequena lista, a saber, *socego* para sossego; *puis* para pus, *mal iducados* para mal educados, *frases de viludo* para frases de veludo, *paiz* para país (2000, p. 10-13-28-35) –, além de compor o horizonte de estranhamento por meio do qual o texto de Carolina será recebido pelos campos editorial e intelectual brasileiros, dão vazão a uma performatividade da linguagem contrária à normatização cívica e formal imposta pelo idioma oficial. São essas marcas de enunciação vastamente presente em *Quarto de despejo* o que permite um grau de engajamento da linguagem a fim de praticar o que é negado a milhões de brasileiros e brasileiras cotidianamente marginalizados pela cultura letrada. Tudo isso sublinha e expõe textualmente a inexistência de igualdade política, cívica e literária na nossa sociedade e no nosso campo intelectual. Inclusive mais: é por meio de tais recursos (embora a princípio funcionem não como artifício poético, mas como espontaneidade de uma escrita que coexiste com a oralidade, sendo que uma instância não existe sem a outra) que o sistema literário brasileiro é contagiado por uma dicção oral, periférica apenas no registro literário, sendo bem mais visível e multitudinária nas variações de ocorrência em campo extraliterário, gramaticalmente anômala. Com isso, tais marcações enunciativas, cujas variações em nada comprometem a composição sintática ou estilística do texto frente à normatização do português, funcionam então como exercício crítico-narrativo. Tenhamos em conta, aqui, o contraponto possível entre a recepção das variantes em Carolina como categoria de acusação para o iletramento e pauperização enunciativa, ao passo que, algumas décadas antes, a nova ortografia e dicções propostas por Mário e Oswald, a fim de capturar o linguajar popular para o projeto modernista, passariam a simbolizar uma ação literária vanguardista, sendo igualmente valorizadas nos procedimentos poéticos do regionalismo em Graciliano, Rosa etc. Sumariamente: o que antes era visto como procedimento poético vanguardista, passaria a ser, para Carolina, mulher, preta, pobre e favelada, categoria de acusação e depreciação editorial e intelectual. Com essas arestas, *Quarto de despejo* expõe uma condição linguística marcada por características étnico-sociais, assim começando a se exercer por meio daquilo que reivindica: igualdade política, cívica e, especialmente, poética nas formas de vida que emergem do nosso sistema literário. Por isso, o desejo do oprimido não será, em plano linguístico, converter-se em opressor.

Também o enunciado narrativo do romance *A hora da estrela* de Clarice Lispector se compõe mediante uma crítica acerca dos modos de recepção da narrativa social pelo campo intelectual brasileiro. Cabe, no entanto, profunda distinção. Carolina buscou problematizar a questão pelo viés testemunhal de sua etnia e posição social. Clarice já o faz por meio da transfiguração do feminino, trazendo à cena narrativa o preconceito acerca do gênero. Tal procedimento – de ironia reverberante em *A hora da estrela* – faz des/necessária a voz do narrador Rodrigo S. M., "porque escritora mulher pode lacrimejar piegas" (Lispector, 1995, p. 23), não sendo a voz feminina adequada à literatura de denúncia social. Em uma palavra, temos que, na narrativa de Carolina, a dicção narrativa (ao se tornar corpo textual, performance inclusive) corporifica o que viu com seus próprios olhos tudo aquilo o que conta. As únicas garantias para fé do que é relatado estão em sua condição social e sua linhagem étnica, ao passo que, no texto lispectoriano, recorre-se à terceira pessoa, travestindo a voz narrativa, uma vez que esta não se dará a si mesma como garantia de nada do que é dito. Na primeira, a coalescência entre o vivido (experiência) e o narrado é transformada em matéria poética. Já na segunda, as marcações narrativas não podem apelar para tal contiguidade, antes mesmo as fraturando, visto que, sem experiência vivida, apenas compõe vicariamente o corpo de outrem como uma copresença a ser relatada.

Ora, em qualquer dos casos, se trata de uma estratégia narrativa, ou seja, de um trabalho poético, ficando patentes apenas as diferenças quanto às estratégias de imputação do real. Em *A hora da estrela* a concepção de romance social parece exceder toda a polarização autonomização/desautonomização do objeto literário. Se não é possível à literatura lispectoriana endossar, com uma voz autoral, um testemunho, recorre-se ao poder afirmativo da literatura como gesto criador, quer dizer, não havendo possibilidade de comunicação direta, a ficção, articulada de modo o mais deliberado possível, torna-se uma via de acesso à inteligibilidade do mundo: "Mas que ao escrever – que o nome real seja dado às coisas. Cada coisa é uma palavra. E quando não se a tem, inventa-se-a" (Lispector, 1995, p. 26). Quer isso dizer que o conhecimento do ambiente ao redor é possível através do exercício da linguagem. Por tudo isso, à diferença de *Quarto de despejo*, relato em que a denúncia social é um ato testemunhal, há, em *A hora da estrela*, uma denúncia social de ordem nominalista, à qual é imprescindível não mais exatamente o corpo, mas a linguagem que, por fim, coabitará um corpo escrito por meio do "trabalho de carpintaria" da palavra que "não pode ser enfeitada e artisticamente vã" (Lispector, 1995, p. 24).

É nesses termos que a vida de Macabéa passa ao texto lispectoriano. Compor uma forma de vida, para a narrativa de *A hora da estrela*, não é uma via propedêutica para o real; é, antes, uma forma de ser com o real por meio da ficção e da linguagem. Só se pode saber das coisas por estar vivendo. E são as condições dessa forma de vida que determinarão o saber possível diante do ambiente ao redor a ser relatado.

A forma de vida que emerge da personagem de Macabéa (às vezes suplementada pela forma de vida da personagem de Olímpico) é circunscrita em duas esferas semânticas. Por um lado, algo da ordem da vida vegetativa e do orgânico qualifica a personagem à época em que ela ainda vivia no sertão nordestino. Macabéa "era capim", "havia brotado da terra do sertão em cogumelo logo mofado", terra em que o "cantar do galo na aurora sanguinolenta dava um sentido fresco à sua vida murcha". Já Olímpico "Nascera crestado e duro que nem galho seco de árvore ou pedra ao sol". Ele, espécie de "diabo premiado e vital", detentor do "precioso sêmen". Ela, "tinha os ovários murchos como um cogumelo cozido", encarnada em um "corpo quase murcho", um "corpo cariado", "engravidada por si mesma, por partenogênese". Por outro lado, será o maquínico e o mecânico o que adjetivará a passagem da vida sertaneja para a vida urbana, sugerindo uma ruptura entre as dimensões telúricas e humanas das personagens. Macabéa é datilógrafa. Olímpico, metalúrgico. Operam máquinas. São essas funções que aparentemente dariam dignidade às formas de vida dos migrantes em São Paulo. Eles possuem uma profissão, ainda que a custo de uma reificação da vida:

> – Eu gosto tanto de *parafuso e prego*, e o senhor?
>
> [...]. Macabéa era na verdade uma figura medieval enquanto Olímpico de Jesus se julgava *peça-chave*, dessas que abrem qualquer porta. *Macabéa simplesmente não era técnica, ela era só ela.*
>
> [...] Olhou-se *maquinalmente* ao espelho que encimava a pia imunda e rachada, cheia de cabelos, o que tanto combinava com sua vida. Pareceu-lhe que o espelho baço e escurecido não refletia imagem alguma. Sumira por acaso a sua existência física? Logo depois passou a ilusão e enxergou a cara toda deformada pelo espelho ordinário, o nariz tornado enorme como o de um palhaço de nariz de papelão. Olhou-se e levemente pensou: tão jovem e já com *ferrugem*.
>
> [...] Pois a vida é assim: aperta-se o botão e a vida acende. Só que ela não sabia qual era o botão de acender. Nem se dava conta de que vivia numa *sociedade técnica* onde ela era *um parafuso dispensável*. (Lispector, 1995, p. 37, 45, 66)

O corte diagonal que a sociedade técnica opera nas formas de vida orgânica e mecânica parece por Macabéa a se perder no espaço citadino. É a partir disso que ela começa a romper todos os códigos impostos pelo mercado. Deseja o creme cosmético não pelos cuidados da cútis, mas pela via estomacal. Passeia não por vitrines de roupas ou sapatos, mas pelas carnes expostas ao vidro do açougue. Por pior que seja sua situação em meio à sociedade técnica, Macabéa "não queria ser privada de si, ela queria ser ela mesma". É com esse pensamento que sua personalidade não se deixa capturar por inteiro, abrindo pontos de fuga nos imperativos de consumo que lhe chegam pela linguagem publicitária radiofônica e televisiva. Rasurando a legibilidade do discurso normativizado por meio da reprodutibilidade e do consumismo técnicos, Macabéa, cada vez mais, passa a não encontrar modos de se explicar dentro de tal código, transformando-se em "simplicidade orgânica":

> Tornara-se com o tempo apenas *matéria vivente em sua fonte primária.* [...] Mas não havia nela miséria humana. É que tinha em si mesma uma certa flor fresca. Pois, por estranho que pareça, ela acreditava. *Era apenas fina matéria orgânica.* Existia. Só isto. (Lispector, 1995, p. 45, 47)

As situações de enunciação da forma de vida experienciada com Macabéa – uma "vida nua", análoga à expressão conceitual proposta por Agamben (refundando a proposição benjaminiana [2011] da "mera vida"), isto é, não uma vida natural, mas, pelo contrário, o resultado de uma operação do poder que consiste em dividir a vida de modo a hierarquizas os viventes – compõe-se por meio de sintagmas que nos permitiriam ler o "aberto", isto é, uma zona de indecidibilidade entre uma *zoé-grafia* e uma *bíos-grafia*, ao buscar, a todo tempo, não apenas uma narrativa, mas, antes de tudo, uma "vida primária":

> Voltando a mim: o que escreverei não pode ser absorvido por mentes que muito exijam e ávidas de requintes. *Pois o que estarei dizendo será apenas nu.* (Escrevo sobre o mínimo parco enfeitando-o com púrpuras joias e esplendor. É assim que se escreve? *Não, não é acumulando e sim desnudando. Mas tenho medo da nudez, pois ela é a palavra final.* (Lispector, 1995, p. 6)

Em que medida então poderíamos ler imagens e sintagmas de tal ordem, definidores do processo de escrita do romance social em *A hora da estrela*, como algo que partilha da crítica às operações do poder ocupadas em dividir e hierarquizar formas de vida? Na medida em que o tipo de denúncia ali composto interpela a vulnerabilidade tanto das formas de vida quanto da própria linguagem a fim de experienciar uma "vida primária". Essa forma de vida – "primária" – da qual emerge e à qual retorna Macabéa é uma inscrição da borda do indecidível, capaz de partilhar *bíos* e *zoé*. Trata-se, na narrativa lispectoriana, de um exercício crítico destinado a pensar as estratégias de captura da vida nua em uma sociedade altamente determinada pela linguagem técnica, fenômeno por meio do qual (verdade até bem pouco irrefutável) culminaria o processo civilizatório nas sociedades contemporâneas. A forma de vida macabeana não assimila o corte da máquina antropológica, não se deixa entender pela divisão característica da mera vida. Por isso, pretende refundar uma "vida primária", segundo a sentença lispectoriana, que já não aceita a separação nem a exclusão na medida em que afirma tanto a *bíos* quanto a *zoé*, ou melhor, a indiferenciabilidade entre tais dimensões. Disso resulta uma variabilidade contínua de formas viventes que podem romper com o código da sociedade técnica paulistana que a todo tempo investe contra a vulnerabilidade a fim de promover a soberania do mercado e da razão de Estado. Obviamente, o final de uma forma de vida que assim se procura em meio a uma sociedade industrializada não poderia ter senão um final o trágico, gênero por excelência do combate. Aí está o segredo de *A hora da estrela*, narrativa que "acontece em estado de emergência e de calamidade pública", anunciando, a certa altura, o cuidado de entender "como a morte parece dizer sobre a vida".

REFERÊNCIAS

AGAMBEN, Giorgio. *Homo sacer. O poder soberano e a vida nua I*. Trad. Henrique Burigo. Belo Horizonte: Editora UFMG, 2002.

______. *Lo abierto. El hombre y el animal*. Trad. Flavia Costa y Edgardo Castro. Buenos Aires: Adriana Hidalgo, 2009.

______. *Meios sem fim. Notas sobre a política*. Trad. Davi Pessoa. Belo Horizonte: Autêntica, 2015.

ALENCAR, José de. *Iracema*. Edição crítica. 2ª Edição. São Paulo: EDUSP, 1979.

ANDRADE, Mario de. *Macunaíma, o herói sem nenhum caráter*. Belo Horizonte: Livraria Garnier, 2001.

______. *O turista aprendiz*. Edição de texto apurada, anotada e acrescida de documentos por Telê Ancona Lopez e Tatiana Longo Figueiredo; Leandro Raniero Fernandes, colaborador. Brasília: Iphan, 2015.

ANDRADE, Oswald de. "Manifesto antropófago". In: TELES, Gilberto Mendonça (Org.). *Vanguarda europeia e modernismo brasileiro*. Petrópolis: Vozes, 1976.

ARENDT, Hannah. *A condição humana*. Trad. Roberto Raposo. 11º Edição. Rio de Janeiro: Forense Universitária, 2001.

ASSIS, Joaquim Maria Machado de. *O alienista*. São Paulo: Ática, 1992.

BENJAMIN, Walter. "Para uma crítica da violência". In: *Escritos sobre mito e linguagem (1915-1921)*. Organização, apresentação e notas de Jeanne Marie Gagnebin. Trad. Susana Kampff Lages e Ernani Chaves. São Paulo: Editora 34, 2011. p. 121-156.

BIRON, Berty R. "Luzes, razão e fé em Caramuru". In: TEIXEIRA, Ivan (Org.). *Multiclássicos. Épicos*: "Prosopopeia": "O Uraguai": "Caramuru": "Vila Rica": "A Confederação dos Tamoios": "I-Juca Pirama". São Paulo: EDUSP; Imprensa Oficial do Estado de São Paulo, 2008. p. 317-354.

CAMPOS, Haroldo de. "A linguagem do Iauaretê". In: *Metalinguagem & outras metas*. São Paulo: Perspectiva, 1992. p. 57-63.

CANDIDO, Antonio. *Formação da literatura brasileira*: momentos decisivos. *Vol. I. (1750-1836)*. Belo Horizonte/ Rio de Janeiro: Itatiaia, 2000.

CASTRO, Eduardo Viveiros de. *A inconstância da alma selvagem – e outros ensaios de antropologia*. São Paulo: Cosac Naify, 2002.

COSTA, Cláudio Manuel da. "Vila Rica". In: TEIXEIRA, Ivan (Org.). *Multiclássicos. Épicos*: "Prosopopeia": "O Uraguai": "Caramuru": "Vila Rica": "A Confederação dos Tamoios": "I-Juca Pirama". São Paulo: EDUSP; Imprensa Oficial do Estado de São Paulo, 2008. p. 685-825.

CUCCAGNA, Cláudio. *A visão do ameríndio na obra de Sousândrade*. Trad. Wilma Katinski Barreto de Sousa. São Paulo: HUICITEC, 2004.

CUNHA, Euclides da. *Os sertões*. Rio de Janeiro: Record, 2003.

DELEUZE, Gilles; GUATTARI, Félix. *Mil platôs – capitalismo e esquizofrenia. Vol. 4. Devir-intenso, devir-animal, devir-imperceptível*. Trad. Aurélio Guerra Neto e Célia Pinto Costa. Rio de Janeiro: Ed. 34, 1995.

DERRIDA, Jacques. *Seminario. La bestia y el soberano. Volumen I (2001 – 2002)*. Trad. Cristina de Peretti y Delmiro Rocha. Buenos Aires: Manantial, 2010.

DIAS, Antonio Gonçalves. "I-Juca-Pirama". In: TEIXEIRA, Ivan (Org.). *Multiclássicos. Épicos*: "Prosopopeia": "O Uraguai": "Caramuru": "Vila Rica": "A Confederação dos Tamoios": "I-Juca Pirama". São Paulo: EDUSP; Imprensa Oficial do Estado de São Paulo, 2008. p.1097-1130.

DURÃO, José Santa Rita. "Caramuru". In: TEIXEIRA, Ivan (Org.). In: TEIXEIRA, Ivan (Org.). *Multiclássicos. Épicos*: "Prosopopeia": "O Uraguai": "Caramuru": "Vila Rica": "A Confederação dos Tamoios": "I-Juca Pirama". São Paulo: EDUSP; Imprensa Oficial do Estado de São Paulo, 2008. p. 335-660.

ELIAS, Norbert. *O processo civilizador. Formação do Estado e civilização.* Vol 2. Trad. Ruy Jungmann. Rio de Janeiro: Jorge Zahar Editor, 1993.

FOUCAULT, Michel. *Microfísica do poder*. Organização e tradução de Roberto Machado. Rio de Janeiro: Graal, 1979.

______. *Segurança, território, população. Curso no Collège de France (1977-1978)*. São Paulo: Martins Fontes, 2008.

______. *Nascimento da biopolítica. Curso no Collège de France (1978-1979)*. São Paulo: Martins Fontes, 2008a.

FRANCHETTI, Paulo. "O triunfo do romantismo: indianismo e estilização em Gonçalves Dias". In: TEIXEIRA, Ivan (Org.). *Multiclássicos. Épicos*: "Prosopopeia": "O Uraguai": "Caramuru": "Vila Rica": "A Confederação dos Tamoios": "I-Juca Pirama". São Paulo: EDUSP; Imprensa Oficial do Estado de São Paulo, 2008. p. 1131-1152.

GAMA, José Basílio da. "O Uraguai". In: TEIXEIRA, Ivan (Org.). *Multiclássicos. Épicos*: "Prosopopeia": "O Uraguai": "Caramuru": "Vila Rica": "A Confederação dos Tamoios": "I-Juca Pirama". São Paulo: EDUSP; Imprensa Oficial do Estado de São Paulo, 2008. p. 251-314.

GARBUGLIO, José Carlos. "Entre a loucura e a ciência". In: ASSIS, Joaquim Maria Machado de. *O alienista*. São Paulo: Ática, 1992. p. 3-5.

JESUS, Carolina Maria de. *Quarto de despejo:* diário de uma favelada. São Paulo: Ática, 2000.

LISPECTOR, Clarice. *A hora da estrela*. 23ª edição. Rio de Janeiro: Francisco Alves, 1995.

MAGALHÃES, Gonçalves de. "Ensaio sobre a história da literatura no Brasil". In: *Nitéroi, Revista brasiliense*. Edição fac-similar. São Paulo: Academia Paulista de Letras, 1978, 2 vols.

MUZZI, Eliana Scotti. "Epopeia e civilização no Vila Rica". In: TEIXEIRA, Ivan (Org.). *Multiclássicos. Épicos*: "Prosopopeia": "O Uraguai":

"Caramuru": "Vila Rica": "A Confederação dos Tamoios": "I-Juca Pirama". São Paulo: EDUSP; Imprensa Oficial do Estado de São Paulo, 2008. p. 663-683.

NETO, João Cabral de Melo. *Morte e vida severina e outros poemas para vozes*. 34 ed. Rio de Janeiro: Nova Fronteira, 2000.

NOGUEIRA, Erich Soares. "A voz indígena em 'Meu tio o Iauaretê'", de Guimarães Rosa. In: *Nau literária: crítica e teoria de literaturas em língua portuguesa*. Vol. 09, Núm. 01, jan/jun 2013. Dossiê: Voz e interculturalidade, Porto Alegre: UFRGS, 2013, s/p.

PASSOS, José Luiz. "Macunaíma – O herói sem nenhum caráter (Mário de Andrande (1928)". In: MORETTI, Franco (Org.). *A cultura do romance*. Trad. Denise Boltman. São Paulo: Cosac Naify, 2009. p. 987-996.

RAMOS, Graciliano. *Vidas secas*. 58ª ed. Rio de Janeiro: Record, 2012.

ROSA, João Guimarães. "Meu tio, o Iauaretê". In: *Estas estórias*. Rio de Janeiro: Nova Fronteira, 2001. p. 191-235.

SOUSÂNDRADE, Joaquim de. *O Guesa*. Introdução, notas, glossário, fixação e atualização da edição londrina por Luiza Lobo; revisão técnica de Jomar Moraes. Rio de Janeiro: Ponteio; São Luís, MA: Academia Maranhense de Letras, 2012.

SCHWARZ, Roberto. "As ideias fora do lugar". São Paulo: Cadernos do Cebrap, num. 03, 1976. p. 150-161.

REALISMO E INVENÇÃO NAS "FICÇÕES DA INFÂNCIA" DE GRACILIANO RAMOS, JOSÉ LINS DO REGO E MIGUEL SANCHES NETO

Fátima Cristina Dias Rocha

Nas edições anteriores da série *Literatura brasileira em foco*, abordei algumas das várias modalidades de relatos autobiográficos escritos por consagrados autores brasileiros.

Comecei pela autobiografia poética de Manuel Bandeira, o exemplar *Itinerário de Pasárgada*, publicado em 1954 – momento em que, já tendo conquistado posição e prestígio, o autor pernambucano revê a sua formação como "poeta lírico" (a expressão é dele) e, ao mesmo tempo, avalia, de dentro, a história do movimento modernista e a vida literária no Rio de Janeiro do início do século XX aos anos 1950.

No volume seguinte, voltei-me para o livro de memórias da romancista Nélida Piñon, o *Coração andarilho*, de 2009. Também privilegiando sua formação intelectual e literária, nele a autora projeta a autoimagem de uma escritora de dupla cultura – a galega e a brasileira –, não sem evidenciar que as raízes galegas se somaram à "brasilidade" que a define: o *Coração andarilho* de Nélida é, concomitantemente, uma autofiguração e uma figuração do Brasil.

Constatando essa identificação entre a escrita de si e a escrita da pátria numa autobiografia publicada recentemente, retornei, no volume seguinte da série *Literatura brasileira em foco*, a um relato memorialístico escrito no final do século XIX, embora publicado – a pedido do autor – somente em meados do século XX (1948). Trata-se das *Memórias* do Visconde de Taunay, elaboradas num período em que a autobiografia era legitimada como história, e, desta forma, justificava-se por seu valor documental.

Além da fidelidade documental, o relato de Taunay atendia a outra das exigências da literatura no Brasil: o compromisso com a representação do país. Com efeito, nas *Memórias*, o admirador de Dom Pedro II e da Monarquia compôs sua figuração do país e sua ideia de nação. Se, no relato autobiográfico, o presente da escrita condiciona o resgate/invenção do passado (o do *eu* e o do país), este é elaborado sob a pátina da nostalgia e do desencanto, assim como movido pela certeza de que a República apagara a nação ideal que o Império vinha construindo. Testemunha privilegiada de um passado já perdido para o leitor – o Brasil monárquico e, com ele, a figura do Imperador –, o autobiógrafo devolve a esse passado a aura da experiência vivida, atribuindo ao exercício da memória um dever cívico: lembrar para não perder um passado comum. Diz o narrador, por exemplo, referindo-se às evocações da infância, restritas aos primeiros capítulos de sua autobiografia: "Como poderia eu (...) conciliar toda essa série de gratas reminiscências, tão suaves ao meu espírito e que rodeiam a ideia da monarquia de tamanho prestígio como sagradas tradições, com a atual ordem de coisas [o Brasil republicano]"? (Taunay, 2005, p. 89). Assim, a infância e a vida escolar do Visconde de Taunay merecem ter um lugar nas *Memórias* por seu caráter de testemunho – repassado do sentimento de perda e de desencanto – de um Brasil que não existe mais.

O livro de Taunay, assim como o *Minha formação* (1902), de Joaquim Nabuco, foi escrito num período em que a infância e a *petite histoire* ocupavam um lugar restrito e menor nos relatos autobiográficos. Nas palavras de Eliane Zagury, "é [apenas] na década de 40 [do século XX] que surgem, entre nós, as memórias de infância, subgênero da literatura confessional que veio produzir textos de qualidade indiscutível, sendo mesmo um dos sustentáculos da nossa prosa lírica" (Zagury, 1982, p. 21).

Escritas por autores que nasceram no final do século XIX ou no início do século XX, as memórias de infância de nossos modernistas ainda guardam um valor documental, na medida em que encenam e interpretam as transformações por que o país passou, no início do século XX. Retratos em miniatura de um Brasil patriarcal em vias de extinção, nas suas páginas figuram os "coronéis" e os engenhos em decadência; a vida em família e a formação escolar; as amas de leite, muitas delas ex-escravas, com suas histórias que tanto alimentaram a imaginação de nossos escritores; as casas senhoriais, as vilas do interior, os tipos e costumes regionais; as novidades tecnológicas que mudaram a fisionomia das cidades interioranas.

Entretanto, o caráter documental do rico painel desenhado por essas memórias de infância não suprime ou torna menor a inventividade da prosa memorialística de nossos escritores: compostas num momento em que tais autores já haviam elaborado uma vigorosa obra ficcional e/ou poética, as memórias exibem o domínio de recursos técnicos e expressivos variados, fruto de um maduro projeto estético e ético de seus autores. Deste modo, o livro *Infância* (1945), de Graciliano Ramos, apresenta a mesma linguagem contundente e áspera de alguns de seus romances, assim como adota um processo metamorialístico que lembra bem de perto a autorreflexão ficcional tão presente em sua prosa romanesca. Na mesma clave, o também inovador *A idade do serrote* (1968), de Murilo Mendes, em consonância com a obra poética do autor, incorpora a dimensão do onírico, do feérico e do sobrenatural, apresentando-se como uma prosa poética em que o ímpeto transfigurador invade o cotidiano mais prosaico, tornando-o mágico e miraculoso.

Escolhi como exemplos esses dois autores porque, sob certos aspectos, suas estratégias de representação de si e do outro são opostas: enquanto Graciliano Ramos elege uma espécie de "realismo" confessional – caracterizado pela "dureza do quadro", pela "criança desmitificada" e pelos retratos pouco favoráveis dos pais[1] –, Murilo Mendes compõe perfis e cenas que lhe permitem "sacralizar o cotidiano, desbanalizar o real ou recriar a dimensão do feérico", nas palavras do próprio escritor (Mendes, 2003, p. 75). Entre o "realismo" de Graciliano e a "mitização" de Murilo Mendes, passeiam os nossos autobiógrafos, reunindo tendências de um e de outro e colorindo-as com novos tons e matizes.

Tendo estudado, em trabalhos diversos, alguns desses autobiógrafos "canônicos", dediquei-me, no último volume da série *Literatura brasileira em foco*, às memórias de infância de um jovem escritor, o paulista Antonio Prata. Em seu livro, intitulado *Nu, de botas* (2013), o jovem memorialista, herdando procedimentos dos "mestres" que o antecederam, os enriquece com seu realismo confessional prosaico e sofisticado, lírico e irônico.

Neste ensaio, vou me dividir entre dois livros de memórias já consagrados – *Infância* (1945), de Graciliano Ramos, e *Meus verdes anos* (1956), de José Lins do Rego – e o livro de memórias do contemporâneo Miguel Sanches Neto, intitulado *Chove sobre minha infância* (2000), o qual, ao

---

1. As expressões entre aspas são de Ricardo Ramos, filho de Graciliano Ramos, na biografia *Graciliano:* retrato fragmentado (1992).

conter na capa a palavra "romance", incorpora o hibridismo tão comum às escritas de si na atualidade. Ao colocar em diálogo os três autores, procuro investigar as "ficções da infância"[2] elaboradas em suas obras memorialísticas, apontando ainda a modalidade de realismo confessional que as norteia – realismo este que, no caso de Graciliano e Lins do Rego, também caracteriza a prosa de ficção de cada um deles.

Começo por *Infância*, em virtude da precedência de sua publicação. O livro inicia-se pela "primeira lembrança" – um dos autobiografemas que constituem a "retórica da autobiografia" (Molloy, 2004). Entretanto, o autor adota uma prática memorialística suspensiva, marcada pela natureza fragmentária e lacunar da reminiscência:

> A primeira coisa que guardei na memória foi um vaso de louça vidrada, cheio de pitombas, escondido atrás de uma porta. Ignoro onde o vi, quando o vi, e se uma parte do caso não desaguasse noutro posterior, julgá-lo-ia sonho. Talvez nem me recorde bem do vaso: é possível que a imagem, brilhante e esguia, permaneça por eu a ter comunicado a pessoas que a confirmaram. Assim, não conservo a lembrança de uma alfaia esquisita, mas a reprodução dela, corroborada por indivíduos que lhe fixaram o conteúdo e a forma. (Ramos, 1981, p. 9)

Esta estratégia repete-se em outros capítulos, sugerindo que o adulto procura colocar-se no lugar da criança, simulando "o momento inaugural da reminiscência, no qual o sujeito que lembra e o objeto da lembrança apresentam-se de forma indistinta" (Miranda, 2004, p. 53). Deste modo, em *Infância*, Graciliano Ramos evidencia o que Sylvia Molloy chama de "trabalho da memória", problematizando a maneira como esta atua e os interditos que lhe são inerentes. Logo, é por meio de estilhaços de imagens que o escritor vai dando forma a outros autobiografemas básicos: o romance familiar, a genealogia, os lugares da memória[3]. Pai e mãe, por exemplo, são apresentados fragmentariamente, a partir de processos metonímicos:

> Meu pai e minha mãe conservavam-se grandes, temerosos, incógnitos. Revejo pedaços deles, rugas, olhos raivosos, bocas irritadas e sem lábios, mãos grossas e calosas, finas e leves, transparentes. Ouço pancadas, tiros, pragas, tilintar de esporas, batecum de sapatões no tijolo gasto. Retalhos e sons dispersavam-se.

---

2. A expressão é de Sylvia Molloy, em *Vale o escrito* (2004).
3. As expressões são, mais uma vez, de Sylvia Molloy, em *Vale o escrito* (2004).

> Medo. Foi o medo que me orientou nos primeiros anos, pavor. Depois as mãos finas se afastaram das grossas, lentamente se delinearam dois seres que me impuseram obediência e respeito. (Ramos, 1981, p. 14)

Os trechos até aqui transcritos evidenciam que, em suas memórias da meninice, Graciliano distancia-se de uma visão nostálgica ou condescendente no tocante à infância. Ao contrário, são ressaltadas "as vicissitudes da criança, a dura aprendizagem da norma familiar e da lei social, incorporadas como instâncias privilegiadas da opressão" (Miranda, 2004, p. 55). Emblemático no que diz respeito à visão da infância como um período caracterizado pela violência e pelas injustiças que vitimam a criança, é o capítulo "O cinturão", no qual avulta o sentimento de humilhação e de machucamento – palavras de Antonio Candido (1992, p. 51) –, cujas marcas o narrador ainda reconhece nitidamente em seu corpo:

> Onde estava o cinturão? Hoje não posso ouvir uma pessoa falar alto. O coração bate-me forte, desanima, como se fosse parar, a voz emperra, a vista escurece, uma cólera doida agita coisas adormecidas cá dentro. A horrível sensação de que me furam os tímpanos com pontas de ferro. Onde estava o cinturão? A pergunta repisada ficou-me na lembrança: parece que foi pregada a martelo. [...] / E ali permaneci, miúdo, insignificante, tão insignificante e miúdo como as aranhas que trabalhavam na telha negra. / Foi esse o primeiro contacto que tive com a justiça. (Ramos, 1981, p. 31-5)

Nesta abordagem comparativa com as duas outras obras, importa-nos destacar não apenas o "animalzinho bisonho" (Ramos, 1981, p. 43), mergulhado no "silêncio obtuso" que lhe haviam imposto, mas o menino curioso, que "vivia a surpreender-se" e que tentava esclarecer-se. No capítulo "O inferno", por exemplo, o desejo de compreender a significação exata da palavra "inferno" instiga-o a completar com detalhes concretos as explicações que a mãe lhe apresenta, levando-o à pergunta insistente: "– Os padres estiveram lá?". E, diante das incongruências das respostas da mãe, dá-se o ato de rebeldia –"Não há nada disso", ele exclama –, punido com as chineladas da mãe: "Não me convenci. Conservei-me dócil, tentando acomodar-me às esquisitices alheias. Mas algumas vezes fui sincero, idiotamente. E vieram-me chineladas e outros castigos oportunos" (Ramos, 1981, p. 81).

Se o menino curioso enfrenta, no seio da família, o cerceamento de seu entusiasmo por conhecer as coisas e as palavras, o contato com o outro possibilita a satisfação de sua sede de diálogo e de conhecimento. Vale lembrar que muitos dos capítulos de *Infância* desenham personagens que contribuíram para a socialização e a formação do menino, evidenciando que a construção do *eu* se faz por meio do intercâmbio com o *outro*. Esses capítulos aparentemente autônomos e que terminam por um corte conclusivo, enfatizando a "lição" proporcionada pelo personagem ali desenhado – "Padre José Inácio", "O moleque José", "José da Luz", "José Leonardo", entre outros –, reforçam o aspecto coletivo da memória individual, distanciando o autobiógrafo da postura narcísica que o relato poderia adquirir. Dos vários perfis esboçados pelo memorialista, destaco o do fazendeiro José Leonardo. Num dos capítulos mais distensos do livro, o narrador recorda o homem digno e sério, que se aproximou do tímido garoto, tornando-se seu amigo. Além de enfatizar a serenidade e bondade de José Leonardo, o narrador afirma: "Fiz numerosas perguntas a José Leonardo, *e ele nunca se espantou*. Às vezes hesitava, procurava-me na cara o sentido da frase obscura. *E a informação vinha, natural e paciente*. (...) esse homem deixou-me lembrança que se estirou e me dispôs a sentimentos benévolos" (Ramos, 1981, p. 156-7, grifos nossos).

Em contraste com essa lição gratuita de humanidade e de disponibilidade para o diálogo, a alfabetização iniciada em casa, com o pai, é difícil e penosa. As repreensões do pai, o custo para aprender as primeiras letras, a palmatória e as lágrimas fazem da aprendizagem inicial uma "escravidão imposta ardilosamente" (Ramos, 1981, p. 105): "As réstias que passavam no tijolo e subiam a parede marcavam a aproximação do suplício. Dentro de algumas horas, de alguns minutos, a cena terrível se reproduziria: berros, cólera imensa a envolver-me, aniquilar-me, destruir os últimos vestígios de consciência, e o pedaço de madeira a martelar a carne machucada" (Ramos, 1981, p. 108). Na escola, o "suplício" se repete. Com poucas exceções, o aluno depara-se com mestres indiferentes ou ignorantes e com materiais de leitura totalmente inapropriados ao desenvolvimento cognitivo da criança, de que são exemplos os livros do Barão de Macaúbas, os versos de Camões em letra manuscrita e as complexas construções sintáticas, que o pequeno leitor confunde com nomes próprios: "'Fala pouco e bem: ter-te-ão por alguém'. Esse Terteão para mim era um homem, e não pude saber que fazia ele na página final da carta" (Ramos, 1981 p. 109).

Embora, na interpretação acima reproduzida, o menino demonstre vivacidade e senso crítico, sua autocaracterização é marcada pela ideia da estupidez e do embrutecimento: "tornei-me estúpido, creio que me tornei quase idiota. Os sentidos embotaram-se, o espírito opaco tomou uma dureza de pedra" (Ramos, 1981, p. 125). Quanto à escola, assim a descreve o escritor:

> Os alunos se imobilizavam nos bancos: cinco horas de suplício, uma crucificação. Certo dia vi moscas na cara de um, roendo o canto do olho, entrando no olho. E o olho sem se mexer, como se o menino estivesse morto. Não há prisão pior que uma escola primária do interior. [...] aos nove anos ainda não sabia ler. (Ramos, 1981, p. 200)

Os sentimentos de solidão, desamparo e impotência agravam-se durante as crises de oftalmia, em que o menino permanece isolado por várias semanas, escondendo os olhos vermelhos e inflamados. Nesses momentos, os apelidos que a mãe lhe atribui – bezerro-encourado e cabra-cega – agudizam a autopercepção negativa que a criança já possuía: "Bezerro-encourado é um intruso. Quando uma cria morre, tiram-lhe o couro, vestem com ele um órfão, que, neste disfarce, é amamentado. (...) Devo o apodo ao meu desarranjo, à feiúra, ao desengonço" (Ramos, 1981, p. 139). Afastado das pessoas e sem enxergar, o menino percebe "o valor enorme das palavras". Sons e ruídos ganham sentido, os ouvidos aguçam-se e reconstituem frases indistintas, suprindo lacunas. Ouvindo as cantigas da mãe, o garoto recupera velhas histórias que já o acompanhavam anteriormente – episódio que evidencia a riqueza das narrativas orais típicas do interior: "A segunda composição referia-se a episódios da chegança, briga de mouros e crentes verdadeiros, mas tinha o nome de marujada e encerrava diversas interpolações" (Ramos, 1981, p. 143).

Aos poucos, o menino supera a resistência inicial às letras e à leitura. É, espantosamente, o pai que o auxilia, fazendo-o iniciar a leitura de um romance e explicando-lhe o que o filho não havia compreendido: "Traduziu-me em linguagem de cozinha diversas expressões literárias. (...) E uma luzinha quase imperceptível surgia longe, apagava-se, ressurgia, vacilante, nas trevas do meu espírito" (Ramos, 1981, p. 201). A partir daí, o menino toma gosto pelos livros. Se o pai protagoniza com a criança a "cena de leitura"[4] sempre presente na autobiografia dos escritores, o "guia" e mentor da criança é o tabelião Jerônimo Barreto, que lhe franqueia a sua biblioteca. Esgotando essa biblioteca em poucos meses, o menino tem sua vida modificada. Além de mudar hábitos e linguagem, ele passa a "viver literatura", deixando que esta invada as lições insossas da escola e o seu próprio cotidiano infantil:

4. Sylvia Molloy (2004).

"Conheci desse jeito várias cidades, vivi nelas, enquanto os pequenos em redor se esgoelavam, num barulho de feira" (Ramos, 1981, p. 224); "A existência comum se distanciava e deformava; conhecidos e transeuntes ganhavam caracteres das personagens do folhetim" (p. 225). A leitura faz nascer um aluno crítico, imaginoso e irônico, assim como uma criança que já não se deixa aniquilar pela opinião dos outros a seu respeito:

> Minha mãe, Jovino Xavier [o professor] e os caixeiros evaporavam-se. A única pessoa real e próxima era Jerônimo Barreto, que me fornecia a provisão de sonhos, me falava na poeira de Ajácio, no trono de S. Luís, em Robespierre, em Marat. (Ramos, 1981, p. 226)

Outras descobertas e conquistas da criança são assinaladas pelo autobiógrafo, que encerra o seu relato com a iniciação sexual do adolescente, antecedida pela inquietação provocada pelas transformações em seu corpo, dividido entre o prazer e a culpa. Transposto o ritual de passagem, o menino, que escondera – por causa de suas indecências – o romance *O cortiço*, restitui o livro à convivência dos outros, passando à leitura das novelas russas.

Deste modo, ao compor a sua "ficção da infância", o escritor Graciliano Ramos escolhe o que se pode chamar de um "realismo" confessional, áspero e crítico. Com tal "realismo", o autor delineia uma criança que tem uma curiosidade e um desejo de compreender e de conhecer que se veem cerceados, inicialmente, tanto pela família quanto pela escola. Ao modelar o passado à luz do presente, o escritor alagoano (re)inventa uma criança que começa a exercitar a autoconfiança ao aprender a manusear as palavras e ao iniciar-se no universo da leitura e da escrita. É com ela – a palavra – que o menino enfrenta a dureza das relações afetivas familiares e o cerceamento de sua avidez por respostas e pelo conhecimento.

E a criança posta em cena por José Lins do Rego? Que experiências ela vivencia? Como a representa o "romancista da decadência" (Candido, 2004, p. 57)? Com que espécie de confessionalismo? O próprio autor, no Prefácio, norteia a nossa leitura:

> Chamei de verdes anos os tempos da minha primeira infância. E em livros de memórias procurei reter tudo o que ainda me resta daquela "aurora" que para o poeta Casimiro fora a das saudades, dos campos floridos, das borboletas azuis. Em meu caso, as borboletas estiveram misturadas a tormentos de saúde, à ausência de mãe, a destemperos de sexo. [...]. A vida idílica se desviava em caminhos espinhentos. (Rego, 1997, p. 3)

Com efeito, o livro *Meus verdes anos* organiza-se em torno de três eixos, ou três motivos dramáticos, indicados no Prefácio e fortemente articulados no texto: a morte da mãe, o suplício da asma e a visão angustiosa do sexo. O primeiro eixo – morte e perda – abre as memórias, constituindo o que o narrador elege como sua lembrança mais remota:

> Tanto me contaram a história que ela se transformou na primeira recordação da infância. Revejo ainda hoje a minha mãe deitada na cama branca, a sua fisionomia de olhos compridos, o quarto cheio de gente e uma voz sumida que dizia:
> – Maria, deixa ele engatinhar para eu ver.
> Pus-me a engatinhar pelo chão de tijolo e a minha mãe sorria e eu ouvia o choro convulso da minha tia e uma voz grossa:
> – Ela está morrendo. (Rego, 1997, p. 5)

Privilegiando a memória das sensações, a cena transcrita acima assinala a permanência dessas sensações no corpo do escritor, estratégia recorrente em *Meus verdes anos* e que se ajusta à perspectiva adotada pelo narrador em grande parte do relato: a de quem revisita o passado "com os olhos da infância" (Rego, 1997, p. 8). Desta forma, ao reconstituir/inventar a infância, o autor ficcionaliza a criança que foi e o modo como esta sentia as situações e as pessoas que a cercavam. A perspectiva infantil, entretanto, não suprime a interferência do autobiógrafo, que, no presente da escrita, seleciona e hierarquiza suas lembranças. O aparecimento da asma, por exemplo, é apresentado como o efeito de uma experiência traumática, assim introduzida pelo narrador: "A minha memória se apaga para se acender outra vez com um episódio que quase não sei explicar" (Rego, 1997, p. 6). Esse episódio é a encenação da Paixão de Cristo. Depois de descrever as dramáticas cenas testemunhadas pelo menino – que não percebe se tratar de uma teatralização –, o narrador registra, mesclando as impressões da criança e a "compreensão" do adulto:

> Quis correr do lugar e não pude. As minhas pernas estavam enfiadas no chão. [...]. Sei que [...] perdi a fala. [...] A cara do homem ensanguentado e os gritos da mãe em agonia me ficaram para sempre. [...] Foi neste dia que me apareceu o puxado que foi a desgraça da minha vida de menino. (Rego, 1997, p. 7)

Após destacar, nos primeiros capítulos, a morte e a doença, o narrador inicia a evocação da vida no engenho: o avô, a casa-grande, as "negras", a moagem da cana, a destilação. Nessa (re)composição do cenário da infância, o memorialista enfatiza as cores, os sons e os cheiros, sugerindo que era com o corpo que o menino absorvia e vivenciava o cotidiano do engenho:

> Aos poucos foi o engenho criando para mim uma fisionomia mais natural. Já o via nas manhãs com os canários cantando na gameleira grande. E nos tempos de safra o apito nos acordava pela madrugada. [...] Vinham chiando os carros de boi carregados de cana madura, os burros de cambitos atochados. E a fumaça subia para o céu. [...]
> O cheiro do mel espalhava-se com a fumaça; adoçava tudo. O vaivém da moagem me absorvia. Punha-me a olhar o caldo que descia para o paiol, as tachas a ferver, o grosso mel batido pelas caçambas para o ponto final. (Rego, 1997, p. 23)

Além de privilegiar essa memória sensorial, o narrador, ao ficcionalizar sua meninice, dá ao relato a feição da espontaneidade, como se a escrita se fizesse ao sabor das reminiscências, umas justapondo-se às outras. Deste modo, o memorialista adota uma espécie de "realismo" espontâneo e sensível, com o qual reconstitui e "documenta" a vida nos engenhos nordestinos, como na citação acima. À medida que a narrativa avança, os extensos painéis coloridos da vida no engenho são substituídos por episódios protagonizados pelo menino: amores, viagens, o despertar para o sexo, o difícil aprendizado da leitura. Nesses episódios, aqueles três eixos se repetem e se articulam, não apenas entre si, mas com outras evocações significativas dos seus "verdes anos", assinalando a formação do "menino de engenho".

A morte, a asma e os "destemperos do sexo" continuam a imprimir suas marcas nas passagens que evocam o período em que o protagonista passa a viver na vila do Pilar, com a tia e o marido. Ali, o menino entra em contato com um mundo diferente daquele painel "harmonioso" que vivenciara no engenho: além de ver o sofrimento dos homens presos na cadeia, situada perto da casa em que residia, ele testemunha os maus tratos praticados pela tia – pela primeira vez caracterizada com a fúria e as vontades de "senhora de escravos" –, contra Virgínia, a criada:

> [Virgínia] Ficava indiferente aos gritos da minha tia e, quando as lapadas do espanador cobriam-lhe o corpo, só fazia chorar, mas chorar como um animal, passiva, sem uma chama de revolta. Os gritos da tia Naninha escutavam-se do outro lado da rua, enchendo a vila de violência. (Rego, 1997, p. 113)

O menino encontra conforto para a tristeza do Pilar na companhia de José Joaquim, um jovem de 14 anos, paupérrimo, empregado da casa da tia. É ele quem começa "a lhe falar do mundo": da fome, da miséria, das diferenças entre ricos e pobres, aumentando a fissura na visão positiva da existência que a criança trouxera do engenho. José Joaquim tem de seu apenas um canário, que deixa para o amigo, quando foge do Pilar. O canário também foge. E o autor encerra o seu relato com a analogia entre o canário e a sua infância, que o memorialista "em vão procura reter".

Desta forma, nas memórias de infância elaboradas por José Lins do Rego, a dicção espontânea do relato e a perspectiva infantil integram uma modalidade de confessionalismo que é ao mesmo tempo sombrio – ao privilegiar as perdas, a doença, o abandono do menino – e nostálgico – ao desenhar um tempo em que a criança acreditava que o mundo se limitava ao engenho do avô, figura poderosa e, de algum modo, protetora – do menino e de todos. Tais estratégias confessionais neutralizam a consciência crítica do autor, possibilitando-lhe recompor, em tom saudoso, a paisagem do Engenho, o mítico avô, as escravas e suas histórias – um mundo que se desagregara, mas que se conserva vivo no corpo e na escrita do autor.

Também Miguel Sanches Neto, em *Chove sobre minha infância*, representa a sua meninice com os traços da fragilidade e do isolamento, a que se acrescenta a inadequação a um ambiente familiar e social hostil. Se a perda do pai, aos quatro anos, aproxima-o do sentimento de orfandade do protagonista de *Meus verdes anos* –

> Guardei somente estas três imagens dos meus anos antes da orfandade, imagens que embora mínimas, dizem tudo: a alegria solitária da escrita, a descoberta do sexo e da morte (Neto, 2000, p. 15) –,

a rudeza e a austeridade do padrasto fazem lembrar o núcleo familiar de *Infância*:

> O pai [o padrasto] chega quando o machado está longe, pega o cordão do ferro de passar roupa e me bate nas pernas. Depois me leva pro quintal e ordena você vai ter que fazer outro carrinho igual ao que destruiu. Pra você saber o quanto é difícil fazer as coisas. (Neto, 2000, p. 103-4)

De modo semelhante à criança desenhada por Graciliano – que não encontra na família o estímulo à sua curiosidade e ao seu desejo de desvendar o mundo –, o menino Miguel enfrenta a violenta oposição do padrasto ao seu gosto pelos estudos e pelos livros:

> Eu ainda não estava indo à escola, mas havia aprendido a ler e a escrever alguma coisa. Tinha uma caixa cheia de cadernos com minhas lições. A mãe, sem esconder o orgulho, contava pra todo mundo os meus progressos. Eu, correndo, tirava de debaixo da cama a caixa e mostrava pra visita os trabalhos. Também mostrei pro Sebastião [o padrasto], que folheou os cadernos sem dar muita importância, me perguntando se eu sabia fazer continhas. [...]. Você tem que aprender, [...]. É mais importante saber fazer conta do que ler. (Neto, 2000, p. 75)

E, ainda como em *Infância*, o escritor paranaense concede à leitura e à escrita um papel fundamental em sua formação, ambos os exercícios possibilitando-lhe o enfrentamento e a superação dos obstáculos e do desconforto que o acompanham até a adolescência:

> Com o livro que a professora me emprestou posso agora encher as horas que gastava lutando contra o colégio que queria tornar-me técnico agrícola. [...] Estou andando com *Fogo morto* na mão, já li uma boa parte. É hora de fazer uma ronda pelo colégio, respirar a brisa fresca e entrar purificado no alojamento. [...] As aulas de português me livram do colégio. Ao ler um texto qualquer, deixo tudo pra trás e entro num outro tempo, num outro mundo como se eu não fizesse parte dessa realidade pobre de um internato onde nos preparamos para uma profissãozinha ordinária. (Neto, 2000, p. 154-6)

Romancista – e autobiógrafo – contemporâneo, Miguel Sanches Neto incorpora a *Chove sobre minha infância* uma variedade de elementos que lhe acentuam o aspecto híbrido, comum às escritas de si na atualidade. Assim, embora seja evidente a identidade de nome entre o autor, o narrador e o protagonista – traço indispensável do pacto autobiográfico definido por Philippe Lejeune (2008, p. 14) –, o livro se apresenta, em sua capa, como um romance, propondo ao leitor um pacto romanesco. Entretanto, a identificação entre o autor e o narrador-protagonista é clara e direta, mantendo este último o nome e o sobrenome da família. Faz parte da obra, inclusive, uma série de páginas com fotografias familiares, identificadas e comentadas de acordo com os episódios narrados no romance.

Quanto à perspectiva do narrador, ora este procura ficcionalizar as impressões e sensações do menino, fazendo uso, inclusive, do verbo no presente:

> A minha mão está doendo, só que sinto prazer. Descubro como cansa escrever, é mais difícil do que tirar água do poço, varrer a casa ou limpar o quintal. E no entanto é gostoso, porque a gente fica vendo o papel com aquelas letras como se estivesse olhando o próprio rosto no espelho. (Neto, 2000, p. 41)

Ora a perspectiva é a do narrador no presente da escrita, como no capítulo cujo sugestivo título é "Intromissões do narrador adulto":

> Da boca para fora, *pai*. Mas no íntimo, a palavra apropriada era *padrasto*, com tudo que há de ódio nela. [...] Se fosse possível, ele racionaria o ar que eu respirava. Na ânsia de ficar rico e enriquecer a família dele, não dava nem um centavo para nós, embora comprasse as coisas para dentro de casa. [...] Se ele tinha começado a trabalhar com sete anos, por que eu não podia, aos dez, arranjar alguma coisa? [...]
> Todo o meu desafio era inventar um caminho paralelo, porque, no caminho em que estava meu pai, eu sempre seria vencido. Tenho consciência disso apenas agora, quando olho para o passado. (Neto, 2000, p. 93-4)

Se a dupla perspectiva do narrador não é uma novidade no relato memorialístico, o mesmo não se pode dizer de um instigante recurso posto em prática pelo escritor paranaense: a presença, em seu texto, de outras vozes narrativas – em geral, de alguns membros da família –, que apresentam diferentes versões de acontecimentos e personagens, contrapondo-se, por vezes, à leitura do passado e da infância elaborada pelo narrador. Um exemplo significativo desse procedimento é a carta que a irmã envia ao narrador-protagonista, na qual ela propõe um outro perfil do padrasto, relativizando a figuração deste relevante personagem, até ali desenhado com tintas um tanto carregadas e sombrias:

> O pai [o padrasto] sai de uma família de vários filhos, não recebe nenhum apoio, muito pelo contrário, ajuda na criação dos irmãos. A vida inteira trabalhando, se jogando de corpo inteiro no serviço, até hoje, quando não precisa, acreditando sempre que com esforço não há dificuldade que não se vença. [...] Quando ele tentava te arrastar para o mundo dele era uma forma de te amar, de te ensinar o que ele sabia. É claro que ele não tinha jeito, [...]. Só que não

dá para dizer que ele queria o teu mal, desejava apenas te chamar para a realidade. (Neto, 2000, p. 247)

Assim, em *Chove sobre minha infância*, a pluralidade de vozes – que poderíamos caracterizar como uma espécie de "realismo" polifônico – afasta a obra de uma visão unívoca do passado e da infância. Considerando que Miguel Sanches Neto não era um autor conhecido na época da publicação do "romance" (este foi a sua estreia na literatura), é provável que a recepção da obra tenha privilegiado o seu caráter ficcional. Sob esse viés de leitura, a obra apresenta-se como uma saga familiar, ao mesmo tempo em que compõe um relato "com forte poder de catarse para o narrador-personagem, que encontra na leitura e na escrita um caminho de (...) fuga da realidade dura e de conquista da sua identidade" (Duarte, 2012, p. 34).

Apesar de seu hibridismo e da relativização, na própria obra, da versão da infância que ela propõe, *Chove sobre minha infância* dá continuidade, enriquecendo-a, a uma vertente memorialística em que a meninice percorre "caminhos espinhentos", marcados por perdas e frustrações, incompreensão e inadequação. Vertente em que os protagonistas – por meio de diferentes modalidades de realismo confessional e sob as lentes dos renomados escritores que, no presente, reavaliam o seu percurso – se salvam pela palavra, pela leitura, pela escrita.

Antes de desviar os olhos desses "meninos" sofridos que se salvam pela literatura, não posso deixar de lembrar o também curioso menino do mencionado livro *Nu, de botas*, que dá à nossa tradição autobiográfica um frescor e uma comicidade que a renovam, acrescentando a essa tradição – revisitada e reverenciada pelo jovem escritor, sem dúvida – criativas estratégias confessionais. Fica o convite à (re)leitura das consagradas memórias de infância de nossos modernistas e das inventivas memórias publicadas mais recentemente.

REFERÊNCIAS

CANDIDO, Antonio. *Ficção e confissão*. Ensaios sobre Graciliano Ramos. Rio de Janeiro: Ed. 34, 1992.

______. *Brigada ligeira*. 3ª ed revista pelo autor. Rio de Janeiro: Ouro sobre Azul, 2004.

DUARTE, Maria José Gomes. *A ficcionalização da infância e as figurações do eu em* Infância, *de Graciliano Ramos, e em* Chove sobre minha infância, *de Miguel Sanches Neto: um estudo comparativo*. Monografia apresentada ao Curso de Pós-Graduação *lato sensu* em Literatura Brasileira do Instituto de Letras da UERJ. Rio de Janeiro, 2012.

LEJEUNE, Philippe. "O pacto autobiográfico". In: *O pacto autobiográfico*. De Rousseau à Internet. Organização de Jovita M. G. Noronha. Belo Horizonte: Editora UFMG, 2008, p. 13-47.

MENDES, Murilo. *A idade do serrote*. Rio de Janeiro: Record, 2003.

MIRANDA, Wander M. *Graciliano Ramos*. São Paulo: Publifolha, 2004.

MOLLOY, Sylvia. *Vale o escrito*. A escrita autobiográfica na América Hispânica. Chapecó: Argos, 2004.

NETO, Miguel Sanches. *Chove sobre minha infância*. Rio de Janeiro: Record, 2000.

PRATA, Antonio. *Nu, de botas*. São Paulo: Companhia das Letras, 2013.

RAMOS, Graciliano. *Infância*. Rio de Janeiro: Record, 1981.

RAMOS, Ricardo. *Graciliano*: retrato fragmentado. São Paulo: Siciliano, 1992.

REGO, José Lins do. *Meus verdes anos*. Memórias. Rio de Janeiro: José Olympio, 1997.

TAUNAY, Visconde de. *Memórias*. Edição preparada por Sergio Medeiros. São Paulo: Iluminuras, 2005.

ZAGURY, Eliane. *A escrita do eu*. Rio de Janeiro: Civilização Brasileira; Brasília: INL, 1982.

FATO/FICÇÃO/CONFISSÃO:
fronteiras porosas na obra de Lima Barreto

Fátima Maria de Oliveira

"[...] *me acredito sincero. Sê-lo-ei? Às vezes, penso ser; noutras vezes, não.*"
Lima Barreto. *Diário íntimo*, 1908

"*Entre o escritor, o narrador e os personagens, entre o artista e sua instalação, entre o ser humano e sua tela, uma fronteira porosa, um jogo, uma descontinuidade, uma passagerm perigosa.*"
Régine Robin. *Le golem de l'écriture*, 1997

A recepção crítica da obra do escritor Afonso Henriques de Lima Barreto (1881-1922) ficou, durante bastante tempo, marcada pela tese de que seus textos eram espaço de confissão de mágoas, desgostos, ressentimentos e nostalgias. Segundo esses leitores, sua escrita traz marcas muito diretas das dificuldades e dores de sua vida pessoal, atribuídas, em grande parte, ao fato de ser descendente de negros e autodeclarar-se mulato. O valor literário do autor era silenciado, enquanto era posta em evidência sua capacidade imbatível de dar a ver os fatos históricos e analisá-los do ponto de vista das classes subalternas; de retratar, de modo simples e direto, as contradições e a violência do sistema republicano, que marginalizava pobres e protegia os bem-nascidos e "apadrinhados"; e de ser um excelente memorialista da cidade do Rio, onde nasceu, e por onde circulava do centro aos subúrbios, do centro à zona sul, a pé, de trem, de bonde, recolhendo os mínimos detalhes das mudanças e reformas por que ela passava, além de desentranhar, de sua topografia e do aspecto de sua gente, os acontecimentos históricos de sua ocupação e formação.

O autor já era conhecido por seus artigos e crônicas, nos meios jornalísticos da capital do país, quando publica seu primeiro romance, em 1909, *Recordações do escrivão Isaías Caminha*. Capítulos do livro já haviam sido estampados na revista *Floreal*, em 1907. Esse romance traça um amplo painel da capital que se modernizava velozmente, mas também dá a ver, por meio do recurso da caricatura, o clima de vaidade e subserviência, paternalista e oligárquico, vivido nos bastidores da imprensa e nos círculos literários da *Belle Époque* carioca. O narrador e também personagem principal do romance é um jovem mulato, bem sucedido nos primeiros anos de estudos, cujo pai era branco e a mãe, negra. A história busca retratar as dificuldades e reflexões do jovem interiorano, migrante, para se estabelecer na capital, onde chega com o propósito de conseguir um emprego, continuar a estudar e se tornar doutor.

> Ah! Seria doutor! Resgataria o pecado original do meu nascimento humilde, amaciaria o suplício premente, cruciante e omnímodo de minha cor... Nas dobras do pergaminho da carta, traria presa a consideração de toda a gente. Seguro do respeito à minha majestade de homem, andaria com ela mais firme pela vida em fora. Não titubearia, não hesitaria, livremente poderia falar, dizer bem alto os pensamentos que se estorciam no meu cérebro.
> O flanco, que a minha pessoa, na batalha da vida, oferecia logo aos ataques dos bons e dos maus, ficaria mascarado, disfarçado... (Barreto, 1961a, p. 53-4)

O "pecado original" de Isaías também atingia Lima Barreto, pois ambos eram negros. Isaías não consegue o título de doutor e Lima Barreto também desiste de consegui-lo, quando dificuldades econômicas, entre outras circunstâncias adversas, não lhe permitiram alcançar o "pergaminho da carta", apesar de ter completado com sucesso os estudos preparatórios e ingressado na Escola Politécnica. O diploma de curso superior, segundo o personagem Isaías, valeria por um título de alforria, capaz de fazê-lo adquirir a liberdade e torná-lo senhor de seu próprio discurso. No entanto, o momento histórico ainda não permitia essa autonomia aos negros e mestiços. O título de doutor poderia, quando muito, funcionar como uma máscara, um disfarce, cuja eficácia dependeria da capacidade dos negros de se deixarem cooptar ou se sujeitarem à prática de favores remanescente da ordem imperial e mantida na ordem republicana, recentemente instituída no país.

A declaração do personagem Isaías sobre o "suplício premente, cruciante e omnímodo de sua cor" aproxima-o das condições de existência de seu criador e, a partir daí, entre outras possíveis semelhanças, a condição de romance autobiográfico com vastos aspectos confessionais se estabelece.

Isaías Caminha, por ocasião de seu lançamento, não recebeu atenção da crítica autorizada e respeitada, atuante na imprensa da capital, à época. Tratava-se de um silêncio tácito, que é compreensível, se considerarmos que o autor atacava justamente os atores desse espaço intelectual. A fictícia redação do jornal *O Globo*, onde Isaías conseguira o emprego de contínuo, caricaturava o comportamento dos jornalistas de forma tão direta no romance, que não foi difícil, ao meio intelectual da época, identificar referências pessoais e aproximar o jornal fictício do prestigiado *Correio da Manhã*, no qual Lima Barreto chegou a trabalhar por um breve período. Lima ressente-se desse silêncio que pesou sobre o seu livro e recebe unicamente em resposta ao envio de um volume do *Recordações*, uma carta de José Veríssimo (1857-1916), cujo juízo crítico emitido encontrará coro em outros leitores contemporâneos e futuros.

A carta de José Veríssimo, inédita até 1952, quando foi pela primeira vez publicada no volume *A vida de Lima Barreto*, de Francisco de Assis Barbosa, já apontava um "excessivo personalismo" nesse livro inaugural da carreira literária de Lima. O missivista começa por cordialmente felicitá-lo pela publicação, assinala o talento do autor, para, em seguida, apontar-lhe os senões do livro: "muitas imperfeições de composição, de linguagem, de estilo"; e completa o seu julgamento sobre um aspecto, por ele considerado prejudicial ao bom acabamento da escrita literária:

> Há nele, porém, um defeito grave, julgo-o ao menos, para o qual chamo a sua atenção, o seu excessivo personalismo. É pessoalíssimo, e, o que é pior, sente-se demais que o é. Perdoe-me o pedantismo, mas a arte, a arte que o senhor tem capacidade para fazer, é representação, é síntese, é, mesmo realista, idealização. Não há um só fato literário que me desminta. A cópia, a reprodução, mais ou menos exata, mais ou menos caricatural, mas que se não chega a fazer a síntese de tipos, situações, estados d'alma, a fotografia literária da vida, pode agradar à malícia dos contemporâneos que põem um nome sobre cada pseudônimo, mas, escapando à posteridade, não a interessando, fazem efêmero e ocasional o valor das obras.
>
> Eu que isto lhe digo, eu mesmo me deliciei, com a sua exata pintura da nossa vida jornalística e literária, mas não dou por boa a emoção que ela me causou. A sua amargura, legítima, sincera, respeitável, como todo nobre sentimento, ressumbra demais no seu livro, tendo-lhe faltado a arte de a esconder quanto

talvez a arte o exija. E seria mais altivo não a mostrar tanto. Demais, e é pior, ela se exprime frequentemente numa forma muito direta, sem as atenuações e os matizes, que porventura lhe dariam mais relevo, mais sainete à expressão. (Barreto, 1961b, p. 204-205)

Esse trecho da carta é revelador no que diz respeito às expectativas de críticos consagrados como José Veríssimo, cuja formação e atuação remontam ao século XIX, sobre a dose de idealização exigida da arte, mesmo realista. Lima Barreto teria, no entender do crítico, se restringido à "fotografia literária da vida" e aberto mão de certa altivez com que escondesse sua legítima amargura de ser negro e não ter as mesmas oportunidades dos brancos. O modelo de Veríssimo, para esse reparo que faz a Lima, é, sem dúvida, Machado de Assis, a quem dedicou um capítulo em sua *História da Literatura Brasileira, de Bento Teixeira (1601) a Machado de Assis (1908)*, sem mencionar, em nenhum momento, a origem racial do escritor. Amigo e admirador de Machado e de sua literatura, Veríssimo teve a cautela de não assinalá-lo com essa marca à flor da pele, em um possível reconhecimento e respeito à altivez do autor de *Brás Cubas* para vencer o preconceito e escrever seus livros sob o signo da ambiguidade e com eles obter sucesso intelectual e artístico.

A concepção de arte realista de Veríssimo e os clássicos critérios de bom senso e bom gosto por que se pautava não lhe permitiram vislumbrar, na obra do jovem autor, renovados e singulares matizes de expressão realista. Lima Barreto colocava em questão, na literatura brasileira daquela primeira década do século passado, de forma direta, sem atenuações de matriz idealizante, o corpo negro, banido do Romantismo; tratado com aguda sutileza ambígua no Realismo de Machado de Assis; e detalhado em seus aspectos anatômicos, patológicos e sexuais pelo Naturalismo. Além disso, o romance de Lima trazia, para a narrativa brasileira das primeiras décadas do século XX, marcada pela retórica e pelo amaneiramento parnasiano de Coelho Neto e pelas amenidades de outros autores de menor projeção, novidades estéticas, tachadas de imperfeições, desequilíbrios e defeitos nos modos de narrar, que não se encaixavam no "horizonte de expectativas" da época. A revisão da fortuna crítica da obra de Lima Barreto, feita por Carlos Nelson Coutinho por ocasião do cinquentenário da morte do autor, ocorrido em 1972, leva-o a afirmar que

> [...] a criação de um novo realismo, adequado aos novos tempos [Primeira República], não podia se fazer a partir de Machado, mas implicava a necessidade de um rompimento com a sua herança. Mais corretamente: o desenvolvimento da herança realista de Machado requeria paradoxalmente, o completo abandono de sua temática, de seu estilo e de sua visão do mundo. A nova realidade impunha um estilo menos sereno, menos 'equilibrado', no qual as preocupações 'artísticas' não podiam ocupar o lugar dominante. [...] O aguçamento das contradições sociais tornaria impossível a íntima fusão de beleza e verdade, de serenidade e realismo, que caracterizava o classicismo de Machado. (Coutinho, 1974, p. 15)

De fato, Lima Barreto irá romper com o equilíbrio da expressão realista ao introduzir e valorizar na literatura, entre outros recursos, por exemplo, o efeito estético da *repetição*, explorado nas formas populares e seriadas de narrativa, tão ao gosto do leitor comum. Silviano Santiago é quem aponta essa qualidade popular do texto de Lima Barreto, quando comparado com Machado de Assis ou com os modernistas: "a posição isolada e intrigante de Lima Barreto explica-se pelo fato de ter ele assumido uma *estética popular* numa literatura como a brasileira, em que os critérios de legitimacão do produto ficcional foram sempre os dados pela leitura erudita" (Santiago, 1982, p. 164). A escrita de Lima não tem compromisso com o bem-feito e o bem-acabado. Não lhe interessa a beleza "oca", sem um fim útil, nem pensamentos "profundos" sem ressonância humana, política e social, ele escreve, enfim, "como quem nega a face da iniquidade na literatura e por isso quer mostrar o real desmascarado" (Candido, 1987, p. 41).

A escolha de *Isaías Caminha* como primeiro livro impresso é justificada, por Lima Barreto, em uma carta enviada ao jornalista e magistrado Esmaragdo de Freitas, em agradecimento ao artigo sobre o livro publicado na imprensa do Recife. A carta é de 15 de outubro de 1911 e, por meio dela, Lima Barreto aborda o preconceito racial e destaca o seu desejo de escandalizar o meio literário do qual se sentia preterido e ao qual se sentia no pleno direito de pertencer devido à sua formação de intelectual autodidata, participante dos debates culturais, mas também por ter sido aluno, durante cinco anos, da prestigiada Escola Politécnica, antes de abandonar o curso de engenharia. Eis um trecho da carta:

> Compreenda, meu caro senhor Esmaragdo, que, dada a minha obscuridade nativa e também (para que não dizer) a minha cor, se o meu livro não fosse

capaz dele mesmo romper caminho, não seriam os nossos amigos dos jornais que haviam de ajudá-lo a fazer. Arriscava-me a passar sem ser notado, desanimar, portanto, e ir fazer companhia ao rol dos incapazes de raças que a nossa antropologia oficiosa já decretou.

O meu fim foi fazer ver que um rapaz nas condições do Isaías, como todas as disposições, pode falhar, não em virtude de suas qualidades intrínsecas, mas, batido, esmagado, prensado pelo preconceito com o seu cortejo, que é, creio, cousa fora dele. [...] Se lá pus certas figuras e o jornal, foi para escandalizar e provocar a atenção para a minha brochura. Não sei se o processo é decente, mas foi aquele que me surgiu para lutar contra a indiferença, a má vontade dos nossos mandarins literários. [...] por último, lhe adianto que sou bem mulato, sem disfarce, claramente e à vista de todos.

Há uma outra cousa no seu artigo que eu queria falar longamente: é sobre o casamento de Isaías. Ele se casou com uma rapariga branca, como o senhor supôs. Aceito e explico por diversos motivos: a) para que os filhos saíssem mais brancos que ele; b) porque, devido a causas sociais, os pais não se esmeram na educação das raparigas de cor, e não encontrou uma na altura de sua delicadeza. (Barreto, 1961b, p. 238-39)

Ao publicar um livro em que o personagem, assim como o escritor, era negro, Lima Barreto passava a ser interpretado como o duplo de Isaías. É esse viés autobiográfico que irá vingar e perdurar, ainda que seu propósito fosse, além de mostrar a exclusão racial no contexto republicano, também provocar e escandalizar aqueles por ele tratados pejorativamente de mandarins das letras e seguir os preceitos realistas de seus mestres Taine e Brunetière, segundo os quais a "obra d'arte tem por fim dizer aquilo que os simples fatos não dizem" (Barreto, 1961a, p. 42). Se o fato de negros e pobres continuarem a ser excluídos e tratados com violência não era considerado política nem socialmente, a obra de arte tinha o dever de assumir um aspecto empenhado e tornar tal fato mais visível. Todavia, Lima não se contenta apenas em trazer para a literatura novos fatos, novos conteúdos, novos olhares sobre o social e o histórico, mas faz também, principalmente, a opção pela radicalidade de uma estética nada usual para os parâmetros críticos consagrados e, portanto, arrisca-se a ser mal compreendido.

Ao se afirmar como "bem mulato, sem disfarce, claramente e à vista de todos", Lima Barreto procura colocar em cena o corpo negro, cuja antropologia "oficiosa" e oficial do século XIX decretou obsceno, ao lhe atribuir a marca de inferioridade orgânica e intelectual, em relação à suposta superioridade dos brancos. Daí, a insistência de Lima Barreto em se fazer notar, em impor, na cena literária, seu corpo negro e sua obra cheia de supostas imperfeições, valendo-se de um romance "propositalmente mal feito, brutal, por vezes" (Barreto, 1961b, p. 169) pela ousadia dos ataques violentos aos mandarins do jornalismo e das letras, satirizados e cruelmente caricaturados como profissionais do fictício jornal *O Globo*.

A maior parcela da produção intelectual da Velha República era absorvida pelo jornalismo. A grande imprensa constituía a principal instância de dinamização cultural da época e a ela cabia fornecer a fatia mais generosa de gratificações e posições intelectuais. O *Jornal do Comércio*, o *Correio da Manhã*, a *Gazeta de Notícias* e *O País*, para citar os principais, pagavam bem pela colaboração literária e tinham nos seus quadros escritores e críticos afamados, como Olavo Bilac, Coelho Neto, José Veríssimo, Medeiros e Albuquerque e Tobias Barreto.

Os jornais de maior circulação entre as camadas burguesas da populacão explicitam, em seus editoriais e artigos de fundo, em suas notas elogiosas e biográficas, grandes figuras da oligarquia, um estreito vínculo com o trabalho de sustentação e celebração desse grupo (Micelli, 1997, p. 73). Os escritores, colaboradores da grande imprensa, à época, atendiam aos interesses políticos do jornal para o qual escreviam. O êxito alcançado por meio da habilidade de suas penas em adaptarem-se aos objetivos ideológicos do jornal rendiam-lhes melhores salários, sinecuras burocráticas e favores diversos. Ao optar por afrontar o meio literário estabelecido com a ridicularização, em *Isaías*, desses comportamentos consagrados na grande imprensa da Velha República, Lima Barreto terá de abrir mão do desejo de ser reconhecido e prestigiado nesses espaços legitimados de poder e fazer a opção por um (dis)curso mais solitário e independente, sem abandonar a disposição de enfrentamento político e estético, que proporcionará ao autor a criação de uma obra polifônica, conceito bakhtiniano bastante adequado para a interpretação renovada do discurso limabarretiano, distanciando-o, assim, do apelo biografista.

A natureza autobiográfica também é creditada ao último romance de Lima Barreto, publicado em vida, *Vida e Morte de M. J. Gonzaga de Sá*, 1919. O crítico literário e também jornalista Astrojildo Pereira (1890-1965), em artigo originalmente publicado na *Revista do Brasil*, em 1941, enquadrou o autor na categoria dos romancistas que "mais se confessam, isto é, daqueles que menos se escondem e menos se dissimulam" (Pereira, 1997, p. 465). Na realização de seu intento autobiográfico, Lima oscilaria, segundo Astrojildo Pereira (1997, p. 465), "entre um mínimo de disfarce e, às vezes, até sem disfarce algum". Isso seria observado, sobretudo, no *Gonzaga de Sá*, em cujas páginas "o romancista vai exprimindo os seus próprios pensamentos e sentimentos, servindo-se para tanto ora da pena do suposto biógrafo Machado, ora da boca do suposto biografado Gonzaga" (Pereira, 1997, p. 465-466). Em abono de sua tese, o crítico passa a enumerar e comentar as semelhanças entre o personagem Gonzaga de Sá e o próprio Lima: ambos morreram celibatários, eram introspectivos, simpatizavam com os tristes e humilhados e nutriam muito amor pela cidade onde nasceram, dedicando-se a manter viva sua memória. Astrojildo Pereira coteja trechos do *Gonzaga de Sá* com fatos da vida pessoal e intelectual de Lima Barreto, acentuando-lhe a perspectiva memorialística e autobiográfica. Como se buscasse a credibilidade e a cumplicidade total do leitor de seu artigo para a tese nele desenvolvida, Astrojildo Pereira chega ao ponto de apresentar-se como testemunha do porte físico de Lima Barreto, de quem foi contemporâneo, para confirmar a semelhança de Lima com a descrição que é feita de Isaías no *Recordações*. O trecho remete ao "sentimento de humilhação social", ao complexo de inferioridade, que, segundo suas palavras, "acompanhará o escritor a vida inteira, perseguindo-o como uma obsessão" (Pereira, 1997, p. 469). O crítico assinala, em Isaías, a dor motivada por esse desdém social, ainda que o personagem não se visse nem como hediondo, nem como repugnante, e cita o seguinte fragmento do livro, em que Isaías traça seu retrato intelectual e físico:

> Os meus dezenove anos eram sábios e poupados, e o meu corpo regularmente talhado. Tinha os ombros largos e os membros ágeis e elásticos. As minhas mãos fidalgas, com dedos afilados e esguios, eram herança de minha mãe, que as tinha valentemente bonitas que se mantiveram assim, apesar do trabalho manual a que a sua condição a obrigava. (Pereira, 1997, p. 469)

Logo em seguida, o crítico comenta:

> Morrendo aos 41 anos, Lima Barreto conservou até o fim a mesma figura de mulato robusto desse auto-retrato dos 19 anos. E eu me recordo muito bem – pormenor de fácil observação para quem o conhecesse de vista – que as suas mãos eram realmente belas, embora mostrassem umas unhas sempre mais ou menos sujas. (Pereira, 1997, p. 469)

O depoimento de Astrojildo Pereira é um sintoma dessa sua busca pela verdade de Lima Barreto, em cuja obra acredita encontrar uma tela, na qual se registra a "vida" do autor. No final do artigo, reveste o "seu" Lima Barreto de uma aura de heroísmo ao se referir ao relaxamento boêmio de Lima, que se entregou ao alcoolismo e passou a se descuidar dos zelos pessoais com o corpo e com a vestimenta, apresentando-se, em público, de forma aviltante. Contrariando as declarações de Lima, em uma crônica publicada em *Impressões de leitura* (1961, p. 263), na qual dizia ironicamente ser sua *pose* e elegância o seu esbodegado vestuário, Astrojildo Pereira enxerga nesse comportamento desleixado uma "autoflagelação" em que havia "qualquer coisa de heroico – do heroico desespero de um homem que afronta e atravessa os abismos da própria degradação física, mantendo sempre intacta a dignidade da sua inteligência" (Pereira, 1997, p. 471).

Na esteira de Astrojildo Pereira irá seguir o historiador e jornalista Francisco de Assis Barbosa (1914-1991), que, ao escrever a biografia *A vida de Lima Barreto* e publicá-la em 1952, irá incluir o escritor carioca na categoria daqueles que "mais se confessam através de suas obras" (Barbosa, 1975, p. 12). Além de biógrafo, Assis Barbosa organizou, tendo como colaboradores Antônio Houaiss e M. Cavalcanti Proença, a publicação das obras de Lima Barreto em dezessete volumes, cuja primeira edição remonta ao ano de 1956 e a segunda, ao ano de 1961, ambas pela Editora Brasiliense. O primeiro volume das obras de Lima Barreto foi dedicado ao romance de estreia do escritor, *Recordações do escrivão Isaías Caminha* (1909), e tem seu prefácio assinado pelo próprio Assis Barbosa. O prefácio de *Isaías*, assinado pelo historiador, corrobora o aspecto confessional de Lima em seu *Recordações*, mas já destaca que, apesar de a condição de "mulato incompreendido e até certo ponto perseguido" (Barbosa, 1961a, p. 15) ter influenciado a obra de Lima, "isso não é tudo", e complementa: "há nela muito mais do que uma reação meramente instintiva, ditada por imposições orgânicas. É que está impregnada de um profundo sentimento humano e de uma admirável compreensão do fenômeno social" (Barbosa, 1961a, p. 15). A alteração de horizontes de leitura é reflexo de sua atividade de historiador, que vê na obra de Lima um amplo painel da história republicana; no entanto, ainda mantém o conceito abstrato e amplo de "profundo sentimento humano", eivado de psicologismo, que pouco acrescenta a uma recepção menos biográfica da obra do escritor carioca.

Francisco de Assis Barbosa, ainda no Prefácio de *Isaías Caminha*, irá demarcar a dificuldade dos leitores de Lima de estabelecerem fronteiras entre a ficção e a realidade, devido à opção por um modo de narrar em que a experiência pessoal e familiar não se afasta do tempo histórico de transição da cidade e do país:

> Escritor eminentemente memorialista, a ponto de se tornar difícil, senão impossível, delimitar em alguns de seus romances e contos as fronteiras da ficção e da realidade, ele anotou, registrou, fixou, comentou ou criticou todos os grandes acontecimentos da vida republicana. (Barbosa, 1961a, p. 15)

Essa impossibilidade acentua-se com a recuperação do que Assis Barbosa considerou o "mais rico veio para a coleta do material esparso da obra de Lima Barreto: o arquivo particular do romancista" (Barbosa, 1961a, p. 22). O desejo de ser fiel à memória de seu biografado, por quem nutre extremada admiração, apoia-se na pretensão de se aproximar da "verdade", da profundidade do eu de seu "personagem", por meio de seus escritos pessoais, íntimos. Segundo o biógrafo, "foi esse material - entre cartas, rascunhos, notas, originais inteiros escritos à mão - que [nos] revelou a verdadeira face da personalidade de Lima Barreto" (Barbosa, 1961a, p. 22). O dever do ofício de historiador levava o biógrafo a perseguir a quimera de uma "verdadeira face da personalidade" de um escritor, cuja obra se destaca pelo hibridismo de gêneros discursivos, de técnicas narrativas e de composição e por certo teor de inacabamento, no qual reside sua modernidade. Como organizador de seu "Diário Íntimo" (volume XIV das *Obras* de Lima Barreto), do "Diário do Hospício" (volume XV) e dos dois volumes da correspondência ativa e passiva (volumes XVI e XVII), Assis Barbosa acreditava, movido pela ilusão própria dos biógrafos, de ter completado o quebra-cabeça de vida e obra.

A vida de Lima Barreto, de Assis Barbosa, compõe-se do cruzamento de fontes documentais históricas, depoimentos de familiares e amigos do escritor, fotografias, citações de entrevistas com Lima, publicadas em jornais da época, cartas, fragmentos de memórias presentes em suas crônicas e artigos, longos trechos de seus romances, nos quais acreditava ouvir a voz do biografado, e trechos do diário íntimo e do diário do hospício. Assis Barbosa privilegiou a perspectiva biográfica para a leitura dos romances de Lima, estabelecendo uma relação indissociável entre a vida e a obra. Ao heroicizar o trabalho literário de Lima Barreto em função de sua posição social subalterna, Assis Barbosa se tornará também responsável pela construção de um imaginário sobre Lima, que fará longa carreira junto à intelectualidade dos anos de 1950 e seguintes. A carga ostensiva de sofrimento colocada em evidência na biografia abafa a ousadia e, até poderíamos dizer, a extravagância do escritor ao emprestar traços de sua original história pessoal para narrar situações, que não configuravam aspectos apenas individuais, mas coletivos.

Lima Barreto sentia-se desajustado em relação a sua condição de negro, porque recebera uma educação incomum para a população negra da época e cultivava valores culturais diferenciados, adquiridos na leitura de clássicos da literatura europeia. A República das Letras, a qual queria pertencer, era "branca", e, como não queria negar sua origem racial, o escritor tem a certeza de que precisa trilhar um caminho diferente, um caminho em diferença. É o que o leva a anotar, em 1905, no diário íntimo: "Eu tenho muita simpatia pela gente pobre do Brasil, especialmente pelos de cor, mas não me é possível transformar essa simpatia literária, artística, por assim dizer em vida comum com eles (...)" (Barreto, 1961c, p. 76). A pobreza e o preconceito racial são questões humanas e sociais de largo alcance e, portanto, o autor fará com esses temas projetos artísticos, literários, que se transformarão em romances, contos, ou apenas permanecerão em anotações pessoais, autobiográficas, em que se fundem problemas pessoais com problemas sociais, e dos quais sobressai uma forte carga criativa. O *Diário Íntimo,* conforme apontou Antonio Candido (1987), contém não apenas anotações de cunho meramente documental, mas "projetos de ficção, anotações breves, confissões e certos episódios de sua vida que são às vezes de grande interesse (...) [e] servem para mostrar até que ponto na sua obra o autobiográfico pode funcionar como inventado" (Candido, 1987, p. 44).

A obra de Lima é, por natureza, informe, fragmentária e embaralhada, como não poderia deixar de ser uma obra em que o autor não apenas se declarava "dado ao maravilhoso, ao fantástico, ao hipersensível", acrescentando: "nunca, por mais que quisesse, pude ter uma concepção mecânica, rígida do Universo e de nós mesmos. No último, no fim do homem e do mundo, há o mistério e eu creio nele" (Barreto, 1993, p. 37). Essa anotação consta do ano de 1920, quando estava internado no hospício da Praia Vermelha, mas não pode ser meramente atribuída a um sentimento circunstancial, motivado pela situação em que se encontrava, pois, em vários trechos de sua obra, encontramos referências a essa sua predileção pelo descentramento, próprio da dúvida e da incerteza com que escolheu conviver. Por meio de conceitos deleuzianos sobre a escrita, cabe afirmar que a preferência de Lima Barreto pelo fragmentário observável em romances, crônicas, cartas, diários, equivale a uma construção em processo, pois

> escrever não é certamente impor uma forma (de expressão) a uma matéria vivida. A literatura está antes do lado do informe, ou do inacabamento [...]. Escrever é um caso de devir, sempre inacabado, sempre em vias de fazer-se e que extravasa qualquer matéria vivível ou o vivido. (Deleuze, 1977, p. 11)

O destino biográfico da obra de Lima foi, pouco a pouco, sendo desconstruído, e a qualidade estético-literária de seus romances foi adquirindo relevo, conforme registra a estudiosa da obra de Lima Barreto, Carmem Lúcia Negreiros de Figueiredo, em seu artigo "O escritor e a posteridade, parte II". Segundo ela,

> Por ocasião do Centenário de Lima Barreto [1981], a crítica retoma discussões acerca dos temas e da qualidade artístico-literária de sua obra, ao mesmo tempo em que novas análises apresentam enfoques inéditos e, até polêmicos dos seus textos. Gradativamente, a imagem de "desleixado" e "avesso às normas literárias" dilui-se através de [...] maior diversificação de leituras das obras. Por consequência, no início dos anos oitenta, a sensibilidade da crítica aponta a lucidez do escritor diante das questões cruciais da cultura brasileira, desenvolvendo-as com habilidade na ficção e nas crônicas [...].
> O perfil de pensador e crítico da cultura desenha-se lentamente nas referências a Lima Barreto, a partir do desprendimento da imagem do bêbado, rebelde e marginal e pela relevância de um trabalho intelectual cujos passos tornam-se melhor interpretados. (Figueiredo, 1997, p. 602)

Novos aportes teóricos sobre a questão da linguagem, da subjetividade, do discurso, do modo de narrar, da razão dialógica, da intertextualidade e da interdiscursividade de matriz bakhtiniana vêm contribuindo para atualizadas interpretações da obra de Lima Barreto. O interesse crescente pela "escrita de si", que compreende não apenas os discursos assinalados por Foucault, mas também outras formas modernas, que compõem certa fortuna autobiográfica – memórias, diários, autobiografias e ficções sobre o eu –, permitem reflexões que reafirmam a modernidade da escrita limiana. Criação de conceitos como o de "espaço autobiográfico" (*Le pacte autobiographique*, 1975), de Philippe Lejeune, em que o pesquisador procura avaliar os diversos graus de "verdade do eu", presentes nos romances e projetos autobiográficos de escritores franceses modernos, também ampliam a possibilidade de compreensão desse tema na literatura de Lima.

A criação do conceito de "espaço autobiográfico" é a saída encontrada por Philippe Lejeune, estudioso das formas da autobiografia, para desfazer a "teoria tão propagada, segundo a qual o romance seria mais verdadeiro (mais profundo, mais autêntico) que a autobiografia" (Lejeune, 2008, p. 41). Teoria difundida por autores franceses de ficção, que também deixaram extensa e interessante obra autobiográfica. É o caso de André Gide (1869-1951) e François Mauriac (1885-1970). É desse último a afirmativa de que os romances expressam o essencial sobre os escritores: "Só a ficção não mente; ela entreabre na vida de um homem uma porta secreta, por onde se insinua, fora de qualquer controle, sua alma desconhecida" (Mauriac *apud* Lejeune, 2008, p. 42), confirmada, em certa medida, por André Gide (*apud* Lejeune, 2008, p. 42): "As memórias só são sinceras pela metade, por mais que seja a preocupação com a verdade: tudo é sempre mais complicado do que o dizemos. Talvez se chegue mesmo mais perto da verdade no romance". A glorificação do romance e o rebaixamento da autobiografia nada mais são do que aquilo que Philippe Lejeune (2008, p. 42) entende por "forma indireta de pacto autobiográfico", ou seja, esses autores "designam o espaço autobiográfico em que desejam que seja lido o conjunto de suas obras". Segundo Lejeune, os textos autobiográficos, na forma de diários e memórias, são fundamentais para que seus romances aproximem o leitor da porta secreta por onde se insinua a verdade: "se eles não tivessem escrito e publicado *também* textos autobiográficos, mesmo 'insuficientes' ninguém jamais teria sabido que espécie de verdade deveria ser buscada em seus romances" (Lejeune, 2008, p. 43). O espaço autobiográfico tiraria o leitor dessa busca detetivesca para saber qual deles, a autobiografia ou o romance, seria o mais verdadeiro, e o que passa a importar é que um seja tratado *em relação* ao outro. Ainda segundo o conceito de Lejeune, o "espaço autobiográfico" compreende o conjunto de todos os dados que circulam ao redor da figura do autor: suas memórias e biografias, seus autorretratos, fotografias e suas declarações sobre a própria obra ficcional. Se, em um sentido amplo, qualquer texto de ficção participa do espaço autobiográfico, as narrativas em primeira pessoa e com traços autobiográficos ocupam aí um lugar de destaque: estabelecem o que Lejeune chama de "pactos indiretos", pois o autor, por meio de alguma indicação, os dá a ler obliquamente, como "fantasmas reveladores do indivíduo" (Lejeune, 2008, p. 43).

É nesse espaço biográfico que, por ora, o leitor contemporâneo poderá conjugar as diversas focalizações provenientes do registro referencial, confessional e ficcional da obra de Lima Barreto e se habilitar a jogar "os jogos do equívoco, das armadilhas, das máscaras, de decifrar os desdobramentos, essas perturbações da identidade que constituem *topoi* já clássicos da literatura" (Arfuch, 2010, p. 56). Trata-se de espaço poroso de leitura, aberto ao exercício do autoconhecimento e do reconhecimento do outro.

REFERÊNCIAS

ARFUCH, Leonor. *O espaço biográfico*: dilemas da subjetividade contemporânea. Rio de Janeiro: EDUERJ, 2010.

BARBOSA, Francisco de Assis. *A vida de Lima Barreto*. 5. ed., Rio de Janeiro: Editora José Olympio, 1975.

BARRETO, Afonso Henriques de Lima. *Recordações do escrivão Isaías Caminha*. Prefácio de Francisco de Assis Barbosa. 2. ed., São Paulo: Editora Brasiliense, 1961a.

______. *Diário do hospício; o cemitério dos vivos*. /Afonso Henriques de Lima Barreto. Rio de Janeiro: Secretaria Municipal de Cultura, Divisão de editoração, 1993 (Biblioteca Carioca; v. 8, Série literatura).

______. *Correspondência ativa e passiva*. 1. tomo. Prefácio de Antonio Noronha Santos. 2a. ed, São Paulo: Editora Brasiliense, 1961b.

______. *Diário íntimo*. Memórias. Prefácio de Gilberto Freyre. São Paulo: Editora Brasiliense, 1961c.

CANDIDO, Antonio. "Os olhos, a barca e o espelho". In: *A educação pela noite e outros ensaios*. São Paulo: Ática, 1987.

COUTINHO, Carlos Nelson. "O significado de Lima Barreto na literatura brasileira". In. ______. *et alii*. *Realismo e Anti-Realismo na Literatura Brasileira*. Rio de Janeiro: Editora Paz e Terra, 1974 (Série Estudos sobre o Brasil e América Latina, vol. 24).

DELEUZE, Gilles & GUATTARI, Félix. *Kafka*: por uma literatura menor. Rio de Janeiro: Imago Editora, 1977.

FIGUEIREDO, Carmem Lúcia Negreiros de. "O escritor e a posteridade, parte II". In: *Triste fim de Policarpo Quaresma*/Lima Barreto. Edição crítica e coordenação de Antonio Houaiss e Carmem Lúcia Negreiros de Figueiredo. 1. ed. São Paulo: ALLCA XX, 1997 (Coleção Archivos: 1. ed.; 30).

LEJEUNE, Philippe. *O pacto autobiográfico*: de Rousseau à Internet. Organização: Jovita Maria Gerheim Noronha; tradução Jovita Maria Gerheim Noronha, Maria Inês Coimbra Guedes. Belo Horizonte: Editora UFMG, 2008.

MICELLI, Sérgio. *Poder, Sexo e Letras na Repúbliva Velha*. São Paulo: Perspectiva, 1997.

PEREIRA, Astrojildo. "Confissões de Lima Barreto". In: *Triste fim de Policarpo Quaresma*/Lima Barreto. Edição crítica e coordenação de Antonio Houaiss e Carmem Lúcia Negreiros de Figueiredo. 1. ed. São Paulo: ALLCA XX, 1997 (Coleção Archivos: 1a. ed.; 30).

SANTIAGO, Silviano. "Uma ferroada no peito do pé (dupla leitura de Triste fim de Policarpo Quaresma)". In: *Vale quanto pesa*. Rio de Janeiro: Paz e Terra, 1982.

RESISTIR ENTRE RUÍNAS

Giovanna Dealtry

"Réquiem", um dos poemas mais conhecidos de Anna Akhmátova, tornou-se um libelo contra o regime stanilista. Do mesmo modo que os demais artistas vistos como ameaça ao Estado, Akhmátova foi silenciada, tendo sido proibida de publicar a partir de 1924. A prisão do seu filho, em 1938, a fez queimar todos os manuscritos e passar a memorizar os poemas, recitando-os apenas em ambientes seguros. Como destaca Yolanda Delgado (2013), é possível notar, a partir desse momento, um estilo mais fragmentário, visual, capaz de, ao retomar a tradição oral, salvaguardar a memória coletiva do povo russo. "Réquiem" nasce do drama materno e da necessidade impositiva de equilibrar-se entre a proteção pessoal e a história de muitos.

Essa breve explanação biográfica sobre Akhmátova é necessária, pois *O filho da mãe*, romance de Bernardo Carvalho, dialoga desde as passagens iniciais com "Réquiem", em especial o trecho nomeado "À guisa de prólogo":

> Passei dezessete meses nas filas das prisões de Leningrado./Uma vez, alguém me reconheceu. E então uma mulher de lábios azuis atrás de mim, que obviamente nunca ouvira ninguém me chamar pelo nome, saiu do estupor ao qual todos tinham sucumbido e sussurrou no meu ouvido (ali, todo mundo sussurrava):/ 'Você pode descrever isto?'/ E eu respondi: 'Sim, eu posso.' / E, então, o que parecia um sorriso passou pelo que um dia havia sido um rosto. (Carvalho, 2009, p. 16-17)[1]

A poeta russa torna-se personagem na lembrança de Iúlia, cuja avó seria a mulher de lábios azuis. Ficcionalizada, Akhmátova, tempos depois,

1. Essa versão do poema encontra-se em *O filho da mãe*. Como não há menção ao tradutor, supõe-se que seja o próprio Bernardo Carvalho. Uma versão do poema em inglês encontra-se neste endereço: <http://www.eliteskills.com/analysis_poetry/Requiem_by_Anna_Akhmatova_analysis.php>.

recitaria "Réquiem" à mulher com quem partilhou as longas horas de espera à porta das prisões: "Não podia lhe entregar o texto escrito, não podia arriscar mais uma vez a vida do filho (...). Pediu que ela o decorasse" (Carvalho, 2009, p. 16).

Será essa intervenção da poeta na ficção o vínculo entre dois momentos distintos a aproximar o povo russo e tchetcheno: os anos de terror da ditadura stalinista e a Segunda Guerra da Tchetchênia, momento no qual é ambientado o romance. As décadas que separam ambos os grupos de mulheres se esmaecem em torno do poema, que, por sua vez, traz o olhar da mãe para o centro da cena. *O filho da mãe* apresenta uma longa linhagem de mulheres, cuja única tarefa é não sucumbir, enquanto lutam pelo retorno de seus pais, filhos, maridos dos campos de guerra, do exílio, das prisões.

No entanto, a maternidade no romance está longe de corresponder à imagem idílica da abnegação e sofrimento. Por certo viés, *O filho da mãe* pode ser lido como uma narrativa da perda irremediável das origens, seja familiares, territoriais ou, em caráter mais abrangente, da perda do pertencimento ao discurso unificador da nação.

São Petersburgo, nesse sentido, presentifica a falência dos sucessivos projetos de modernização russa. Em 1703, ao iniciar a construção da cidade, Pedro I tem por objetivo abrir "uma janela para a Europa", tanto no sentido da proximidade geográfica como de forma simbólica.

> Ele estava dizendo, na verdade, que a história da Rússia deveria ter um novo princípio, numa ardósia limpa. As inscrições nessa ardósia deveriam ser exclusivamente europeias: assim, a construção de Petersburgo foi planejada, projetada e organizada inteiramente por arquitetos e engenheiros estrangeiros, trazidos da Inglaterra, França, Holanda e Itália. (Berman, 1986, p. 171)

Ainda que o romance de Carvalho passe por Grózni, capital da Tchetchênia, e se expanda a outras cidades russas e ao Brasil, sua centralidade está em São Petersburgo, para onde convergem personagens e memórias a serem recuperados, ou esquecidos, em meio ao cenário de ruínas da cidade prestes a celebrar trezentos anos de existência. "Falta um ano para a comemoração do tricentenário e a fachada do prédio já está em obras. Até o aniversário já estará decrépita de novo" (Carvalho, 2009, p. 48). A observação do narrador em terceira pessoa, onisciente, dialogando de maneira enviesada com o próprio leitor, aponta para a condição paradoxal existente no cerne de cidade moderna e reflete a própria organização urbanística dela.

Como outras grandes capitais europeias, São Petersburgo foi criada sob o signo do controle das massas. Amplas e imensas avenidas, a tentativa de delimitar espaços de forma geométrica, a criação de perspectivas totalizantes, a imponência de monumentos e prédios públicos; elementos que serviram, em diferentes momentos históricos, ao domínio do Império ou da URSS sobre os corpos anônimos, impedindo a organização pública dos rebeldes. Da mesma forma, Bernardo Carvalho usa aqui, pela primeira vez, um narrador em terceira pessoa, criando movimentos de distanciamento e aproximação dos personagens, de idas e vindas no tempo, mecanismos que reforçam esse caráter da impossibilidade do privado, do íntimo.

A cidade moderna traz consigo o paradoxo do desejo de eternização – tornar-se a marca de um czar ou de um estadista – e a inevitabilidade das mudanças. Como afirma Nelson Brissac Peixoto (2004, p. 275),

> A cidade moderna é o palco das transformações incessantes, que revelam sua precariedade. Ruínas e obras se confundem. A morte já se apoderou dos edifícios que estamos construindo. O antigo se aproxima do moderno pela manifestação da caducidade do presente.

Se a ruína é marca de inserção do passado no presente, ela igualmente transforma-se em memória do que se deseja apagar. Lembrar e esquecer são igualmente necessários à reconstrução de uma história desejada, a qual sirva à tradição e como alicerce da narrativização do discurso nacional. Na São Petersburgo recriada por Bernardo Carvalho, a celebração do passado tem como objetivo desfazer-se da ruína e da morte, e encobrir o presente de decadência com a memória da cidade de glórias.

O resultado é uma cidade fantasmática, onde o discurso oficial da nação, como as fachadas dos prédios, busca cristalizar a memória do passado de glórias, enquanto o presente se esvai em meio ao crescimento da xenofobia, da homofobia e à corrupção nas instituições representativas do Estado.

É nesse cenário de vigilância que Anna – o reverso de sua homônima? – tenta esconder seu passado. Na juventude, apaixonou-se e engravidou de um jovem tchetcheno. Pela voz de Zainap, a avó tchetchena de Ruslan, o passado invadirá a vida do jovem, mudando drasticamente sua jornada. "Um filho dá e tira a vida ao mesmo tempo. Menos de dois meses depois de você nascer, Anna foi embora. Tinha vindo para o Cáucaso já com a ideia de abandonar vocês dois" (Carvalho, 2009, p. 42).

A maternidade é retratada em sua complexidade: o amor da *mater dolorosa* em Zainap; a renúncia à maternidade em nome da reconciliação com a vida pequeno-burguesa, em Anna; o afastamento de Olga do filho Andrei, a mando do marido. De qualquer forma, ecoa a frase de Zainap, a mulher que foi atravessada pela Segunda Guerra Mundial e pelas duas guerras da Tchetchênia. "Nem toda mulher quer ser mãe. Ainda mais quando a criança se interpõe entre ela e o mundo de onde veio, e a impede de voltar a ser quem era" (Carvalho, 2009, p. 42).

Todos os signos pretensamente estáveis do cotidiano burguês de Anna, agora casada com Dmitri e com dois filhos, entram em choque com o aparecimento de Ruslan em sua vida. Ruslan, assim como o soldado russo Andrei, será o pária nessa sociedade de controle sobre os corpos dissonantes. Aqui, é preciso lembrar o ódio étnico entre russos e tchetchenos (estes, vulgarmente, nomeados como "bunda-preta"). Ter um filho tchetcheno, como Anna, é assumir a marca da mestiçagem, do "imundo", em uma sociedade xenófoba. A narrativa torna-se um terreno assombrado pelas memórias dos indivíduos e da história dramatizada pelas décadas de domínio da URSS sobre o Cáucaso e das guerras entre Rússia e Tchetchênia. Em comum, cidades e sujeitos carregam o signo da ruína.

Renegado pela mãe, impossibilitado de ser incorporado à família russa, Ruslan tampouco é capaz de voltar para Grózni, onde seria caçado pelo exército russo ou pelos separatistas. Sem lugar na família ou na pátria, perseguido por ser homossexual, torna-se um batedor de carteiras, na tentativa de encontrar um passaporte, forjar outra identidade, escapar.

Presenciamos a aproximação amorosa improvável entre Andrei Guerra e Ruslan. Não somente por ser uma relação homossexual em um território ostensivamente homofóbico, mas igualmente por ser a possibilidade de afeto construída entre *outsiders*; respectivamente, o soldado russo desertor e o ladrão tchetcheno. É na cidade construída "segundo a lógica da visibilidade do total" que a relação entre os dois jovens "só pode existir nos limites da inverossimilhança" (Gógol, 1990, p. 133).

Estabelece-se entre os dois um jogo de sobrevivência pelas avenidas panorâmicas, que não oferecem esconderijo. Aplica-se a mesma forma do controle contra os revoltosos de séculos atrás, dessa vez na intenção de submeter não somente as massas, mas o corpo abjeto em desacordo ao discurso oficial. Racismo e homofobia não conhecem fronteiras. Maksim, filho de Anna e Dmitri, portanto meio-irmão de Ruslan, participa de um grupo skinhead, saindo à noite para espancar homossexuais e estrangeiros. O ódio encontra novas formas de agir.

Por isso, quando Andrei lembra-se de "O capote" (1842), de Nikolai Gógol, enquanto ele e Ruslan atravessam as esplanadas da cidade, percebe-se o ensejo da cidade, metonímia do Estado, em eliminar os sujeitos vulneráveis. No conto, um funcionário público, ignorado por seus colegas, é espancado e tem o capote novo roubado ao voltar para seu bairro, à margem de São Petersburgo, esfuziante como ele próprio.

> Um pouco adiante estenderam-se à sua frente aquelas ruas desertas que, se durante o dia já não eram tão alegres, de noite muito menos. Agora elas se faziam mais desertas e solitárias, os lampiões passavam a piscar mais raramente, vendo-se que para este lugar se destinava menos querosene. [...] Aproximou-se do lugar em que a rua era cortada por uma praça interminável, apavorante de tão deserta, com algumas casas no lado oposto que mal se avistavam. (Gógol, 1990, p. 15-16)

Sem o capote, o funcionário Akáki Akákievich morre de frio em pouco tempo. Voltará, assombrando os transeuntes, para exigir de volta o que lhe tiraram. Não somente o capote, mas também o reconhecimento, a visibilidade que não encontrou em vida. A evocação do conto, por Andrei, demarca interlocução entre a São Petersburgo concreta e a narrativizada, mas, também, a permanência de um modo de transitar pela cidade escrita pelo medo. Ao contrário do funcionário do conto, que não se separa de São Petersburgo, e assim reafirma sua ligação com o local, os protagonistas do romance, Andrei e Ruslan, almejam desaparecer. O precário vínculo entre os dois torna-se a única forma de escape.

> As avenidas são chamadas de perspectivas. Foram abertas para dar vazão aos desfiles militares e às demonstrações de poder. Não importa se é o czar, o Estado soviético ou a polícia russa quem comanda a marcha. Não há onde se esconder nem para onde fugir. A cidade foi construída para ninguém escapar. (Carvalho, 2009, p. 132)

Cristalizada no tempo e espaço, negando a própria condição da cidade moderna, da contínua transformação, São Petersburgo traduz o desejo de homogeneização do discurso da nação russa. Contudo, como se pergunta a personagem Anna, "– De que adianta reformar as fachadas se o interior continua podre?" (Carvalho, 2009, p. 56). A frase faz referência direta às heranças do comunismo, à corrupção oficial, aos discursos forjados, mas igualmente ao próprio passado da personagem.

Contra a cidade aferrada à identidade moderna, os corpos marginais de Ruslan e Andrei só têm uma chance de sobrevida, ao encenarem o apagamento da própria individualidade e se tornarem um corpo único. Não por acaso, a segunda parte do romance é intitulada "As quimeras", em uma referência clara aos seres híbridos mitológicos. O afeto nascente entre dois indivíduos que, em outras condições, se enfrentariam em campos de batalha ou seriam marginalizados pela sua orientação sexual, torna-se marca da resistência. A ruína é ressignificada para dar abrigo à potência dos corpos excluídos. A respeito de Ruslan, o narrador assim se posiciona:

> É possível que não se dê conta de que terminou por associar o sexo às ruínas e ao risco, à força de tê-lo descoberto em meio a uma guerra, e de buscá-la, as ruínas, sempre que encontra alguém, por ter sido obrigado a reconhecer nelas o cenário reconfortante do lar onde já não há possibilidade de reconforto. (Carvalho, 2009, p. 139)

Nesse sentido, o romance pode ser analisado como uma sobreposição de linhas temporais. O passado de guerras e o esfacelamento da nação sobrepõem-se ao presente de resistências de Ruslan e Andrei. Contra uma concepção historicista meramente aditiva, identificada apenas com a história do vencedor, como definida por Benjamin, em uma de suas "Teses sobre o conceito de história" (1940), o romance de Carvalho propõe a instância desafiadora do discurso do indivíduo – seu corpo, sua presença, seu sotaque – contra o simulacro da grandiosidade da "mãe Rússia".

"A história universal não tem qualquer armação teórica. Seu procedimento é aditivo. Ela utiliza a massa dos fatos, para com eles preencher o tempo homogêneo e vazio" (Benjamin, 1985, p. 137). É no tempo homogêneo que a nação insiste em se perpetuar, sustentada pelo historicismo, pela empatia despertada pelo "vencedor". O passado, modelado à custa do desaparecimento das dissonâncias, sustenta a vacuidade de um discurso que não se cansa de se reafirmar como um eterno contínuo.

A mera presença do elemento desestabilizador desse sistema é suficiente para que a ideologia do nacional, incapaz, por definição, de abrigar a alteridade, entre em crise, e, por isso, estreite ainda mais o controle sobre esses sujeitos.

Ao exercitarem escapar do círculo da guerra e da dominação, Andrei e Ruslan desafiam o conceito da nação russa, bem como os papéis e territórios a eles destinados previamente, e se inscrevem, por meio de suas deambulações noturnas pelas ruínas de São Petersburgo, outra história, a contrapelo, para nos lembrarmos novamente de Benjamin, narrada a partir do olhar do marginalizado.

Foge-se não somente da cidade da visibilidade total, mas também de um passado constritor que exige a fixação das identidades nacionais e, consequentemente, do ódio entre etnias. A própria existência de Ruslan, esse "híbrido", o "bunda preta", como é chamado pelo meio-irmão, revela-se uma quimera – metáfora que percorre a parte final do romance –, incapaz de romper com o lugar a ele destinado.

Essas considerações sobre *O filho da mãe* ganham ainda mais força quando lidas em comparação com o *blog* "Diário de Berlim", que Bernardo Carvalho manteve durante um ano, hospedado no site do Instituto Moreira Salles, no qual aborda seu cotidiano na Alemanha, país onde permaneceu durante um ano. No *post* publicado em dois de maio, o autor trata da particular relação dos moradores de Berlim com os monumentos e a arquitetura da cidade. Em conversa com um turco, "cheio de contatos no Brasil", o autor expõe sua vergonha quando diz não saber, ao ser perguntado se é verdade que derrubaram a Praça Roosevelt, em São Paulo.

> A percepção de que a praça Roosevelt é (era) um monumento arquitetônico a ser preservado é típica da mentalidade berlinense. E não há nada errado nisso. Berlim é uma cidade que foi obrigada a entender os destroços e os espaços vazios como monumentos e vestígios históricos. E o resultado, se nem sempre é belo, é certamente um dos mais humanos e bem-sucedidos do planeta.[2]

A humanidade está presente no gesto de inscrição da passagem do sujeito pelos espaços públicos, mesmo que, hoje, eles signifiquem vazios e vestígios de uma concepção de história não linear e progressista, mas múltipla, com vários sistemas enunciativos, como o próprio romance *O filho da mãe*. Essas múltiplas enunciações são incapazes de encontrar a "harmonia", o sentido clássico do belo. Tornam-se, assim, a quimera, o animal mítico por excelência, cujas diferenças suplantam quaisquer sentidos de belo e harmônico, mais próxima do humano e da concepção de ruína como construção sempre em devir.

---

2. As demais referências ao *blog* "Diário de Berlim" virão sinalizadas, no corpo do texto, pela data de entrada. Disponível em: <http://blogdoims.uol.com.br/bernardo-carvalho-diario-de-berlim/>.

Mais adiante, no mesmo *post*, Carvalho declara suas impressões sobre a peça de teatro *Diebe* (Ladrões), escrita pela alemã Dea Loher.

> Novos personagens surgem no proscênio e os da cena anterior são levados para os bastidores a cada giro da engrenagem. Volta e meia, quando contracenam diante do público, fazem anotações nas paredes, que permanecem como pichações e marcas que voltam quando as mesmas paredes surgem por força do movimento circular e abrigam outros personagens em outras cenas, contribuindo para criar uma espécie de fundo histórico comum a todos, por mais desvinculadas que a princípio parecessem suas histórias. Essas inscrições deixadas pelos atores nas paredes de espaços que serão ocupados em seguida por outros personagens em outras cenas têm tudo a ver com a ideia da cidade como acúmulo de camadas, símbolos e sinais a serem preservados, criando um fundo comum de ruínas e rabiscos que, por não camuflar o ciclo de morte e destruição, também abre um espaço muito mais potente para a vida.

Como podemos ver a partir desses dois trechos, insinua-se, na fala do escritor, uma investigação contemporânea sobre cidade, história e sujeito. Como Berlim, somente a cidade, que, de alguma forma, expõe seus vestígios, suas ruínas de maneira pública, é capaz, ao mesmo tempo, de não apagar o passado e permitir a inscrição de novos gestos, de novos corpos em uma cidade-palimpsesto. Uma cidade em camadas, mas cujas fraturas, senão belas, expostas à interferência do diverso, do outro, resultam em algo "muito mais potente para a vida".

Essa mesma imagem, da cidade inscrita como potência de vida, já havia surgido no blog de Bernardo Carvalho mantido durante sua estadia de um mês em São Petersburgo, como exigência contratual do projeto *Amores Expressos*, do qual o autor fez parte.[3]

No último *post*, datado de dois de outubro de 2007, Carvalho assim escreve.

> E, por incrível que pareça, é entre essa sucessão deprimente de enormes blocos de apartamentos, alguns em estado avançado de decrepitude, margeando

3. O projeto *Amores Expressos* levou dezessete escritores a dezessete diferentes cidades ao redor do mundo, durante o ano de 2007. A ideia inicial era que cada escritor, depois de passar um mês vivendo na cidade, voltasse com o projeto de um livro sobre o tema "amor", ambientado na cidade de residência. Como parte do contrato, os escritores deveriam manter um *blog* sobre as impressões da cidade. Até o momento, foram publicados dez livros pela Companhia das Letras, patrocinadora do projeto.

uma imensa avenida, um mundo na maior desolação, que pela primeira vez reconheço a vida que eu procurava para o meu romance, a do outsider, que de alguma maneira tem a ver com a minha própria experiência na cidade e é a única que eu consigo entender. [...] Pode soar imoral (certamente, porque não moro aqui), mas reconheço algum tipo de beleza nos garotos que jogam futebol na quadra de cimento no meio dos prédios, no imigrante do Uzbequistão que nos diz que um dia o mundo há de ser melhor e no pai sem camisa, fumando, com a filha pequena ao lado, [...] Amanhã, vou embora de São Petersburgo, logo quando começava a entender alguma coisa.[4]

Ao estilhaçar a ideia de um imaginário nacional como um conjunto de memórias, experiências, discursos partilhados por uma determinada comunidade imaginada, Carvalho faz explodir sujeitos em fragmentos, como os blocos de prédio, mas que guardam reminiscências do humano, marca da literatura que o autor persegue. É justamente o gesto do *outsider* que termina, ironicamente, colocando em risco a matéria-prima dos discursos essencialistas: o passado imemorial.

Memória e esquecimento são armas utilizadas pelos personagens de Carvalho, com o intuito de existirem no intervalo entre o que seus nomes e origens não lhes deixam esquecer e o porvir, que se mostra como um exercício utópico em uma cidade que não deixa ninguém escapar.

A saída está nessa identificação entre os protagonistas, a qual parece desmanchar suas identidades pregressas – não mais tchetcheno, não mais russo, filho de brasileiro – e formar um sujeito em que os corpos se transformam em territórios indefinidos, tal como "as quimeras".

Há um reconhecimento, um lapso de desconfiança e hesitação. E, pela inércia da recomposição de forças, os lábios entreabertos por pouco não se tocam. O recruta volta a sentir o próprio hálito na respiração do batedor de carteiras, sente-se acolhido por aquele sopro, como se pela primeira vez tivesse consciência do ar que respira e que o mantém vivo, na boca dos outros. E é só quando os dois rostos se afastam alguns centímetros, ainda sob o risco de uma reação intempestiva, que Andrei se dá conta de que são iguais. (Carvalho, 2009, p. 125)

Como Akhmátova, Bernardo Carvalho também conseguiu narrar essa silenciosa resistência entre ruínas.

---

4. Disponível em: <http://blogdobernardocarvalho.blogspot.com.br/>

REFERÊNCIAS

BENJAMIN, Walter. "Teses sobre o conceito de História". In: *Obras Escolhidas*, v. I, Magia e técnica, arte e política. Trad. S.P. Rouanet, São Paulo: Brasiliense, 1985.

BERMAN, Marshall. *Tudo que é sólido desmancha no ar* – A aventura da modernidade. Trad. Carlos Felipe Moisés e Ana Maria Ioriatti. São Paulo: Companhia das Letras, 1986.

CARVALHO, Bernardo. *O filho da mãe*. São Paulo: Companhia das Letras, 2009.

______. Diário de Berlim. Disponível em: <http://blogdoims.uol.com.br/bernardo-carvalho-diario-de-berlim/>.

______. Blog Amores Expressos – São Petersburgo. Disponível em: <http://blogdobernardocarvalho.blogspot.com.br>.

DELGADO, Yolanda. "Anna Akhmatova: A charismatic poet who expressed the despair of a generation". Russia beyond the headlines. Disponível em: <http://rbth.com/literature/2013/06/11/anna_akhmatova_a_charismatic_poet_who_expressed_the_despair_of_a_generat_26955.html>.

GÓGOL, Nikolai. "O capote". In: *O capote e outras novelas*, vol. I. Trad. Paulo Bezerra. Rio de Janeiro: Civilização Brasileira, 1990.

PEIXOTO, Nelson Brissac. *Paisagens Urbanas*. São Paulo: SENAC, 2004.

A CATEGORIA ESTÉTICA DO GROTESCO E AS POÉTICAS REALISTAS:
uma leitura de "Violação", de Rodolfo Teófilo

Júlio França

O objetivo deste artigo é demonstrar como as poéticas realistas da literatura são tributárias de procedimentos estéticos característicos do que se convencionou chamar de arte grotesca. Para ilustrar essa hipótese, tomamos uma narrativa do Naturalismo oitocentista brasileiro, *Violação* (1898), do escritor cearense Rodolfo Teófilo. Antes, porém, propomos uma descrição do conceito de grotesco com o qual trabalhamos, a partir das contribuições de Victor Hugo (2009), Wolfgang Kayser (2002), Mikhail Bakhtin (2010) e Geoffrey Galt Harpham (2006).

Uma poética moderna

Publicado no final de 1827, o longo prefácio que Victor Hugo escreveu ao seu drama *Cromwell* ganhou, ao longo dos anos, a dimensão de uma arte poética moderna. Théophile Gautier dimensionou a importância desse texto para os jovens românticos franceses ao compará-lo às "tábuas da lei no monte Sinai" (*apud* Hugo, 2002, p. 7). A defesa entusiástica de Hugo à liberdade de criação atacava princípios clássicos da arte, tais como a pureza dos gêneros e a imitação dos modelos da Antiguidade. Para o assunto que aqui nos interessa, o prefácio pode muito bem ser descrito como um marco do fim do monopólio do belo nas artes.

O ensaio viria a ser conhecido com o título "Do grotesco e do sublime", mas, a bem da verdade, a noção de sublime empregada por Victor Hugo pouca relação mantinha com as inflamadas discussões que o tema despertou ao longo do século XVIII, tanto no ambiente do empirismo inglês quanto no do idealismo europeu. O uso que o poeta francês faz do termo aproxima seu sentido ao de uma vaga ideia de beleza extrema, sem maiores preocupações conceituais. No contexto do "Prefácio", o sublime funciona muito mais como um contraponto ao grotesco, fornecendo a Hugo um par de termos antitéticos que serão instrumentalizados na querela entre clássicos e modernos.

A despeito do ímpeto modernizante que anima o espírito de Hugo, a questão central que dá corpo aos seus argumentos passa por um dos temas mais característicos da poética clássica: a questão da mímesis. É, portanto, ainda no contexto da milenar discussão sobre como se deve representar a realidade através da arte que a categoria estética do grotesco conquista seu espaço nas poéticas da modernidade. Para o poeta francês, os artistas clássicos teriam representado a natureza sob uma única perspectiva, repelindo da arte tudo o que não se referia a um tipo de beleza restrita aos estreitos paradigmas humanos:

> O belo tem somente um tipo; o feio tem mil. É que o belo, para falar humanamente, não é senão a forma considerada na sua mais simples relação, na sua mais absoluta simetria, na sua mais íntima harmonia com nossa organização. Portanto, oferece-nos sempre um conjunto completo, mas restrito como nós. (Hugo, 2002, p. 36)

Já o artista moderno, instigado pelo "gênio da melancolia" e pelo "demônio da análise", seria capaz de se libertar do confinamento do belo e adotar um ponto de vista mais amplo, percebendo que "(...) tudo na criação não é humanamente belo, que o feio existe ao lado do belo, o disforme perto do gracioso, o grotesco no reverso do sublime, o mal com o bem, a sombra com a luz" (Hugo, 2002, p. 26). A perspectiva relativa e estreita do artista não deveria jamais procurar retificar a natureza, defende Victor Hugo. O escritor deveria fazer como a natureza e misturar,[1] em suas criações, os dois lados do espectro: a sombra com a luz, o grotesco com o sublime, o corpo com a alma, o animal com o espírito.

Para o poeta francês, a união entre o grotesco e o sublime era exatamente a diferença fundamental que separava a literatura moderna da

1. Note-se, porém, que, na perspectiva de Hugo, "misturar" ambos se distingue de "confundir" um e outro. No "Prefácio", o grotesco deve ser subordinado ao sublime.

literatura clássica, a qual permitia ao gênio romântico uma variedade muito maior de formas, em comparação à limitada uniformidade dos mestres da Antiguidade:

> Esta beleza universal que a Antiguidade derramava solenemente sobre tudo não deixava de ser monótona; a mesma impressão, sempre repetida, pode fatigar com o tempo. O sublime sobre o sublime dificilmente produz um contraste, e tem-se necessidade de descansar de tudo, até do belo. Parece, ao contrário, que o grotesco é um tempo de parada, um termo de comparação, um ponto de partida, de onde nos elevamos para o belo com uma percepção mais fresca e mais excitada. (Hugo, 2002, p. 33)

As estratégias discursivas do grotesco são adequadas, pensa Victor Hugo, para dar conta dos aspectos não idealizados da realidade. Assim, na literatura moderna,

> [...] enquanto o sublime representará a alma tal qual ela é, purificada pela moral cristã, ele [o grotesco] representará o papel da besta humana. O primeiro tipo, livre de toda mescla impura, terá como apanágio todos os encantos, todas as graças, todas as belezas [...]. O segundo tomará todos os ridículos, todas as enfermidades, todas as feiuras. Nesta partilha da humanidade e da criação, é a ele que caberão as paixões, os vícios, os crimes; é ele que será luxurioso, rastejante, guloso, avaro, pérfido, enredador, hipócrita [...]. (Hugo, 2002, p. 35-36)

Poderia, de fato, como apontado por Victor Hugo, a categoria estética do grotesco ser pensada como símbolo de uma mudança de paradigma, na esfera das artes do mundo moderno? E a história da representação artística poderia ser descrita, ainda que esquematicamente, como a passagem da concepção clássica dominante de Beleza para a concepção moderna dominante de "grotesco"?

A resposta a essas questões passa, necessariamente, por circunscrever o significado de grotesco com o qual trabalhamos. Termos que atravessam eras, como é o caso do grotesco, acabam por carregar significados que dão testemunho dos variados usos a que foram submetidos no passar dos séculos, nos mais diversos sistemas conceituais dos estudos literários. Consequentemente, é fundamental delimitar os sentidos de longa duração do termo, destacando-os de seus usos idiossincráticos e não conceituais.

O vocábulo "grotesco" deriva do substantivo da língua italiana *grotta* (gruta) e passou a ser empregado no mundo das artes para designar uma espécie de pintura ornamental da Antiguidade descoberta em escavações feitas na Itália, em fins do século XV. Tais motivos ornamentais ficaram conhecidos como as decorações da *grotta*: *la grottesca* (cf. Kayser, 2009, p. 17).

Se a etimologia da palavra "grotesco" é amplamente conhecida, a história das formas artísticas que denominamos "grotescas" é bem mais fugidia, a ponto de diversos autores, como Harpham (2006), entenderem que não faz sentido postular uma história do grotesco. Ao contrário de Kayser e Bakhtin, ele nega que haja uma história a ser narrada, pois o grotesco não "começaria" em lugar nenhum. A associação com a arte romana, sugerida pelas escavações renascentistas, não passaria de um falso início, pois o grotesco clássico é, muito provavelmente, um empréstimo de culturas mais antigas e de culturas orientais. A busca, pois, por um princípio nos obrigaria a regredir às pinturas rupestres, e, por fim, à própria origem da arte.

Não é fácil identificar constantes trans-históricas na noção de grotesco. Não parece ser possível acumular observações de traços característicos das obras de arte que denominamos "grotescas" e reconhecer nelas denominadores comuns. O entendimento de algo como grotesco parece obedecer a uma percepção de cunho convencional:[2] é a cultura de uma era que determina as convenções do grotesco, isto é, as condições de ordem e de coerência de um dado momento estabelecem que elementos são logicamente compatíveis, e quais não são.[3] Em outras palavras, cada cultura dá as regras que o grotesco subverte.

Se a história da arte grotesca é impossível de ser narrada, resta-nos, todavia, a história do termo e de seus usos. Retornando à perspectiva etimológica, podemos observar que o que se nomeava "grotesco" era uma arte não reconhecida como um produto do estilo romano. Para o gosto clássico do homem renascentista, a arte grotesca atentava contra a razão

---

2. Mesmo a oposição frequentemente estabelecida entre sublime e grotesco – termos em geral concebidos como antitéticos – baseia-se em questões de ponto de vista e de contexto. Tomemos como exemplos as monstruosidades: Dante colocou o Minotauro e os centauros no Inferno, mas pôs o Grifo no ponto mais alto do Purgatório, como um símbolo de Cristo (cf. Harpham, 2006, p. 22).

3. Nesse sentido, o grotesco parece estar se tornando cada vez menos efetivo como uma categoria estética na contemporaneidade, uma vez que é crescente a tolerância à desordem e à mistura de gêneros. Também no campo da ciência, podemos observar uma distância cada vez menor entre certos domínios: quanto mais evoluímos na robótica, menos grotesco se torna um ciborgue; quanto mais aprendemos sobre os animais e sobre o evolucionismo, menos grotesca é a fusão homem-animal (cf. Harpham, 2006, p. XXVI).

e os sentidos ao apresentar figuras sem paralelo no mundo natural. Nas palavras de Mikhail Bakhtin (2010, p. 28):

> Essa descoberta surpreendeu os contemporâneos pelo jogo insólito, fantástico e livre das formas vegetais, animais e humanas que se confundiam e transformavam entre si. Não se distinguiam as fronteiras claras e inertes que dividem esses 'reinos naturais' no quadro habitual do mundo: no grotesco, essas fronteiras são audaciosamente superadas.

Não apenas os artistas renascentistas reagiram à inconformidade dos temas e ao desprezo pela figuração do real manifestada nos motivos daquela pintura ornamental que viria a ser chamada de grotesca. No primeiro século de nossa era, Marcus Vitruvius Pollio, autor de *De Architectura*, o mais importante tratado arquitetônico do classicismo, já rechaçara a nova moda de pintar "monstros nas paredes":

> [...] todos esses motivos, que se originam da realidade, são hoje repudiados por uma voga iníqua. Pois, aos retratos do mundo real, prefere-se agora pintar monstros nas paredes. [...] Nos seus tímpanos, brotam das raízes flores delicadas que se enrolam e desenrolam, sobre as quais se assentam figurinhas sem o menor sentido. Finalmente, os pedúnculos sustentam meias figuras, umas com cabeça de homem, outras com cabeça de animal. Tais coisas, porém, não existem, nunca existirão e tampouco existiram.
>
> Pois como pode, na realidade, um talo suportar um telhado ou um candelabro, o adorno de um tímpano, e uma frágil e delicada trepadeira carregar sobre si uma figura sentada, e como podem nascer de raízes e trepadeiras seres que são metade flor, metade figura humana? (apud Kayser, 2009, p. 18. Grifo nosso.)

A crítica é significativa por partir de Vitruvius, reconhecido como descobridor das proporções matemáticas do corpo humano, pedra basilar do Renascimento italiano e do Neoclassicismo – contribuição imortalizada por Leonardo da Vinci na famosa gravura *O homem vitruviano*. Para alguém empenhado na identificação das simetrias fundamentais do homem e, por extensão, da natureza, as formas grotescas eram anomalias inaceitáveis para um projeto de arte fortemente baseado em ordenações racionais.

Isso não impediu, contudo, que as técnicas da pintura ornamental grotesca fossem incorporadas por importantes artistas do Renascimento italiano, como Rafael, Agostino Veneziano e Signorelli. O modo encontrado pela tradição para acomodar as transgressões ao cânone clássico foi conferir a elas um novo estatuto: denominá-las "*sogni dei pittori*", sonhos de pintores, atribuindo a elas ainda um caráter mimético, não da realidade concreta, mas da imaginação do artista. Tornou-se possível, assim, ao renascentismo, absorver a arte grotesca e a suspensão da ordem do mundo por ela promovida: a ausência da clara separação entre os domínios (dos objetos, das plantas, dos animais e dos homens) e o desrespeito às normas da simetria, da proporção e da ordem natural das grandezas.

Ao incorporar o mundo da imaginação e o mundo onírico ao mundo natural, a arte grotesca renascentista harmonizou o conflito entre duas poéticas, uma baseada na imitação da realidade sensível, outra na faculdade da imaginação. Contudo, a admissão, no seio da arte mimética, do aniquilamento das ordenações do universo, das deformações, das desproporções e das fusões fissurou inexoravelmente a estabilidade dos princípios clássicos.

Na literatura moderna, uma das primeiras manifestações da estética do grotesco pode ser observada na técnica caricatural de autores como Rabelais, Cervantes, Swift, Voltaire e Hoffmann. A percepção de que a reprodução disforme da realidade, a exploração da desproporção e o abandono do esforço idealizador podiam constituir uma autêntica força plasmadora da arte contribuiu de modo decisivo para abalar ainda mais os princípios classicistas do belo (cf. Kayser, 2009, p. 30).

Entretanto, a arte grotesca não se restringia apenas ao campo lúdico da caricatura, ou das fantasias oníricas. A contemplação do grotesco produz desconforto, sobretudo quando não mais é tomado como fruto de pura imaginação. Mesmo que não represente o mundo em termos de pura semelhança, a arte grotesca passou progressivamente a ser aceita como um reconto mais ou menos fiel da realidade. O desconforto surge da percepção de que o desajuste não estaria no objeto artístico em si, mas no próprio mundo. Em outras palavras, o grotesco adquire, progressivamente, um aterrorizante valor de verdade, como um atestado de que o mundo está fora de seus eixos. É nesse movimento que ele passará a ser uma técnica artística fundamental para as poéticas realistas.

Grotesco e Realismos

Mikhail Bakhtin fornece uma perspectiva histórica para compreender a relação entre o grotesco e as representações artísticas realistas. Ele observa, em autores como Boccaccio, Shakespeare, Cervantes e Rabelais, a predominância do que chamará de princípio da vida material e corporal, referindo-se às imagens hipertrofiadas do corpo, da bebida, da comida, da satisfação de necessidades naturais e da vida sexual. O ensaísta russo entende que tais imagens são uma herança da cultura cômica popular medieval, caracterizada por "uma concepção estética da vida prática" a que dará o nome de realismo grotesco (Bakhtin, 2010, p. 16-17).

Um traço marcante do realismo grotesco seria a transferência, ao plano material e corporal, de tudo o que é elevado, espiritual, ideal e abstrato. O riso, como forma de rebaixamento e materialização, acompanharia a degradação que caracterizaria esse tipo de arte:

> Degradar significa entrar em comunhão com a vida da parte inferior do corpo, a do ventre e dos órgãos genitais, e portanto com atos como o coito, a concepção, a gravidez, o parto, a absorção de alimentos e a satisfação das necessidades naturais. (Bakhtin, 2010, p. 19)

Na cultura cômica popular da Idade Média, a degradação tinha um valor positivo, regenerador, pois dava lugar a um sempre consequente Renascimento. Essa compreensão do caráter cíclico da vida teria se perdido na era moderna. Fora do "ponto de vista da unidade da cultura popular e da visão carnavalesca do mundo, os temas grotescos tornam-se unilaterais, débeis e anódinos", dirá Bakhtin (2010, p. 294). Para o autor, o sentido primordial e carnavalesco da vida, próprio do realismo grotesco medieval, gradativamente desaparece na modernidade:

> Já não é o inferior positivo, capaz de engendrar a vida e renovar, mas um obstáculo estúpido e moribundo que se levanta contra as aspirações do ideal. Na vida cotidiana dos indivíduos isolados as imagens do 'inferior' corporal conservam apenas seu valor negativo, e perdem quase totalmente sua força positiva; sua relação com a terra e o cosmos rompe-se e as imagens do 'inferior' corporal ficam reduzidas às imagens naturalistas do erotismo banal. (Bakhtin, 2010, p. 20. Grifo nosso.)

Para Bakhtin, as imagens grotescas da cultura popular renascentista influenciaram decisivamente a literatura realista dos séculos seguintes, nas obras de Stendhal, Balzac, Hugo, Dickens, entre outros. Contudo, as poéticas realistas pós-renascentistas conservariam pouco mais do que "destroços do realismo grotesco" (Bakhtin, 2010, p. 21). Assim, seria a ruptura do laço com a tradição renascentista que teria conduzido ao abastardamento do Realismo, degenerado em empirismo naturalista. No Naturalismo, as imagens da vida material e corporal (beber, comer, satisfazer necessidades naturais, copular, parir), por revelarem o substrato animal do ser humano, perdem sua significação regeneradora e ganham *status* de "vida inferior".

A degeneração do grotesco seria um dos sintomas do afastamento da literatura de suas raízes orais e populares e consequente consolidação em mera tradição literária. Na era pré-romântica, o grotesco ressurgiria dotado de um novo sentido: "Ele serve agora para expressar uma visão do mundo subjetiva e individual, muito distante da visão popular e carnavalesca dos séculos precedentes" (Bakhtin, 2010, p. 32).

Uma das transformações operadas pelo individualismo moderno pode ser observada nas relações entre a arte grotesca e o cômico. O riso não teria desaparecido, mas deixado de ser jocoso e alegre para tomar a forma de ironia ou sarcasmo, perdendo, assim, seu aspecto regenerador e positivo. Contudo, é em relação ao polo oposto, ao do terrível, que encontraríamos a principal característica a distinguir o grotesco moderno do medieval:

> As mudanças mais notáveis ocorrem com relação ao terrível. O universo do grotesco romântico se apresenta geralmente como terrível e alheio ao homem. Tudo o que é costumeiro, banal, habitual, reconhecido por todos, torna-se subitamente insensato, duvidoso, estranho e hostil ao homem. O mundo humano se transforma de repente em um mundo exterior. O costumeiro e tranquilizador revela o seu aspecto terrível. (Bakhtin, 2010, p. 34)

Bakhtin (2010, p. 35-6) toma dois motivos caros à literatura romântica, a loucura e o diabo, como exemplos de como o grotesco se afasta do cômico e se aproxima do terror na modernidade. Sobre a primeira, ele descreve como as representações do louco perderam seu sentido de festiva paródia da verdade oficial e passaram a encarnar a tragédia do isolamento do indivíduo nas sociedades modernas. Sobre o segundo, o ensaísta demonstra que o diabo romântico não é mais o "espantalho alegre" da cultura medieval, mas a figuração sombria e maligna do espanto, da melancolia e do desespero do homem moderno ante a um mundo cada vez mais hostil, em acelerado processo de transformação, rumo a um futuro, mais do que nunca, desconhecido.

Grotesco e Modernidade

A absorção das técnicas da arte grotesca pelos escritores realistas – e, sobretudo, pelos naturalistas – tem relação íntima com a moderna crise da razão. Uma parcela significativa das obras de arte na modernidade é resultado de uma visão de mundo negativa, que, em grande medida, é alimentada pela expansão da razão: quanto mais o homem se desvinculava dos sistemas teleológicos religiosos, mais se defrontava com a pouco idílica condição humana.

A euforia produzida pelas conquistas da ciência e do progresso tecnológico tinha dado ao homem a falsa expectativa de um futuro livre de dores e misérias. Esse projeto foi, contudo, sendo frustrado ao longo do grande século XIX.[4] No plano político, o fracasso da Revolução Francesa em realizar os anseios iluministas de progresso e igualdade redundou no reinado do Terror. No plano científico, as noções de homem e de natureza foram violentamente abaladas pela secularização do conhecimento e da vida, tendo por consequência a consolidação da ideia de que o ser humano estava muito mais próximo do reino animal do que da posição privilegiada – e divinizada – que a tradição judaico-cristã propunha. No plano social, a crescente urbanização do Ocidente deu forma às cidades modernas, ajuntamentos humanos como jamais vistos na história do homem: superpopulosas, insalubres, sombrias, labirínticas, violentas e corruptas. No plano tecnológico, a industrialização, por um lado, criava condições sub-humanas de emprego e, por outro, mecanizava as guerras, anunciando o que seria confirmado ao longo do século subsequente – a utilização do conhecimento para a produção de armas de destruição em massa.

A era moderna exigia, em consequência, uma forma de arte capaz de lidar com a relação incômoda que a humanidade passou a estabelecer com sua própria racionalidade. É nesse sentido que concordamos com Bakhtin (2010, p. 34), quando ele afirma que as "imagens do grotesco romântico são geralmente a expressão do temor que inspira o mundo e procuram comunicar esse temor aos leitores".

O uso do termo "grotesco", na modernidade, está relacionado ao efeito decorrente da contemplação de algo cuja significação nos escapa. Para Harpham (2006, p. 3), chamamos de "grotesco" a tudo que atrai nossa atenção, mas não satisfaz nossa compreensão – as coisas grotescas, ao mesmo

4. Entende-se aqui por "grande século XIX" o período de tempo que vai da Revolução Francesa até o irromper da I Guerra Mundial.

tempo que solicitam definição, também a impossibilitam. As *grotesqueries* nem são tão regulares, a ponto de poderem ser facilmente subsumidas às categorias cognitivas, nem tão sem precedentes, a ponto de não podermos reconhecê-las em absoluto. Elas permanecem no limiar entre o conhecido e o desconhecido desafiando a adequação de nossos modos de organizar o mundo em partes reconhecíveis.

Como somos dependentes de nossas categorias de compreensão do mundo, tudo que vier a negá-las pode provocar ansiedade, horror ou repulsa. As formas grotescas, sobretudo as mais anômalas e ambivalentes, afrontam nossos sistemas classificatórios. Por não poderem ser subsumidas às nossas categorias de entendimento, estão, de certa maneira, fora do alcance da linguagem. Chamar algo de grotesco é, portanto, uma defesa contra o silêncio que decorre quando os recursos da expressão foram exauridos (cf. Harpham, 2006, p. 3).

Harpham (2006, p. 18) dirá ainda que um objeto tomado como grotesco pode ser compreendido ou como a distorção de uma espécie ideal ou como um novo espécime. No primeiro caso, após um estado inicial de confusão, retornaríamos com nossas categorias de entendimento intactas. No segundo caso, o que parecia a princípio impossível ou contraditório acaba por tomar forma de uma ideia reconhecível, podendo mesmo instaurar uma "crise paradigmática".[5]

O grotesco, complementa Harpham (2006, p. 23-4), pode assim funcionar de maneira similar ao paradoxo – um modo de fazer a linguagem ir contra ela própria, afirmando, simultaneamente, ambos os termos de uma contradição. A arte grotesca nos coloca no limiar entre o conforto do que é conhecido e o terror do que é desconhecido – e, desse modo, nos leva à descoberta de novas e inesperadas relações entre campos de experiência distintos.

Nas narrativas naturalistas, as técnicas do grotesco são muitas vezes empregadas como modo de figuração dos paradoxos da condição humana. Em "Violação" (1898), do escritor Rodolfo Teófilo, narrativa escolhida para demonstração dos argumentos anteriormente desenvolvidos, focalizaremos um procedimento em particular: a exploração extrema de elementos contrastantes, uma estratégia discursiva característica da arte grotesca.

---

5. Termo cunhado por Thomas Kuhn (1962), para descrever o momento, na história de uma ciência, em que um número grande de anomalias são observadas e desacreditam o paradigma teórico em vigor, sem que se tenha ainda formulado um novo.

Antíteses grotescas

"Violação" é um conto em quatro capítulos, ambientado em uma vila do litoral cearense, durante a epidemia de cólera-morbo de 1862. No primeiro capítulo, um narrador em primeira pessoa discorre sobre suas lembranças de terríveis episódios que vivenciou quando criança. Filho do único médico do lugarejo, ele fora um observador macabramente privilegiado da inglória resistência à peste. O caos instaurado pela epidemia quebra os laços afetivos e empáticos fundamentais para a manutenção da coletividade, convertendo o vilarejo em um grosseiro simulacro de ordem social. O cenário narrativo construído por Teófilo é apocalíptico:

> O cólera chegou, mas sem pródromos, sem casos isolados, atacando centenas de pessoas. A confusão foi então horrível, e o pânico tudo avassalou. A população inteira desvairou-se, como um bando de aves bravas que fosse alcançado à noite no quieto pouso pela ofuscação do facho de astuto caçador.
> A vila contava cinco mil almas, e entre tanta gente não havia um espírito que não estivesse sucumbido. As qualidades afetivas mesmo, se não haviam perecido neles, pelo menos o terror do contágio as tinha anestesiado.
> Os enfermos foram abandonados, não só na choupana do desvalido, como na casa do abastado. Ao primeiro brado de alarma todos fugiram espavoridos. Evitavam os primeiros pesteados pensando livrarem-se do mal, mas se iludiam e eram atacados mesmo longe deles, porque todo o ambiente estava viciado; em cada molécula do ar havia um átomo da peste. (Teófilo, 1979, p. 237)

Poucos dias se passam até que toda a família do personagem-narrador seja acometida pela doença. Cabe, então, ao jovem de apenas nove anos de idade tomar para si a tarefa de enfermeiro dos dez moradores da casa. Entre as tarefas de remoção de dejetos, a limpeza incessante dos aposentos e o trabalho contínuo na cozinha, o evento patético que marcará o protagonista na primeira parte da narrativa será a morte de sua recém-nascida irmã. Nota-se, a seguir, na descrição da vítima, uma técnica de produção do efeito grotesco – a união entre os extremos da existência, o nascimento e a morte, figurado na descrição da forma esquelética do neonato:

> Vinte e quatro horas somente esteve neste mundo a criança a quem um vizinho que a veio batizar chamou de Maria.

> A moléstia havia desfeito, em sua curta duração, todos os músculos do pequeno ser. Havia apenas no berço um esqueletinho vestido de pele, cor de cera branca, com os olhos abertos, num olhar morto de estátua. (Teófilo, 1979, p. 238-9)

O evento se desdobra na dramática incumbência que cabe ao jovem narrador: conduzir o cadáver da recém-nascida ao cemitério. A narrativa explora de modo melodramático o jogo de contrastes entre a degradação causada pela doença e pela morte e a elevação das obrigações morais que impelem a criança a cumprir seu lúgubre fardo:

> Decidi-me a cumprir a ordem com o sacrifício de todos os meus escrúpulos, de todos os meus temores. Abeirei-me do berço para tirar o cadáver e colocá-lo no esquife, uma caixa de papelão na qual minha mãe guardava costuras; mas quando minha vista caiu sobre o rosto do anjinho, e descobriu o seu olhar morto, estagnado, fitando-se em minhas pupilas, não sei como não me acabei de medo. Tive desejos de abandonar a casa, deixando os meus na mais penosa situação; e o teria feito, confesso, porque aquele cálice por demais amargo para os meus anos, se a figura de meu pai, trôpega, vacilante, procurando embalde caminhar para sepultar a filha, não tivesse ficado dentro de mim para sugerir-me, com todo o seu poder de força espiritual, aquele grande sacrifício. (Teófilo, 1979, p. 239)

Observa-se, ainda, na continuidade da cena, como se mantém a exploração dos elementos repulsivos, garantindo assim a produção do efeito grotesco derivado da oposição entre a abjeção material do ato e a grandeza de seu significado:

> Depois de algumas investidas, consegui agarrar o cadáver e depositá-lo no esquife. O corpo já estava gélido. A frieza dele, atravessando o cueiro e a camisinha, me transiu as mãos e senti por aquela algidez de carne morta uma repugnância que me arrepiou de medo e nojo. (Teófilo, 1979, p. 239)

O jogo de antíteses prossegue por toda a cena, até seu ápice, quando o narrador surpreende-se com a coragem de sua mãe por beijar o corpo da filha morta. Reiteram-se, assim, os efeitos do contraste entre os polos da transcendência e da dejeção – por um lado, o sublime e intangível amor materno; por outro, o grotesco e repulsivo cadáver.

A narração tem continuidade com o angustiante deslocamento do jovem pelas ruas vazias e fantasmáticas do vilarejo, até o local destinado ao enterro, em cova rasa, das vítimas da peste. A cena permite ao narrador reforçar os aspectos aterrorizantes do episódio, por meio da descrição do espaço narrativo como um *locus horribilis*:

> Animava-me a esperança de encontrar alguém sepultando os mortos, e esta esperança que me dava algum alento se desvaneceu de todo quando o cemitério caiu-me inteiro debaixo dos olhos. Ninguém vivo estava ali!... Tulhas de cadáveres se espalhavam de chão afora, uns já podres, apodrecendo outros. As pernas se me bambearam e naquele meu abandono, instintivamente, bradei por meu pai; mas num grito medonho de quem está assombrado. (Teófilo, 1979, p. 240)

O ranger lúgubre de uma padiola, conduzindo à vala comum os cadáveres dos coléricos, desperta o protagonista de seu transe de horror. Ele observa, então, quatro homens embriagados despejarem mais um cadáver sobre o monturo. A frieza do ato impele-o também a se livrar de seu fardo e a cumprir, assim, seu dever moral. A ausência de afetividade dos sepultamentos produz seu efeito macabro também sobre o leitor, ao oferecer a contemplação paradoxal de quão inumanos podem se tornar, em certas condições, os atos humanos.

O segundo capítulo do conto se inicia com uma exploração ainda mais explícita da técnica grotesca do contraste, na contraposição feita pelo narrador entre a beleza e a letalidade:

> As ruas continuavam desertas, e o silêncio delas só era quebrado pelo cantar agoureiro do veículo da morte ou pelo ritmo agudo dos gemidos dos pesteados. E havia tanta luz no céu e tanta beleza mesmo em seu azul-claro, uma cúpula tão bonita mas para se arquear sobre um pedaço de mundo de risos e flores e não sobre um hospital de coléricos!... [...]
>
> Até os urubus haviam fugido, deixando o abundante repasto do cemitério entregue somente à fome da larva. Pousados nos altos piroás da serra viam de lá as tulhas de podres trapos humanos e o seu apurado faro, sentindo-lhes o cheiro, os cortava de gula mas crocitavam eles apenas e ficavam; não desejavam a vila.
>
> O diáfano ambiente, que tão inofensivo parecia, estava empestado. [...]
>
> Rara era a tarde, ao toque das ave-marias, que os morcegos, ao saírem das tocas, antes mesmo de muitas evoluções no ar, não caíssem mortos às dezenas, repentinamente, como varados por balas. (Teófilo, 1979, p. 242)

A descrição antitética do espaço, mesclando a placidez e beleza visíveis à morbidade e à letalidade invisíveis, funciona como moldura para a introdução da personagem Padre Galindo, o novo sacerdote da cidade. O narrador, embora reconheça no religioso o altruísmo de quem se fixa em uma localidade tomada por uma epidemia sem cura, lamenta que tal força moral seja acompanhada por profunda ignorância científica:

> O padre, cheio de abnegação e caridade, porém sem a mínima noção de higiene pública em tempo de epidemia, reunia ali a população para ouvir a palavra de Deus e assim aplacar a cólera do Céu. Benfazejo era o seu intento, e ele, com a alma ungida do amor do próximo, não tinha consciência do mal que fazia àqueles infelizes, aglomerando-os em não saneado recinto e ainda mais abatendo-lhes o ânimo com aquelas cenas deprimentes. (Teófilo, 1979, p. 243)

A antinomia entre o valor religioso e o valor científico dos atos do padre toma forma de uma série de imagens profundamente perturbadoras. Na memória do narrador, o redobre dos sinos convocando os fiéis à igreja matriz no fim de tarde tornar-se-á um elemento de horror, não apenas por trazer ao protagonista a ideia de defuntos, mas por lhe recordar a pequena igreja "regurgitando gente" (Teófilo, 1979) e, assim, aumentando os riscos de contágio. Suas recordações de cunho grotesco associadas à igreja desdobram-se ainda no efeito tétrico das melopeias religiosas sobre o protagonista:

> Depois do sermão, que constava sempre da enumeração das penas eternas, com um exagero dantesco, vinha o Ofício de Nossa Senhora, cantado por centenas de vozes de todas as alturas e timbres, com os falsetes do medo, e terminando-se pela – Senhor Deus misericórdia – súplica feita num ritmo pavoroso, por si só mais aterradora do que a mais tenebrosa ideia dos castigos do inferno!... (Teófilo, 1979, p. 244)

É ainda no segundo capítulo que se prenunciará o episódio clímax da narrativa, que se desdobra a partir de uma dramática e misteriosa história contada por um vizinho ao pai do narrador, mas vedada ao conhecimento do jovem protagonista. A possibilidade da existência de uma narrativa tão terrível – a ponto de não poder ser conhecida por alguém que vive já em um ambiente de calamidade e horror – é o gatilho para o enredo de mistério que estrutura o capítulo seguinte do conto: vinte anos após os episódios relatados nos dois capítulos iniciais, o narrador retorna à antiga vila. Incógnito pelos anos que o tornaram irreconhecível aos conterrâneos, ele permite-se flanar, melancólico, pelas ruas do vilarejo, até encontrar com o vizinho que narrara anos antes sua tão horrível história a seu pai.

O quarto capítulo consiste exatamente nessa narrativa. O primeiro narrador desaparece, e caberá à personagem do vizinho a narração em primeira pessoa, do misterioso e terrível episódio ocorrido durante a epidemia de cólera. O homem tinha, na época, 20 anos, e era um estudante de Direito que passava no vilarejo as férias com a família e sua noiva.

Apesar da mudança de narrador, a linguagem e os recursos estilísticos empregados são fundamentalmente os mesmos, e a narração continua a explorar os jogos antitéticos do grotesco. O foco, porém, está na relação do novo protagonista com sua noiva. A técnica narrativa de Teófilo busca levar ao paroxismo os aspectos repulsivos da doença, de modo a valorizar a abnegação e generosidade dos atos de amor:

> O mal evoluía em mim com incrível rapidez. Começou por náuseas, que logo se transformaram em vômitos, mas em vômitos que não paravam. Vieram as dejeções e com a mesma frequência mais de trinta por hora. Estava desmanchando-me em água; o que saía de mim era somente líquido. Em poucas horas a moléstia tinha me dissolvido toda a carne do corpo, só deixando a pele e os ossos! A minha figura devia estar hedionda, repelente, e no entanto, ela, que me servia de enfermeira, que viera pôr-se ao meu lado, logo que soubera estar eu pesteado, não procurava evitar-me as feições, não mostrava nojo de mim. E eu devia estar nojento, como um esqueleto sujo. [...]
> [...] Que delicada enfermeira! Eu não tinha mais lábios para dar direção ao vômito que me saía por toda a abertura da boca, e quantas vezes, por isso, aquela aguadilha infecta e morna não lavou as mãos dela, o rosto mesmo!... Só o amor é capaz desses milagres de dedicação. (Teófilo, 1979, p. 249)

No que julga, erroneamente, serem seus últimos momentos de vida, o narrador desmaia, para acordar, após algumas horas, sendo atirado em uma padiola por carregadores de defuntos. Vitimado por um estado catatônico, ele está incapaz de se mover ou falar – e, portanto, impossibilitado de chamar a atenção dos homens que o carregam para a vala comum. A situação de estar como morto em vida que, por si só, é emblematicamente grotesca, é agravada quando os carregadores arremessam um cadáver sobre ele:

> Os carregadores voltaram trazendo um corpo que atiraram sobre o meu. Recebi em cheio o choque do cadáver, que me sacudiam em cima com o

> maior desrespeito e que se estirou ao longo do meu corpo ficando unido o seu rosto ao meu.
> A ideia deste íntimo convívio com um morto arrepiava-me de repugnância. Eu estava álgido, mas o meu companheiro ainda era mais frio do que eu; a friagem de suas faces me transia a pele do rosto até a caveira. Se pudesse mover-me teria evitado aquele contato, mas não tinha forças para estirar ou encolher um músculo. (Teófilo, 1979, p. 251-252)

Os padecimentos do protagonista tornam-se mais atrozes quando ele se dá conta de que o cadáver jogado sobre seu corpo nada mais é do que o de sua noiva, também vitimada pela cólera. Entretanto, o cúmulo de seus sofrimentos ainda está por vir. Ao chegarem ao cemitério, conduzidos pelos cocheiros – identificados na narrativa como dois sentenciados às galés perpétuas, forçados a trabalhar com a inumação dos cadáveres –, o protagonista percebe que o horror de ser enterrado vivo junto ao cadáver de sua noiva pode ser excedido. Restava, ainda, na grotesca metáfora bíblica feita pelo narrador, "o instante supremo, o momento de esgotar até as fezes o cálice da agonia" (Teófilo, 1979, p. 253).

Os dois carregadores, após despojarem o corpo da jovem de suas joias, iniciam uma partida de cartas em que ao vencedor caberia usufruir o corpo da jovem. Atribuindo ao "instinto bestial" (Teófilo, 1979, p. 254) os atos dos dois criminosos, o narrador racionaliza os atos bárbaros por meio de um processo figurativo muito recorrente tanto no naturalismo quanto na estética do grotesco, a animalização:

> Eu não sabia, até então, de *quanto é capaz o instinto bestial*; não avaliava *a perversão do homem que se deixa dominar pela animalidade*. A carne havia triunfado nas *bestas humanas*, à mercê das quais estava a virgindade dela e a paz de toda a minha vida. Eles tinham perdido a razão e com ela todos os escrúpulos da moral. Nem o espetáculo da morte e nem tampouco o receio da peste embotavam nos celerados os lúbricos desejos carnais!... (Teófilo, 1979, p. 255. Grifos nossos.)

O ápice do episódio, por fim, ocorre com a reação do narrador ao ato de violação do cadáver de sua noiva, a que é submetido como espectador involuntário:

> O meu eu havia percorrido em poucas horas todas as etapas de sofrimento, passado por todos os estádios da tortura, acredite! *E, cousa estranha, eu sentia,*

sem que quisesse, nas ruínas do meu acabamento, em presença daquela cena carnal, uns frêmitos de sensualidade, ânsias da carne, que ainda não tinha de todo perecido!... A dissolução é a glorificação da matéria, o triunfo da animalidade; me convenceu o que vi e senti. (Teófilo, 1979, p. 255. Grifo nosso.)

A extrema indignação do narrador contra os "dois monstros, cada qual mais repelente pela sua moral, mais imundo pelo seu físico, mais asqueroso pelos seus vícios, indignos mesmo do amor de um cadáver" (Teófilo, 1979, p. 255), é matizada por sua constrangida admissão de que o ato necrófilo contra o corpo virginal de sua noiva, ao mesmo tempo que é por ele descrito como "o mais nefando delito da bruteza humana" (Teófilo, 1979, p. 255), tenha sido também capaz de excitá-lo sexualmente. Estamos no justo limiar entre o que se idealiza e o que se constata ser o humano. Eis o reino do grotesco, em sua plena potência de arte do paradoxo, combinando emoções e juízos que nossas categorias de compreensão de mundo supõe contraditórias.

REFERÊNCIAS

BAKHTIN, Mikhail. *A cultura popular na Idade Média e no Renascimento*; o contexto de François Rabelais. 7. ed. Trad.Yara Frateschi Vieira. São Paulo: Hucitec, 2010.

CARROLL, Noël. *The philosophy of horror or the paradoxes of heart.* Nova York: Routledge, 1990.

HARPHAM, Geoffrey Galt. *On the grotesque*: strategies of contradiction in Art and Literature. 2. ed. Aurora: The Davies Group Publisher, 2006.

HUGO, Victor. *Do grotesco e do sublime*; prefácio de *Cromwell.* Tradução e notas de Célia Berretini. São Paulo: Perspectiva, 2002.

KAYSER, Wolfgang. *O grotesco*: configuração na pintura e na literatura. Trad.J. Guinsburg. São Paulo: Perspectiva, 2009.

KUHN, Thomas. *A Estrutura das Revoluções Científicas.* São Paulo: Perspectiva, 1962.

TEÓFILO, Rodolfo. "Violação". In. *A Fome; Violação.* Rio de Janeiro: José Olympio, [1898], 1979. p. 238-256.

MUSAS E SEREIAS NA POESIA CONTEMPORÂNEA: OU, REALISMOS SIRÊNICOS

Leonardo Davino de Oliveira

> "[...] *a musa em fuga desfilando*
> *na aquarela seus fios de ouro rapunzol*
> [...] *e a sereia esmeralda esmerada*
> *em esmorecer seu esmoler* [...]"
>
> **Paulo de Toledo**

Uma vez que os poetas são os responsáveis por revelar o humano ao homem, os poetas são sereias. Dito de outro modo, o elemento sirênico implícito à literatura é o efeito revelador, resultado da competência técnica do poeta que ouviu a Musa Poesia. O poeta responde à necessidade do leitor carente de distinção no mundo. Como afirmam e desejam Roland Barthes (1981), Maurice Blanchot (2005), Octavio Paz (2012) e Tzvetan Todorov (2012), entre outros pensadores dos sentidos da reflexão sobre Literatura, o poeta feito sereia, ao distinguir o leitor por revelar sentidos e propostas de entendimento do mundo, re-encanta o mundo desencantado.

A experiência de mundo, mesmo a experiência de crise, ou "queda", para utilizarmos um termo de Didi-Huberman (2011) em sua análise acerca de Pasolini e Benjamin, já é uma experiência. Como propôs Hélio Oiticica, experimentar o experimental é o empenho do escritor, do artista que, em seu processo de re-encantamento do mundo, convida o leitor a segui-lo. Ambos sabem do risco, mas entendem que, diferente dos que defendem a distinção entre arte e vida, esta não começa quando a leitura acaba; ao contrário, a vida é potencializada durante a leitura, assim como o foi para o escritor, durante a escrita.

A literatura só faz sentido, defende Todorov (2012), quando aliada à experiência da condição humana e tal condição será sempre determinada pela potência do histórico. Re-encantar o mundo desencantado pela técnica, utilizando as próprias reflexões sobre as técnicas de escrita, parece ser característica da nossa Poesia Contemporânea. Esse re-encantamento que usa o belo e a transvaloração do feio, no caso de Glauco Mattoso, por exemplo, é a tarefa a ser cumprida pelos vaga-lumes sobreviventes na contemporaneidade. O trabalho está em, a partir do aparato teórico construído, a partir da tradição posta em pé, deixar o *texto falar*, permitir à literatura ser Literatura – a arte das palavras. O trabalho teórico e de interpretação precisa caminhar nessa mutação do sensível, nessa proliferação de sentidos. Obviamente, isso não implica cair no pluralismo estéril. Contestar o estabelecido não é desprezá-lo, é criar uma relação imanente transformadora a serviço do conhecimento. Assim, a literatura, ao fazer uso da metáfora, por saber da impossibilidade de dizer o *real*, oferece mecanismos de sobrevivência pela arte – o único modo possível de sobrevivência.

São novos tempos. As lutas por liberdades individuais agregam poder às reivindicações feministas contra o adágio que diz: "às mulheres convém o silêncio". No poema "Sereia a sério" (2007), de Angélica Freitas (1973-), enfrenta-se essa tarefa de denunciar o machismo no tratamento dado às sereias, às mulheres. Para narrar as atrocidades sofridas pela mulher ("bípedes femininas"), o poema evoca *A sereiazinha*, de Hans Christian Andersen (1805-1875), que já apontava o destino emudecedor e, portanto, trágico das sereias. Toda-*phoné*, a sereia reconhece a perda de sua essência. Para sobreviver ao excesso de realidade de nossos tempos, coube à sereia representar apenas a beleza física e se inserir no mundo da visualidade. Vocálico que ainda não se "elevou", de acordo com os preceitos religiosos, a sereia é o monstro que mata o homem. Afinal, era ele quem saía ao mar, em um tempo em que, convenientemente, a mulher *precisava* ser sem voz.

A história é conhecida: a sereia quer sair das águas para obter o amor do príncipe humano. Finalmente, ser mulher *por completo*. Tornar bela a parte monstruosa. "São duros os procedimentos (...) a sereia pisa em facas quando usa os pés", diz o poema, evocando o texto parodiado.

> o cruel era que por mais bela
> por mais que os rasgos ostentassem
> fidelíssimas genéticas aristocráticas
> e as mãos fossem hábeis
> no manejo de bordados e frangos assados

e os cabelos atestassem
pentes de tartaruga e grande cuidado

a perplexidade seria sempre
com o rabo da sereia

A crueldade revelada no poema de Angélica só encontra precedente no quadro *L'invention collective* (1934), de René Magritte (1898-1967). Para Adriana Cavarero, "nenhum pintor soube olhar para o destino milenar da sereia mais que Magritte" (2011, p. 134), com a obra em que apresenta a sereia que não canta. "Se o monstro é classicamente um híbrido e se para desfrutá-lo é preciso renunciar a uma parte, que se renuncie ao rosto", observa Cavarero. Amparado por uma filosofia surda, para a qual a palavra escrita é definitiva, esse gesto reforça a mudez do *logos*. "A sua boca de peixe é muda. Não respira sequer: é um peixe voluptuoso, fora da água, agonizante". Serve apenas à excitação sexual do necrófilo.

> Acima da cintura é um peixe, abaixo é uma mulher [...] a história do imaginário que a fez bonita e lhe deu um aspecto sedutor, mesmo não ousando declará-lo, queria exatamente isso: um corpo de mulher a ser possuído, um corpo feminino para desfrute do homem, que nenhuma parte representa melhor do que o triângulo escuro entre as pernas. (Cavarero, 2011, p. 134)

A impactante imagem de uma sereia invertida é o ápice do progressivo silenciamento das sereias e do feminino. A mulher servindo apenas como estereótipo à ordem patriarcal. "Em troca deixa-se algo / a voz, o hímen elástico", diz o poema. O destino das sereias segue a histórica interdição à voz das mulheres. E quem as leva a sério?

O poema discute ainda que, por mais que a sereia tivesse outros atributos – "fidelíssimas genéticas aristocráticas / e as mãos fossem hábeis" –, o que chama atenção é o rabo, o monstruoso. O rabo encobria e justificava os horrores perpetrados contra a sereia. O mais assustador é que a decisão de trocar o rabo por pés parte da própria sereia. Será? É essa dúvida que o poema de Angélica traz. Não seria o desejo de troca a consequência da tirania promovida pelas atrocidades vividas pela sereia, a tirania imposta ao corpo feminino – entre o feliz poeta e o esfomeado?

O sujeito-narrador do poema desdenha do príncipe desejado: "boneco em traje de gala". Ele é uma caricatura de si mesmo, do masculino patriarcal. Para corresponder a essa ideologia, a sereia parece fazer um pacto fáustico

– "uma macumba poderosa" – no qual, "em troca deixa-se algo / a voz". Para ser mulher, ou melhor, bípede feminina, é preciso deixar algo. "São duros os procedimentos".

> e quem a leva a sério?
> melhor seria um final
> em que voltasse ao rabo original
> e jamais se depilasse
>
> em vez do elefante dançando no cérebro
> quando ela encontra o príncipe
> e dos 36 dedos
> que brotam quando ela estende a mão

Mesclando a história de Andersen e os procedimentos contemporâneos de estética feminina disseminados na cultura, o poema de Angélica Freitas condensa a mesma verve autoirônica e autorreflexiva – agora pós-Estudos Culturais e pós *Liberação Feminina* – presentes na poesia de Hilda Hilst e Adélia Prado. Há sempre o questionamento do não pertencimento do corpo feminino em relação ao imaginário midiático e especulativo masculino, bem como a exposição das tentativas frustradas e frustrantes para a mulher que resolve corresponder a esse imaginário, ou questioná-lo.

O poema de Angélica Freitas remete-nos ainda ao pescador do conto "The fisherman and his soul" ("O pescador e sua alma"), de Oscar Wilde. Aqui, é o homem que se submete aos feitiços e à perda da alma a fim de ir viver perto da sereia amada e, até certo ponto do conto, cativa.

– Sereinha, Sereinha, amo-te. Aceita-me como noivo, pois te amo.

– Tens uma Alma Humana – respondeu –. Só poderia amar-te, se mandasses embora tua alma.

Do mesmo plano semântico, evocamos "Desespero" (2013), de Leila Míccolis (1947-), em que "Sereias e iaras cantavam / para os homens atrair; / hoje, em coro, elas apelam / para que as tire dali". Nesse conjunto de textos, sugere-se um retorno ao aspecto animal – ou melhor, um aprofundamento da animalidade, aspecto que é exaltado também no poema "Sereia" (2015), de Ana Martins Marques (1977-):

[...]
melhor é tua metade
animal

a parte humana sendo humana
sempre mente

só mesmo um peixe pode ser
contente
[...]

Ao longo de nossa história, calar as sereias implicou no emudecimento das mulheres, ou melhor, na manutenção do silêncio da *culpada* pela queda do homem (Warner, 1999). Relacionadas à feitiçaria, as mulheres sempre ameaçaram a razão masculina. Tal posicionamento foi ratificado no *Malleus maleficarum*, no século XV, e endossado no Romantismo, quando a fala e a audição perdem espaço para a visão. No entanto, "só podemos atender ao mundo orecular", escreveu Oswald de Andrade no "Manifesto Antropófago". Ao amalgamar "auricular" – do ouvido – e "oracular" – do oráculo – no neologismo "orecular", Oswald investe no sentido da audição. Ouvir para ver, para saber. É assim que "O espírito recusa-se a conceber o espírito sem o corpo" (Andrade, 1989, p. 69). Daí que "Só me interessa o que não é meu. Lei do homem. Lei do antropófago". É o instinto caraíba que promove a transformação do patriarcado em matriarcado, do tabu em totem, em guias de iluminação: consagração do corpo sobre o intelecto: "Nunca admitimos o nascimento da lógica entre nós (...) A magia e a vida (...) Contra as sublimações antagônicas. Trazidas nas caravelas" (Andrade, 1989, p. 69). Eis a rebelião pelo jogo, o usar (apropriar-se) dos signos do outro, antropofagicamente, dentro do conflito cultural. O sincretismo, mais do que submissão ou negação, ressalta a astuta compreensão teológica, cultural e social do outro. O sincretismo como instrumento de afirmação genésica: eis os gestos motores da Contemporaneidade presentes nos poemas lidos.

***

Passamos a esconjurar e devorar nossas referências a fim de que elas no forneçam o mel da vida. *Comemos* quem admiramos para absorvermos os signos da admiração. Exemplo disso pode ser encontrado no poema

"ELEGIA / ACC" (2005), de Leonardo Martinelli (1971-2008), em que Ana Cristina Cesar, de sereia marginal, passa a ser Musa:

Não,
Ana, nem
vem que não
tem: que
há para celebrar?
Teu salto
descalço na piscina
vazia?
As vinte e poucas
edições de tuas
obras
incompletas?

Os poemas
em
tua homenagem,
as mil e
uma teses de mestrado
calcadas
nas entrelinhas
do teu
desespero?

Vida e obra da poeta – a citação de pessoas do círculo de amizade da poeta: Armando, Eudoro, Angela; e de versos de poemas – são repassadas e embaralhadas em um gesto de dessacralização que homenageia e a compara com outros poetas, colocando-a em uma "linha evolutiva" da poesia brasileira.

Não
pretende
comparecer ao
enterro
de tua última quimera.
Isso é meio

cruel.
E daí? Foda-se,
Ana C.

Esse jogo entre elogiar e desconstruir reafirma o fato de que os poetas contemporâneos são leitores de poetas brasileiros e de Poesia Brasileira, o que denota nossas referências internas a serem utilizadas, assim como a própria Ana Cristina Cesar fez com João Cabral de Melo Neto, no texto "O poema e a trégua", paródia que inverte, ou dilata, as ideias lançadas em "O poema e a água".

você exaspera
qualquer um
com dúvidas, dívidas
filhos e culhões
com esses ares
de sereia pré-rafaelita
perdida
no Baixo Gávea -
tanto
tesão, meu deus

[...]
Você não merece nem
um poema frio.
Nem flores de outubro
a teus pés.

Tudo bem, deixa
quieto. Mantenha contato,
o povo daqui
ainda gosta muito
de ti.
Vê se muda de ares -
abraço
Leo

O poema de Martinelli afirma nossa verve antropofágica ao fundir canibais e antropófagos, negando a distinção feita por Oswald de Andrade.

Em "A crise da filosofia messiânica" (2010), Oswald explica que o canibalismo é um tipo de antropofagia, porém, enquanto este compreende um rito, aquele acontece movido pela fome e pela gula. Ambos caracterizam uma "fase primitiva de toda a humanidade" (p. 138). A antropofagia por fome se contrapõe à antropofagia ritual naquilo que esta tem de transformar o tabu em totem: "Do valor oposto, ao valor favorável". "A vida é devoração pura. Nesse devorar que ameaça a cada minuto a existência humana, cabe ao homem totemizar o tabu", escreve Oswald (p. 139). Nesse sentido, Martinelli totemiza Ana Cristina Cesar: "Foda-se, Ana C.".

***

A devastação que Ana Cristina Chiara (1950-) engendra no poema inédito "Aos pés da poesia com Poe" (2015) caminha por outras frequências. O título do poema sugere uma paródia de "A teus pés", de Ana Cristina Cesar (1982). Contudo, não é apenas Ana C. que é evocada – toda a tradição moderna de poesia é reposta em circulação a partir de citações, filigranas, paráfrases, paródias, indicando que a poesia contemporânea é feita na profusão de referências.

> Disse o poeta aos pés da lírica: os dedos dos teus pés
> o primeiro é trocaico;
> o segundo, um octâmetro acatalético;
> o terceiro um heptâmetro catalético...
> e contava os dedinhos, ensinando-lhes os nomes
> finalizando com um tetâmetro catalético.
> Disse são troqueus, são teus, são meus...
> Até o presente momento, nada foi criado que se lho assemelhe.
> O poeta ajoelhado aos pés da musa
> dedilhava a canção. A musa enfadada corta-lhe
> o barato com um pontapé direto no coração.

A primeira observação a ser feita vem da interpretação que Ana Chiara faz das palavras de Edgar Allan Poe quando ele descreve a originalidade na composição de uma obra.

> Sem dúvida, não pretendo que haja qualquer originalidade, quer no ritmo, quer no metro de 'O Corvo'. O primeiro é trocaico, o segundo é octâmetro

> acatalético, alternando-se com um heptâmetro catalético, repetido no refrão do quinto verso e terminando com um tetâmetro catalético. Falando menos pedantescamente, o pé empregado no poema (troqueu) consiste em uma sílaba longa, seguida por uma curta; o primeiro verso da estância compõe-se de oito desses pés; o segundo, de sete e meio (de fato, dois terços), o terceiro de oito, o quarto de sete e meio, o quinto idem, o sexto de três e meio. Ora, cada um desses versos, tomado separadamente, tem sido empregado antes, mas a originalidade que 'O Corvo' tem está em sua combinação na estância, nada já havendo sido tentado que mesmo remotamente se aproximasse dessa combinação. O efeito dessa originalidade de combinação é ajudado por outros efeitos incomuns, alguns inteiramente novos, oriundos de uma ampliação da aplicação dos princípios de rima e de aliteração. (Poe, 1981, p. 917)

Ana Cristina Chiara usa o ensaio de Poe como matéria para a poesia, investindo na ruptura dos gêneros. Ficção e real estão em amálgama. Afirma-se que o poeta contemporâneo, além de leitor de poesia, é leitor de Teoria da Literatura. A citação das métricas usadas por Poe – trocaico, octâmetro acatalético, tetâmetro catalético – exemplifica isso. A submissão do poeta perante a Musa que o rejeita, enfadada da racionalização teórica e pedante do mundo moderno, problematiza a relação entre os dois. Estabelecida a tradição de nossa poesia, a Musa e o poeta parecem brincar com as fronteiras de posições: "são teus, são meus".

"Aos pés da poesia com Poe" cita o soneto "Le tombeau d'Edgar Poe" (1876) ["A tumba de Edgar Poe", em tradução de Augusto de Campos], de Mallarmé. O poema de Ana Chiara indica que a originalidade, portanto, está na combinação, no arranjo poemático que o poeta faz de suas referências. "Aos pés da lírica", o poeta contemporâneo se afirma enquanto um conglomerado de "Eus" reais e metafóricos dispersos ao longo da historiografia literária.

Os versos finais, que mostram "o poeta ajoelhado aos pés da musa" dedilhando a canção e sendo enxotado pela Musa, por sua vez, recuperam os versos "Para, meu coração! / não penses! deixa o pensar na cabeça!", de "Aniversário", de Fernando Pessoa, poeta que, assim como Machado de Assis, traduziu "O corvo" de Poe para a língua portuguesa.

O poeta retorna a um tempo mítico, de uso da lira, já que "até o presente momento, nada foi criado que se lhe assemelhe". Ele faz dos dedos da musa as cordas de sua lira. Em contrapartida, o "pontapé direto no coração" do poeta é o golpe de misericórdia que a musa enfadada pode oferecer. Ao poeta resta o risco da rejeição.

Arte não é fuga, é risco. Riobaldo não fugiu à travessia. Arte não é consolo dominical, é abismo. Mallarmé nos falou que é um "lance de dados". Entre o ser e o sentido, há o conhecimento e há a tradição usada pelo poeta que rejeita a tradição. Não mais o "conhece-te a ti mesmo" de Delfos usado por Platão, mas o conhecimento que se faz na encruzilhada, nos usos que fazemos daquilo que temos chamado poesia. Se podemos dizer que literatura é o espanto, ou a potência-ó cantada por Nuno Ramos (2008), refletir sobre literatura e fazer poesia não pode ser menos do que uma resposta que mantenha o espanto, a potência. Como não é certeza, a literatura se dá ao direito de ser e de não ser. Essa abertura de possibilidades imanentes oferece ao leitor os mecanismos de ensaio para a vida. Vida que não é menos sua que da obra: a canção que o poeta criado por Ana Chiara dedilhava antes do golpe da Musa.

***

Ao poeta resta o re-canto de um mundo abandonado pela Musa. É esse *religare* à musa, em forma de evocação, que alimenta a letra de canção "Musa da música" (2013), de Dante Ozzetti (1956-) e Luiz Tatit (1951-). Do turbilhão das discussões sobre os modos de fazer Poesia hoje, o sujeito embala (guarda e nina) uma figura de musa que virá restituir à canção sua potencialidade – "que é capaz" – de *ser-cantante* do ouvinte. Conta, canta, tenta, sente, mostra, zela, troca e grita são os verbos que abrem cada estrofe da letra e que indiciam a ação da "musa da música" – entidade que convida o ouvinte a experimentar a vida. Na voz de Ná Ozzetti (*Embalar*, 2013) o sujeito, tal como pede a letra, "aposta na canção", na palavra cantada muito próxima à palavra falada.

Se a canção "protela a extinção" do ouvinte e do cantor, a cantora torna-se a musa-sereia que afirma isso:

Musa da música
Mãe das Américas
Filha da África-fé
Musa da música
Mãe das Américas

Filha da África fé
Na poética pós
Na genética pré

No *carrefour* do relato historiográfico com os miasmas da memória mítica, linguística, estética da cultura brasileira. Os contatos culturais nos países latino-americanos não foram pré-programados, uma vez que foram gerados no meio do redemoinho da mistura, tendo o lastro ocidental colonizador empunhado – pela razão que a tudo quer dominar, interpretar e normatizar – as armas cerceadoras. Se sincretizados, os santos católicos que aqui chegaram e dominaram o imaginário não são mais os mesmos de quando da chegada, e há, também, nas traduções brasileiras de Krishna e Iemanjá, uma devoração que distingue e transforma os mitos. Nem Iemanjá é mais (apenas) o rio geográfico africano, nem Krishna é mais (apenas) um ente hindu. Do culto hidrolátrico Iemanjá passa a ser a grande mãe africana do Brasil: é ela o rio que passa sem que possamos domar. Da posição de lótus, Krishna passa a ser referência de meditação: é ele a concentração dentro da estrela azulada.

Desse lugar nebuloso e sedutor, surge a "Musa híbrida" (2006), de Caetano Veloso: "de olho verde e carapinha cúprica". Diz o poeta:

a minha voz tão fosca
brilha por teus lábios bundos
a malha do teu pêlo
dongo, congo, gê, tupi, batavo, luso, hebreu e
mouro
se espalha pelo mundo
vamos refazer o mundo
teu buço louro
meu canto mestiçoso

A musa brasileira é híbrida: "a malha do teu pelo dongo, congo, gê, tupi, batavo, luso, hebreu e mouro". Eis o elogio da construção inconsciente de uma gaia ciência, de um saber não catalogado e que escapa às ciências instituídas: afirmação da Musa híbrida, saber que se cria e se alastra sem o controle da razão.

***

Na letra de "Museu" (2015), Chico César (1964-) relaciona e amalgama as musas contemporâneas a fim de afirmar um sujeito-museu. Os versos iniciais – "Musa eu sou seu museu" – indicam a apropriação musal feita pelo sujeito e seu desejo de ser visitado pela Musa.

Se com seus Parangolés, "antiarte por excelência", o artista plástico Hélio Oiticica liberou as cores da parede, deixando-as tomar conta do ar no corpo de quem as veste, Chico César libera a Musa da clausura que os museus se transformaram: lugar do seguro, da conservação, da memória envelhecida. Em oposição a isso, ele canta um "museu da mordida no lábio inferior / da língua solta / do verbo encarnado transcolor".

Aliás, foi também Hélio Oiticica quem apontou que o "museu é o mundo, é a experiência cotidiana", e, sendo o museu, literalmente, a "casa das musas", o artista assume a questão moderna lançada por Oswald de Andrade no "Manifesto da Poesia Pau-Brasil": "a poesia existe nos fatos". Desse modo, o museu passa a ser, ou volta a ser, o "jambo pendurado no jambeiro", como canta Chico César. "Aberto pra visitação", o museu-sujeito criado por César se permite ser atravessado pela profusão de referências que marcam a contemporaneidade. Museu da Luz (Portugal), Museu da Pessoa (São Paulo) e Espaço Cultural (Paraíba) são espaços físicos de conservação da nossa memória artística-cultural. O sujeito da canção incorpora tais referências, mas dá um passo além. Ele é também "museu da espera, e do encantamento". Rompe-se aqui com a visão tradicional de museu: "Musa eu sou seu museu da memória de ontem".

Para o sujeito, em sendo esse novo modelo de museu, viver é estar na tensão entre o "calçamento ainda não pisado" e a "calçada explodindo em flor". Esse museu não guarda, não preserva, não tem reservas técnicas. Aplicam-se os versos do poema "Guardar" (1996), de Antonio Cícero:

> Guardar uma coisa não é escondê-la ou trancá-la.
> Em cofre não se guarda coisa alguma.
> Em cofre perde-se a coisa à vista.
>
> Guardar uma coisa é olhá-la, fitá-la, mirá-la por admirá-la, isto é, iluminá-la ou ser por ela iluminado.
>
> Guardar uma coisa é vigiá-la, isto é, fazer vigília por ela, isto é, velar por ela, isto é, estar acordado por ela, / isto é, estar por ela ou ser por ela.

Por isso melhor se guarda o vôo de um pássaro
Do que um pássaro sem vôos // [...]. (p. 337)

Quando fazemos do mundo o museu de *tudonada*, um museu *vivo*, abrimo-nos para ser habitados pelas musas, em uma torção temporal que faz de cada um a habitação da poesia. Nesse retorno ao arcaico do gesto poético, a poesia recupera sua potência de revelação e de ritual. O sujeito é o "espaço cultural a ser preenchido pelo beijo". O sujeito vive em "estado de poesia", título do disco de Chico César.

As referências ao "museu do café amargo num copo grande" e ao "museu do índio íntimo contemporâneo-místico", além de evocarem um período arcaico, cantam fragmentos da formação cultural, já que, no primeiro caso, a expressão remete o leitor-ouvinte às oferendas feitas aos pretos velhos da Umbanda – guardiões da sabedoria e do tempo – e, no segundo caso, aos donos das terras desse lugar. O resultado desses contatos é o "museu do corpo / meu corpo e o seu / e do aprendizado em outros corpos".

musa eu sou seu museu
da memória de ontem
do musgo
do mel
da musica sem fim museu
enfim museu do mar
do cheiro de mar
museu

Chico César reforça o agravamento da crise do museu, daquilo que é previamente etiquetado, tombado, canonizado, entronizado, restituindo esse lugar à casa das musas. Se, em "Musa híbrida", Caetano Veloso tem ímpeto de "refazer o mundo", em "Museu" há a disposição do sujeito a serviço da Musa: ele como permanente instrumento da Deusa; "do somos do som do ué": da conjunção e do espanto – museu.

Esse indivíduo que é museu canta a *mundivivência* rosiana. Ele canta a "musa da música" cantada por Dante Ozzetti e Luiz Tatit: aquela que "zela / por aquela / que protela / a extinção" – "na poética pós / na genética pré".

***

Cantada pelos escritores românticos e revista pelos modernos, a Iara, vira e mexe, reaparece em nosso imaginário para celebrar nossa "cor local", nossa distinção e nossos contatos em relação ao estrangeiro. Invenção Romântica, resultado do amálgama entre a Sereia europeia e as lendas indígenas brasileiras, cantada entre ninfeias (Olavo Bilac), ou "da podridão" (Oswald de Andrade), a Iara retorna como ícone de beleza e perigo na voz de Maria Bethânia. Ao cantar "Uma Iara" (2014), canção de Adriana Calcanhotto, Bethânia – que já cantara a Iara no disco *Mar de Sophia*, (2006): "Espelho virado ao céu / Espelho do mar de mim / Iara índia de mel / Dos rios que correm aqui / Rendeira da beira da terra / Com a espuma da esperança" – reafirma aquilo que já dissera: "A voz não é minha. É das sereias".

A Iara de Calcanhotto e Bethânia "dorme na vitória régia", planta aquática típica da região amazônica e rainha dos lagos. Esse ambiente tipicamente brasileiro já distingue essa Iara das outras. A vitória régia oferece a Iara o signo necessário para torná-la definitivamente nossa. O perigo é mantido:

> Ai daquele que cai na tragédia da nudeza da sua voz
> [...]
> Ai daquele que cai na tragédia da nudeza do seu véu
> É preciso manter a proa da margem que encerra.

O canto que é choro, ou o choro que é canto, é o artifício sedutor de Iara. Isso é incorporado à letra da canção e aparece nos alongamentos vocálicos da cantora: "Ah, Ah a Iara / (...) / Uh, Uh, Uh... Iara". Os lamentos funcionam, portanto, como recursos persuasivos. Ai de quem acreditar neles.

Ao canto da letra de Calcanhotto, Maria Bethânia agrega o recital do texto "Maio – Uma perigosa Yara" (1987), de Clarice Lispector (1920-1977). Editado por Fauzi Arap e pela própria Bethânia, o texto de Clarice serve para ilustrar os perigos e narra o caso de um tapuia que se deixou envolver pela beleza e elegância da Iara de "cabelos negros", não mais dourados ou verdes, como em outras aparições literárias. Diz o narrador:

> Houve um dia, um tapuia sonhador e arrojado
> Estava pescando e esqueceu-se de que o dia estava acabando
> E as águas já se amansavam
> 'Acho que estou tendo uma ilusão!', pensou
> A morena Iara de olhos pretos e faiscantes
> Erguera-se das águas

O tapuia teve medo, mas de que adiantava fugir
Se o feitiço da flor das águas já o enovelara todo

Mais adiante, o narrador completa que "sempre à tardinha aparecia a morena das águas / A se enfeitar com rosas e jasmim / Porque um só noivo não lhe bastava". Evocamos aqui as narrativas do xamã Davi Kopenawa:

> Hoje, são essas filhas de Tëpërëriki que fazem os rapazes cheirar feitiços amorosos xõa para capturar suas imagens e fazê-los se tornar outros. À tarde, quando caçamos longe da floresta, podemos ouvir seus murmúrios. E se um jovem caçador as encontra, apoderam-se dele. Mas, antes de aparecer para ele, indagam-se: 'Ele é mesmo bonito e bem cuidado?'. Sem que ele saiba, cheiram sua pele. Inspecionam sua língua, seu peito e seu pênis. Examinam suas unhas. Perguntam-se: 'Será que é bom caçador? Não come as próprias presas?'. Só decidem levá-lo consigo se ele for de seu agrado. Se gostarem mesmo dele, depois o levam para sua casa debaixo d'agua. (Albert, 2015, p. 102)

Clarice não escolhe à toa o mês de maio para cantar Iara. Como sabemos, maio é o "mês das noivas", é o mês em que as noivas encontram seus noivos em casamento. Assim como Iara: mulher insubordinada: "No mês de Maio, ela aparece ao pôr do sol / E à medida que Iara canta, mais atraídos ficam os moços", lê Bethânia. O encontro entre Clarice Lispector, Adriana Calcanhotto e Maria Bethânia resulta no cantar dessa Iara afirmativa do nacional sem ufanismos: interior, do Brasil profundo. Essa Iara não nega o "dom de iludir" feminino: não mais silenciado pelo patriarcado e pelo machismo, o feitiço é assumido como elemento de positividade. Assim, se a criação poética é fruto da memória, a Iara que aparece aqui recupera, reelabora e atualiza as Iaras evidenciadas ao longo de nossa formação literária e cancional. A entidade presente nesse momento parece iluminar o percurso que a Iara fez desde os românticos até agora: as perdas e os ganhos das características no processo de ensaiar o Brasil.

Ao invés de negar o perigo do canto, as artistas afirmam esse perigo como distintivo, belo e original. Plasma-se uma imagem pós-identitária para a Sereia, o feminino e a mulher: "confiante no seu encanto". Funda-se uma Iara, "espelho virado ao céu" e "morena das águas" a refletir o gesto antropófago da Guaraci oswaldiana, mas também o ímpeto trágico da Iracema alencariana. Uma não exclui a outra. Há fusão dos significantes das Iaras com /I/ e das Yaras com /Y/ em benefício de um *feminismo feiticeiro*, do cantar, do enredar poético-sedutor. Afinal, "de que adiantava fugir / se o feitiço da flor das águas já o enovelara todo". Canta-se, portanto, o retorno do amálgama entre feitiço e poesia, Humano e natureza.

Fundam-se o retorno da correlação poesia, música e mistério (magia, *mageia*); a suspensão daquilo que entendemos por natureza; a interferência produtora de sensações ilusórias, de um *ir em direção* à magia do verbo. Com seu convite ao ouvinte pelo reconhecimento de si, esse realismo sirênico, remete-nos ao aforismo 372 de *A gaia ciência* em que Nietzsche, ao criticar o idealismo dos filósofos, faz um elogio aos sentidos e ao tratamento das coisas *concretas* da vida. Em Nietzsche a música é a vida, portanto, faz-se necessário mergulhar nela, pois é nesse mergulho que se realiza o conhecimento de si, do humano, e não no contrário, na postura de tapar os ouvidos com cera: de desligar o rádio. Por nossa vez, a poesia – escrita ou cantada – é espelho, canta-nos, sustenta-nos na vida. Paradoxalmente: ela engana-nos, é nefasta, pois promove o ensaio daquilo que poderemos ser, embora, e talvez por isso jamais atinjamos tal ponto de nitidez figurativa. Desse modo, as musas e as sereias invocadas e evocadas pelos artistas contemporâneos continuam sustentando a ficção do real – ou seria o real da ficção?

REFERÊNCIAS

ANDRADE, Oswald de. *Trechos escolhidos*. Organizado por Haroldo de Campos. Rio de Janeiro: Agir, 1989.

______. *A utopia antropofágica*. Rio de Janeiro: Globo, 2010.

BARTHES, Roland. *O grau zero da escrita*. Trad. Maria Margarida Barahona. Lisboa: Edições 70, 1981.

BLANCHOT, Maurice. *O livro por vir*. Trad. Leyla Perrone-Moisés. São Paulo: Martins Fontes, 2005.

CAVARERO, Adriana. *Vozes plurais*: filosofia da expressão vocal. Trad. Flávio Terrigno Barbeitas. Belo Horizonte: Editora UFMG, 2011.

CICERO, Antonio. *Guardar - Poemas escolhidos*. Rio de Janeiro: Record, 1996.

DIDI-HUBERMAN, Georges. *Sobrevivência dos vaga-lumes*. Belo Horizonte: Editora UFMG, 2011.

FREITAS, Angélica. *Rilke shake*. Rio de Janeiro; São Paulo: 7Letras, Cosac Naify, 2007.
MARQUES, Ana Martins. *O livro das semelhanças*. São Paulo: Companhia das Letras, 2015.
NIETZSCHE, Friedrich. *A gaia ciência*. Trad. Paulo César de Souza. São Paulo: Companhia das Letras, 2001.
OLINTO, Antonio. *A sereiazinha*. Hans Christian Andersen; adaptação Antonio Olinto; ilustração José Menezes. Rio de Janeiro: Edições Consultor: Fundação Biblioteca Nacional, 2008.
PAZ, Octavio. *O arco e a lira*. Trad. Ari Roitman e Paulina Wacht. São Paulo: Cosac Naify, 2012.
POE, Edgar A. *Ficção completa, poesia e ensaios*. Rio de Janeiro: Nova Aguilar, 1981.
RAMOS, Nuno. *Ó*. São Paulo: Iluminuras, 2008.
TODOROV, Tzvetan. "Os poderes da poesia". In: CICERO, Antonio. *Forma e sentido contemporâneo: poesia*. Rio de Janeiro: EdUERJ, 2012.
WARNER, Marina. *Da fera à loira*: sobre contos de fadas e seus narradores. Trad. Thelma Médici Nóbrega. São Paulo: Companhia das Letras, 1999.
WILDE, Oscar. "O pescador e sua alma". In: *Obra completa*. Rio de Janeiro: Nova Aguilar, 2007.

JOSÉ DE ALENCAR E OS NACIONALISMOS

Marcus Vinicius Nogueira Soares

Na edição de agosto de 2013, o jornal literário *Cândido*, publicado pela Biblioteca Pública do Paraná, apresentou como matéria especial de capa o debate em torno do seguinte tema: "O Brasil segundo a literatura nacional: críticos e acadêmicos apontam os livros de ficção que ajudaram a conceber a identidade nacional" (Cândido, 2013, p. 1). No interior da publicação, o artigo responsável pela apresentação do debate acaba redirecionando a proposta inicial, como se pode perceber pelo título e pelo subtítulo: "A ficção que (não) discute a realidade: tema recorrente na literatura de autores clássicos como Machado de Assis e Graciliano Ramos, o Brasil tem sido um assunto pouco privilegiado por escritores contemporâneos" (Cândido, 2013, p. 22). Insuflada pelos protestos de junho de 2013, a matéria tentava entender até que ponto o Brasil, colocado no centro da discussão do momento, em perspectiva mais ampla, como há muito tempo não se via nas mais diferentes esferas culturais do país, ainda poderia ser tomado como fundamento para a nossa recente produção literária. Diante das variadas opiniões veiculadas pelo artigo, o resultado é a constatação do esvaziamento gradativo desse temário, a ponto de, em cima da hora, a Festa Literária de Paraty (Flip) de 2013 incluir na programação a discussão dos protestos sem, necessariamente, vinculá-la ao tema geral do evento daquele ano, que homenageava o grande romancista alagoano Graciliano Ramos, uma vez que, nas mesas extras, os debates apenas foram conduzidos na direção da pauta política.

Entretanto, o que se mostra mais interessante na matéria é o último item, no qual o *Cândido* lista "dez livros que discutem o Brasil por meio da ficção" (Cândido, 2013, p. 26). Segue a relação em ordem cronológica de publicação: *Memórias póstumas de Brás Cubas* (1881), de Machado de Assis, *O cortiço* (1891), de Aluísio Azevedo, *Os sertões* (1902), de Euclides da

Cunha, *Triste fim de Policarpo Quaresma* (1915), de Lima Barreto, *Macunaíma* (1928), de Mário de Andrade, *São Bernardo* (1934) *e Vidas secas* (1938), de Graciliano Ramos, *Morte e vida Severina*, de João Cabral de Melo Neto, *Grande sertão: veredas* (1956), de Guimarães Rosa e, por fim, *Viva o povo brasileiro* (1984), de João Ubaldo Ribeiro. Cada livro é acompanhado por uma pequena resenha que procura situá-lo dentro da temática destacada. Embora não haja menção aos critérios de escolha, não é difícil deduzir que, como não são os únicos que discutem o Brasil, eles são provavelmente os que melhor realizam a tarefa. Aí, como era de se esperar de qualquer lista, são as lacunas que chamam a atenção. A primeira encontra-se dentro do próprio arco temporal assinalado, pois, até a publicação de *Grande sertão: veredas*, a maior distância entre as obras escolhidas não havia superado dezessete anos enquanto o lapso entre o romance de Guimarães Rosa e *Viva o povo brasileiro* chega a quase trinta. Caberia então a pergunta, que não pretendo aqui desenvolver, se o esvaziamento da temática é um fenômeno contemporâneo ou se já havia começado a dar os seus primeiros sinais na década de 1960. A segunda lacuna diz respeito aos extremos da lista: pelo que se observa, não seria apenas hoje que o tema não estaria dando os seus melhores frutos, pois nenhum autor pré-machadiano foi selecionado e, dentre os ausentes, destaca-se José de Alencar.

Sem dúvida, a reação imediata poderia ser de surpresa. Afinal, pelo subtítulo afixado na capa do exemplar, trata-se de "livros de ficção que ajudaram a conceber a identidade nacional". Todavia, a lista apresentada ao final da matéria é a dos "livros que discutem o Brasil". Logo, é possível deduzir que discutir um país é um modo de conceber a sua própria identidade. Se assim é, por que a obra de Alencar não se explicaria por essa lógica identitária? Ao que parece, o verbo "discutir" é o termo central, uma vez que seu significado sugere o debate a partir do exame atento e minucioso de um assunto qualquer. Considerando, assim, a escolha feita pelo jornal, percebe-se que a discussão encetada por esses livros envolve uma análise do país que vai da crítica à burguesia em *Memórias póstumas de Brás Cubas* à denúncia da "devassidão presente no processo de formação do povo brasileiro" (Cândido, 2013, p. 27) no livro de João Ubaldo. Ora, por esse prisma, José de Alencar não teria contribuído para esse debate, pois não teria discutido e, sobretudo, não teria assumido uma posição crítica face às demandas nacionais de seu tempo. O seu legado teria sido de um nacionalismo apologético e não crítico (lembro que sugestivamente a matéria do *Cândido* não utiliza em nenhum momento o termo nacionalismo: a discussão crítica do Brasil talvez não corresponda a uma vocação nacionalista, considerando a carga pejorativa que o termo traz consigo, depois de tantas apropriações, em especial a que se realizou no período do golpe de 1964).

Essa visão que converte a obra de José de Alencar em mera apologia da nação é, sem dúvida, um lugar-comum da crítica cuja história vem de longa data, e, considerando que seus romances são cada vez menos lidos, não é surpreendente que ela ainda se mantenha ativa em 2013. Nesse sentido, a questão que me parece importante formular baseia-se na pergunta pelo momento histórico em que essa visão se configura, levando-se em conta que, no século XIX, como todo aquele que se dedica à pesquisa dessa época está familiarizado, boa parte da recepção dos textos alencarianos ocorreu sob chuvas e trovoadas, especialmente ao final de sua vida, quando a sua capacidade literária de declarar o nacional foi severamente colocada em cheque – lembro apenas de passagem a severa crítica de Joaquim Távora nas páginas do jornal *Questões do dia*, entre 1871 e 1872, e a polêmica entre Alencar e o jovem Joaquim Nabuco, em 1875; como se sabe, o criador de *Iracema* morre em 1877.

O primeiro passo na tentativa de abordar a questão foi acatar as ponderações de Afrânio Coutinho. Em uma palestra proferida na Jornada Cultural sobre José de Alencar, em Fortaleza, no ano do centenário de seu falecimento, 1977, Coutinho lembrava que, apesar do sucesso público alcançado em vida, o autor de *Iracema* não teria obtido a mesma consagração crítica, mantendo-se em relativo ostracismo durante algumas décadas após a sua morte, o que só seria alterado no século seguinte. Diz Coutinho: "Pode-se afirmar que só na década de 1930 é que se processou uma ressurreição do ponto de vista de uma revalorização crítica" (Coutinho, 1983, p. 74). Além disso, segundo o ensaísta, o marco do revisionismo deu-se em 1929, com a série de conferências da Academia Brasileira de Letras em comemoração ao centenário de nascimento do escritor, publicada meses depois na revista da própria instituição. A ideia de um revisionismo da literatura de José de Alencar, situado em um momento histórico específico, mostrou-se absolutamente interessante, ainda mais porque a pesquisa que venho desenvolvendo do período revelou que o renascimento assinalado por Coutinho foi muito além da iniciativa da ABL: a cobertura do centenário do nascimento de José de Alencar ocupou, de modo surpreendente, significativa parcela da imprensa da época.

No que se segue, apresentarei parte dessa repercussão, restringindo-me aos jornais do Rio de Janeiro e São Paulo, com o objetivo de delinear o contexto no qual a visão apologética a que me referi é constituída, alimentando assim a "ressurreição crítica" de José de Alencar.

Em 1929: a efeméride

Inicialmente, destaco dois diferentes conjuntos de intervenção jornalística que compõem a cobertura do evento: o primeiro, de caráter noticioso, possui textos que se referem às festividades que se disseminaram pela capital da República e, em alguns poucos casos, também em outras localidades; o segundo compreende os artigos que abordam a vida e a obra do escritor cearense.

Em relação ao primeiro conjunto, tendo em vista que a data de seu natalício é 1 de maio de 1829, vale destacar que a agenda de comemoração já vinha sendo anunciada desde meados de abril e, à medida que a data se aproximava, aumentava significativamente o destaque dos anúncios. No jornal *O País*, dirigido por Alves de Souza, no exemplar de 27 de abril de 1929, o aviso intitulado "Centenário de José de Alencar" (*O País*, 1929, p. 1) já ocupa a parte central da primeira página, e, na segunda, estampa-se a lista com alguns eventos que se realizariam na data do aniversário. O mesmo ocorre em outros periódicos. No caso das festividades, iriam ser de maior interesse os exemplares do dia seguinte ao aniversário, nos quais apareceria a cobertura da realização do que tinha sido até então anunciado. Entre os inúmeros eventos, cumpre assinalar as conferências em diversas instituições como a ABL, o Instituto Histórico e Geográfico Brasileiro, a Academia Fluminense de Letras, o Grêmio Rui Barbosa, a Sociedade de Geografia, a Academia Pedro II e o Centro Cearense. Esse último merece destaque especial, pois foi o responsável pela organização de várias conferências e de uma reunião na Escola José de Alencar, no Largo do Machado, onde um grupo de alunas cantou o "Hino a José de Alencar", tendo, como símbolo do evento, um estandarte com a sua imagem. Pouco depois, o hino seria novamente entoado pelo mesmo grupo, só que agora acompanhado pela Banda do Corpo de Bombeiros e diante da estátua do escritor na praça que recebe o seu nome, no bairro do Flamengo, estátua em cuja base, ao final da cerimônia, foram lançadas palmas e flores. Mais tarde, o grupo foi em romaria ao seu túmulo no cemitério de São João Batista, em Botafogo. Em geral, os jornais do dia 2 de maio cobriram os eventos com fotos e mais uma vez *O País* mostrou-se o mais empenhado de todos, pois veiculou três imagens na primeira página sob a manchete principal "A glória de José de Alencar" (*O País*, 1929, p. 1) – vale recordar que *O País*, assim como o *Correio da Manhã*, dedicou toda a primeira página do exemplar de 1º de maio à efeméride.

Outro dado bastante interessante foi que a comemoração do centenário não ficou restrita aos meios impressos de comunicação. A recentíssima tecnologia de radiodifusão, que estreara no Brasil em 1923, colaborou com as festividades. As emissoras Rádio Club do Brasil, Rádio Sociedade e Sociedade Rádio Educadora do Brasil dedicaram parte de sua programação a palestras e concertos em homenagem ao escritor.

Pode-se dizer então que, ao contrário do que vituperava Múcio Leão em artigo para o *Jornal do Brasil* de 27 de abril de 1929, a data não passou em branco, embora sua contrariedade estivesse mais relacionada à pouca verba liberada pelo governo do Ceará para edição das obras completas de José de Alencar – o que só ocorreria na década de 1950 e sem a subvenção estatal.[1]

Do que foi por mim levantado sobre o centenário, o que mais me chamou a atenção foi o caráter cívico que envolvia as comemorações. Desde o estandarte e o hino, executado pela banda de uma instituição militar, até as manchetes jornalísticas, passando pela pequena notícia de uma sessão cívica em Maceió em homenagem ao escritor, tudo parecia concorrer para a representatividade cívica de José de Alencar e sua obra. *O Globo*, na data do aniversário, já prestando conta do que ocorrera durante o dia na edição vespertina das 17h, estampava na primeira página, acima da reprodução fotográfica das manifestações na Praça José de Alencar, a seguinte rubrica: "O sentimento de nacionalidade na obra do nosso maior romancista" (*O Globo*, 1929, p. 1). Logo abaixo, vinha a manchete: "Foram edificantes de civismo as comemorações do centenário de Alencar" (*O Globo*, 1929, p. 1). A *Gazeta de Notícias*, do dia 2 de maio, apresentando os eventos do dia anterior, ecoa o jornal de Irineu Marinho: "revestiram-se do mais acentuado entusiasmo cívico as comemorações levadas a efeito, ontem" (*Gazeta de*

1. A reação de Múcio Leão está baseada no fato de que anos antes o governo do Sergipe havia subsidiado o projeto, sob a responsabilidade de Manoel dos Passos de Oliveira Teles, de edição das obras completas de Tobias Barreto, "um poeta desagradável e um escritor aborrecido" (Leão, 1929, p. 5), segundo o crítico.

Notícias, 1929, p. 1). Ainda em 1º de maio, no texto central da cobertura da data pelo *Jornal do Brasil*, o redator, depois de agradecer a Alencar pelo "grande espírito, que, pela obra e pelo grande trabalho, tanto honra a nossa nacionalidade", arremata: "O culto a Alencar é dever de civismo para os brasileiros" (*Jornal do Brasil*, 1929, p. 7). Por fim, cito a abertura do artigo de Leôncio Correia publicado no jornal paulistano *Folha da Manhã* em 7 de maio: "As comemorações do centenário de José de Alencar revestiram-se de um duplo cunho: espiritual e cívico. Daí a beleza encantadora que as marcou" (Correia, 1929, p. 4). Por ora, deixo em suspenso o desenvolvimento desse primeiro conjunto, pois, para compreendê-lo em sua dimensão cívica, seria importante trazer à tona a recepção crítica no contexto do Centenário.

Em 1929: a fortuna crítica

Do ponto de vista da fortuna crítica jornalística, a quantidade de artigos publicados sobre Alencar foi, de fato, bastante expressiva. Só em *O Jornal*, importante periódico pertencente aos Diários Associados de Assis Chateaubriand, foram oito contribuições, algumas de autorias importantes de personalidades do meio intelectual e literário da época, como Xavier Marques, Almachio Diniz, Tristão de Athayde e Cecília Meireles. Embora não houvesse unanimidade entre os colaboradores, o tom geral era de revalorização da obra e da figura nacional de José de Alencar. Austregésilo de Athayde, por exemplo, no artigo "O romance de José de Alencar (Epístola a um espírito gentil)", depois de apontar alguns senões em seus romances, como a incapacidade de observação, inclusive da alma humana, consagra a importância do autor de *Lucíola* da seguinte maneira:

> Diz-se no Alcorão que 'Alá deu a cada povo um profeta na sua própria língua'. O escritor de Mecejana deixou o evangelho do nacionalismo sem intransigência que é antes o justificado amor das nossas origens e o respeito da poesia que envolveu a existência dos criadores da nacionalidade. (Athayde, 1929, p. 11)

No texto intitulado "Uma imagem integral do Brasil", o romancista baiano Xavier Marques segue pelo mesmo caminho, sentenciando: "É uma obra vasta, compreensiva, gloriosamente nacional" (Marques, 1929, p. 2). Na *Revista da Semana*, Alencar é aquele em que, nas palavras de Saul de Navarro, se operou "a revelação do espírito nacional" (Navarro, 1929, p.

3). Antecipando-se à data, no exemplar de 28 de abril, o *Jornal do Brasil* transcrevia o discurso que Coelho Neto teria pronunciado na inauguração do monumento a Alencar, em 1897, com a presença ilustre do presidente da República, Prudente de Moraes. Em meio a inúmeras expressões em latim, sobreveio uma breve interpretação de *O guarani*, na qual, após ressalvar a situação paradisíaca da "conjugação dos dois espíritos", o de Peri e o de Ceci, representando, respectivamente, a vida selvagem e a civilização, Coelho Neto escreve: "Eis a vida inicial da Pátria" (Neto, 1929, p. 5). Ainda no *Jornal do Brasil*, no artigo já aqui citado, em que os brasileiros eram convocados ao culto cívico de Alencar, o redator engrossa o coro das celebrações, afirmando: "Nada há em seus livros que não seja o Brasil – mas o Brasil natural, sem aberrações, sem poesias mentirosas" (José..., 1929, p. 7). Poderia aqui me estender indefinidamente com o levantamento da fortuna crítica do centenário, mas prefiro concluí-lo, retornando ao artigo de Leôncio Correia da *Folha da Manhã*, a partir do qual pretendo apresentar algumas reflexões na tentativa de compreender a revalorização de José de Alencar em 1929.

Como se viu, Correia endossa a ideia do caráter cívico das comemorações. Segundo ele, "o Brasil reconciliava-se consigo mesmo na apoteose ao seu maior e mais glorioso romancista" (Correia, 1929, p. 4). Curiosamente, o que se evidenciava nos festejos vinha ao encontro de uma circunstância trivial que o autor traz à baila: exatamente na data do centenário, ele lia o recém-lançado livro póstumo de Eça de Queirós, *Cartas inéditas de Fradique Mendes e mais*. Com isso, no capítulo "A Revolução no Brasil", Correia se depara com o que ele entende ser "uma lamentável cegueira na interpretação dos motivos determinantes da memorável jornada de 15 de novembro de 89". O argumento do escritor português era de que, com a Revolução, o antigo Império se esfacelaria em distintas repúblicas, considerando o acirramento das diferenças históricas e naturais entre as províncias, o que poderia levar a conflitos generalizados, inclusive armados. Segundo Correia, o equívoco interpretativo de Eça estaria no seu total desconhecimento do que ele chama de "brasileirismo", ou seja, um "sentimento alto e nobre da Pátria unida e forte" (Correia, 1929, p. 4). Assim, é exatamente esse sentimento que se fez presente nas comemorações do centenário. Daí José de Alencar converter-se, por meio de sua obra, em "um dos mais poderosos laços da unidade nacional" (Correia, 1929, p. 4). O final de seu texto é mais uma conclamação ao gesto cívico da homenagem: "honrar-lhe o nome, glorificar-lhe a memória, é uma obra de patriotismo e uma revelação de cultura, a mais da afirmação da delicadeza emocional do povo e da sensibilidade moral da raça" (Correia, 1929, p. 4).

Gostaria de argumentar que a afirmação do brasileirismo, com os gestos cívicos, é mais sintoma de debilidade da "Pátria unida e forte" do que reconhecimento de sua evidência. Um breve percurso pelo contexto político-cultural da década de 1920 mostra que o ambiente era muito mais favorável a dissensões em todos os níveis do que a unificações. Politicamente, muitas questões provinciais que vinham se arrastando desde o século anterior se mantiveram quando não se agravaram. Embora não pudesse ser prevista em 1929, a Revolução de 30 foi fruto das contínuas crises e revoltas que se sucederam durante os anos 1920. Culturalmente, os nacionalismos que emergem em torno de 1922 colocam em cheque toda uma tradição de pensamento da nacionalidade, incluindo aí a posição do próprio José de Alencar, ao mesmo tempo em que reagem às pautas ufanistas do regime vigente. Obras como o "Manifesto Pau-Brasil" (1924), a poesia *Pau-Brasil* (1925) e o "Manifesto Antropófago" (1928), de Oswald de Andrade, *Pauliceia desvairada* (1922) e *Macunaíma* (1928), de Mário de Andrade, já tinham sido publicadas antes da efeméride alencariana – sem contar a produção literária das duas primeiras décadas do século, como a de Graça Aranha e Lima Barreto, em que a mesma desestabilização crítica já pode ser detectada. Os movimentos regionalistas "pessimistas e ideológicos" (Santiago, 2015, p. 6), para usar aqui expressão recente de Silviano Santiago, como o proclamado em 1926 por Gilberto Freyre e o que se inicia com o aparecimento de *A bagaceira*, de José Américo de Almeida, em 1928, perpetuando-se pela década seguinte, são claros sintomas da fragmentação do ideário nacional. Na verdade, boa parcela da arte coeva à República recém-instituída, mas que já parecia velha aos 40 anos, não teria sido capaz de produzir uma simbologia ou mesmo uma mitologia que representasse os ideais republicanos. O civismo exacerbado da época pode ser pensado como função compensatória sustentada pelo aparato institucional do Estado. O próprio Leôncio Correia teve papel importante na implementação de políticas governamentais cívicas, pois, quando Diretor Geral de Instrução Pública do Distrito Federal, fez parte da comissão, ao lado de Olavo Bilac,[2] que instituiu e organizou a "Festa

2. O mesmo que, entre 1915 e 1916, estaria empenhado na campanha cívica para a aplicação da lei de 1907 que estabelecia o serviço militar obrigatório no Brasil. Neste período, Bilac viajou pelo país proferindo conferências, nas quais defendia uma espécie de civismo militarizado. Algumas destas conferências foram reunidas no livro *A defesa nacional*,

da Bandeira", cuja primeira realização deu-se em 19 de novembro de 1908. Como não era apenas uma data de registro memorial, tratava-se de ações conjuntas empreendidas por todas as esferas dos governos Federal, Estadual e Municipal, sobretudo nos meios escolares, com o intuito de promover os valores republicanos. A propósito, a velha República logo percebeu a importância da educação na tentativa de construção de sua simbologia, pois, em 1929, no mês do centenário alencariano, seria colocado em prática no Rio de Janeiro o projeto de ensino do escotismo nas escolas públicas. O fundamento da empreitada não poderia ser outro que não o seu valor cívico, como se lê na circular do secretário do prefeito, Mário Cardim, enviada aos instrutores responsáveis pela realização do projeto:[3]

> Aos chefes instrutores: dentro em poucos dias, ides iniciar nas escolas públicas do Distrito Federal, a tarefa patriótica a que, graciosamente, vos propusestes de, como bons e leais servidores de Baden Powell,[4] constituir nesses estabelecimentos, as primeiras patrulhas de escoteiros. (*Gazeta de Notícias*, 3/5/1929, p. 2)

Mais ou menos como se deu com o até então esquecido Tiradentes, na ausência de mártires do 15 de novembro, a revalorização de José de Alencar vai ser fruto de uma reação cívica decorrente da instabilidade política e social republicana. Sem nenhuma expressão artística contemporânea que pudesse contribuir na construção da "Pátria unida e forte", a obra alencariana ressurge como apologia do nacional, segundo a ótica interpretativa de que, do interior de seus textos, emanava um poder conciliatório,[5] integralizador, profético, evangelizador e, sobretudo, capaz de exprimir a própria nacionalidade brasileira. Ou seja, diferentemente das relativizações críticas

---

publicado em 1917, das quais se destaca "Escotismo", em que o autor reitera a importância da doutrina de Baden Powell – a "nova heroicultura" (Bilac, 1917, p. 71) – para o pleno desenvolvimento da educação brasileira. Outrossim, Bilac foi um dos fundadores da Liga de Defesa Nacional, entidade responsável pela publicação do livro acima mencionado, além de autor da letra do "Hino à Bandeira", cuja melodia coube ao compositor Francisco Braga.

3. À época, o prefeito do Distrito Federal era o paulista Antônio da Silva Prado Júnior, irmão de Paulo Prado, autor de *Retrato do Brasil*. Vale lembrar ainda que Mário Cardim foi um dos responsáveis pela criação da Associação Brasileira dos Escoteiros (ABE), em 1914, a primeira em âmbito nacional.

4. Robert Baden-Powell (1857-1941) foi um militar britânico responsável pela sistematização do escotismo.

5. Lugar-comum interpretativo que ainda se observa na crítica bem mais recente, como a de Doris Sommer no capítulo dedicado a José de Alencar de seu livro *Foundational Fictions: The National Romances of Latin American* (1991).

da literatura em curso na década de 1920, a obra de Alencar torna-se o modelo de expressão artística que não problematiza, mas apenas espelha esteticamente a nacionalidade seja por meio de imagens grandiosas da natureza seja pela figuração típica de determinada matriz cultural (índio, sertanejo, etc.) ou mesmo pela consagração de um momento histórico no processo formativo da nação. Como a instabilidade só aumentou no decorrer do século a partir de 1930, a revalorização de sua literatura manteve-se adstrita quase aos mesmos critérios, e não é à toa que a comemoração do centenário de *Iracema* em 1965, mais uma vez em torno de sua estátua no bairro do Flamengo, contou com o estímulo governamental e a presença do então presidente da República, o marechal cearense Humberto de Alencar Castelo Branco.

Se há algum mérito nessa revalorização, ele pode ser creditado ao renovado interesse pela produção alencariana que se manifesta de modo contundente nos anos de 1950, com a publicação de todos os seus romances pela editora José Olympio, em 1951, e das obras completas pela Aguilar, em 1958, sob a coordenação de Afrânio Coutinho, seguindo o projeto original de Mário de Alencar. De resto, a ausência do autor cearense na lista da matéria do *Cândido* em 2013 sinaliza para a necessidade urgente de se repensar a sua literatura, superando o modelo interpretativo forjado no decorrer do século passado e assim descartar de sua perspectiva literária a visão apologética do nacional. A meu ver, retomando o verbo destacado logo no início do ensaio, José de Alencar discutiu o Brasil tanto quanto qualquer escritor da lista, basta ler a sua obra sem prestar continência.

REFERÊNCIAS

ATHAYDE, Austregésilo. "O romance de José de Alencar (Epístola a um espírito gentil)". *O Jornal*, Rio de Janeiro, p. 2 e 11, 1 mai. 1929.

BILAC, Olavo. "Escotismo". In: *A defesa nacional*. Rio de Janeiro: Liga da Defesa Nacional, 1917.

CORREIA, Leôncio. "José de Alencar". *Folha da Manhã*, São Paulo, p. 4, 7 mai. 1929.

COUTINHO, Afrânio. "José de Alencar na Literatura Brasileira". In: *Processo da descolonização literária*. Rio de Janeiro: Civilização Brasileira, 1983.

JOSÉ de Alencar: o centenário do nascimento do grande romancista brasileiro. *Jornal do Brasil*, Rio de janeiro, p. 7, 1 mai. 1929.

LEÃO, Múcio. "As obras de Alencar". *Jornal do Brasil*, Rio de janeiro, p. 5, 27 abr. 1929.

MARQUES, Xavier. "Uma imagem integral do Brasil". *O Jornal*, Rio de Janeiro, p. 2, 1 mai. 1929.

NAVARRO, Saul. "Alencar, um precursor". *Revista da Semana*, Rio de Janeiro, p. 3, 4 mai. 1929.

NETO, Coelho. "José de Alencar". *Jornal do Brasil*, Rio de Janeiro, p. 5, 28 abr. 1929.

SANTIAGO, Silviano. "As reinvenções da crítica literária". *O Globo*, Rio de Janeiro, 25 jul. 2015. Prosa e verso, p. 6.

Periódicos consultados

Cândido: jornal da Biblioteca Pública do Paraná. Curitiba: Biblioteca Pública do Paraná, ago. 2013.

Folha da Manhã. São Paulo: Empresa Folha da Manhã, 1925-1959.

Gazeta de Notícias. Rio de Janeiro: Tipografia da Gazeta de Notícias, 1875-1956.

O Globo. Rio de Janeiro: Organizações Globo, 1925-.

O Jornal. Rio de Janeiro: [s.n.], 1919-1974.

Jornal do Brasil. Rio de Janeiro: [s.n.], 1893-2010.

O País: jornal independente, político, literário e noticioso. Rio de Janeiro: [s.n.], 1884-1934.

Revista da Semana. Rio de Janeiro: Companhia Editora Americana, 1900-1958.

MACHADO DE ASSIS EM DOIS TEMPOS:
o Diário e o Futuro

Renato Casimiro

Em 1905, na advertência a uma nova edição de *Ressurreição*, Machado de Assis esclarece que não fez qualquer alteração na "composição nem no estilo" e que aquele romance de 1872 "pertence à primeira fase da minha vida literária" (Assis, 1961, I, 03). Também em 1905, quando da segunda edição de *Helena*, originalmente publicado em 1876, o procedimento foi o mesmo quanto ao texto final e seus ares "romanescos", pois, afinal, justificou, "cada obra pertence ao seu tempo" (Assis, 1961, III, 05).

Da mesma forma, para grande parte da crítica especializada, o aparecimento das *Memórias póstumas de Brás Cubas* (1880) seria o marco divisor entre duas fases ou, entre Machadinho e Machadão, como prefere Augusto Meyer, que explica: "se de um lado não se concebem as *Memórias póstumas* senão como produto de uma longa gestação, nem por isso é menos imprevista, de outro lado, a impressão que provoca em nós o seu desabrochamento brusco" (Meyer, 2002, p. 19).[1] Mais que isso, para Augusto Meyer (2002, p. 20) haveria um "despertar de forças adormecidas, manifestado de súbito" nos primeiros meses de 1880[2]. Antes disso, "por mais que se queira descobrir na produção medíocre uma prefiguração qualquer do Machado posterior, o mais prudente será dizer, como a cabocla do Castelo: coisas futuras..." (Meyer, 2002, p. 20).

Meyer não identifica nenhum "momento de crise definida e dramática, aquele 'grande terremoto', por exemplo, a que se refere Kierkegaard, ao completar 22 anos" e acrescenta: "tudo nele é indireto e nos vem coado pela

---

1. Esse artigo foi originalmente publicado em 1958, no número 11 da mesma *Revista do Livro*.
2. As *Memórias póstumas de Brás Cubas* foram publicadas, inicialmente, na *Revista Brasileira*, a partir de março de 1880.

transmutação literária, em que as cousas todas, embora nascidas da ironia viva, passam logo a inflexão da ironia estética e perdem qualquer consistência humana imediata" (Meyer, 2002, p. 23). Dito isso, Augusto Meyer lança um desafio ao pesquisador: "Quem poderia imaginar, sem quebra de certa congruência, um Diário machadiano, um Machado capaz de se confiar todo ao papel, sem as máscaras do seu ofício?" (Meyer, 2002, p. 23).

Não se trata de se contrapor ao grande crítico e estudioso da obra machadiana; ao contrário, todo esse introito serve-me de pista para buscar fragmentos de um *Diário machadiano*, elementos de uma crise (não necessariamente *grande terremoto*) que poderiam ter contribuído, se não para um *desabrochamento brusco*, para um processo de amadurecimento intelectual e artístico ou mesmo para o surgimento das *Memórias póstumas de Brás Cubas*. Lembro, ainda, o que o próprio Augusto Meyer ressalva: "entre ontem e hoje, entre Machadinho e Machadão, cabem todas as fantasias do devir que está sendo e ainda não é" (Meyer, 2002, p. 19). Nesse sentido, retorno ao Machadinho, mais precisamente a 1861, quando, aos 22 anos, ele escrevia a coluna "Comentários da semana", do *Diário do Rio de Janeiro*. Em seguida, volto-me para suas crônicas em *O Futuro*, uma publicação mais interessada nas questões literárias. Pretendo, com isso, destacar uma partida em que, se no seu primeiro tempo, destacam-se convicções e engajamento, no segundo, é a vez do humor, da ironia e de certa dissimulação, lances que prenunciam um Machado de Assis que surgiria duas décadas depois.

1º tempo – O Diário

Aos 22 anos, Machado de Assis não era nenhum iniciante, tampouco um estranho no pequeno círculo de homens de letras da então capital brasileira. O *Diário do Rio de Janeiro*, certamente, foi um desafio e, provavelmente, sua primeira atividade de escritor regular, assalariado e com obrigações e prazos a cumprir. Quase 40 anos depois, em 1898, um consagrado Machado de Assis, em "O Velho Senado", viria a se lembrar do dia em que, à saída do Teatro Ginásio, Quintino Bocaiúva o convidou para ingressar na equipe daquele prestigioso jornal, que tinha em suas fileiras, ainda, Henrique Muzzio e Saldanha Marinho:

> Conversamos primeiramente de letras, e pouco depois de política, matéria introduzida por ele, o que me espantou bastante, não era usual nas nossas

> práticas. Nem é exato dizer que conversamos de política, eu antes respondia às perguntas que Bocaiúva me ia fazendo, como se quisesse conhecer as minhas opiniões. Provavelmente não as teria fixas nem determinadas; mas, quaisquer que fossem, creio que as exprimi na proporção e com a precisão apenas adequadas ao que ele me ia oferecer. (Assis, 2008, v. II, p. 591)

Difícil imaginar que não tivesse as "ideias fixas". Basta lembrar o artigo de dois anos antes, "A Odisseia Econômica do Senhor Ministro da Fazenda",[3] verdadeira declaração de fé à liberdade do comércio e às transações financeiras:

> O Senhor ministro da Fazenda pretende de certo apresentar meia dúzia de artigos à sua obra-prima financeira, à sua odisseia econômica. Para um espírito sensato não passa isso de um grosseiro golpe sobre o crédito. E uma pretensão vaidosa do ministro que pretende aniquilar uma liberdade garantida pela lei e pela necessidade pública. (Assis, 1957, p. 105)

Repise-se, no entanto, "A Odisseia..." foi escrita por um jovem repleto de convicções, enquanto "O Velho Senado", por um autor maduro o suficiente e com habilidade para exprimir suas ideias *na proporção e com a precisão apenas adequadas*. É possível, portanto, que, em 1898, perto de completar 60 anos, Machado de Assis, assim como o casmurro Bento, pretendesse "atar as duas pontas da vida e restaurar na velhice a adolescência" (*OC*, I, 932).[4]

Estivessem fixas ou não as ideias, ele assinaria dois artigos de crítica teatral, no *Diário do Rio de Janeiro*, com o título geral de "Revista Dramática". O primeiro, que marcaria sua nova estreia, no dia 29 de março, teve a incumbência de comentar a encenação, no Teatro Ginásio, da peça *Mãe*, de José de Alencar (por algum motivo, preferiu ocultar o nome do autor). No preâmbulo de seu folhetim, dava mostras de bem conhecer o ofício: "Escrever crítica e crítica de teatro não é só uma tarefa difícil, é também arriscada" (Assis, III, 1037).

Machado se referia à possibilidade de ferir suscetibilidades; sobretudo, falava dos riscos a que estava sujeito ao assumir publicamente uma posição crítica, intervindo, portanto, em um espaço público de produção e circulação da cultura. Essa consciência teria sido forjada, em grande medida, em sua

---

3. Originalmente, publicado a 26 de junho de 1859 em *O Paraíba*, jornal editado por Augusto Emílio Zaluar.
4. *Dom Casmurro*, cap. II, "Do livro".

atuação em *O Espelho*[5] e *A Marmota*,[6] mas também seria fruto de estudos nos quais afirmava estar empenhado. Sendo assim, embora soubesse dos riscos, não se esquivava de suas convicções:

> Esta perspectiva poderia fazer-me recuar ao tomar a pena do folhetim dramático, se eu não colocasse acima dessas misérias humanas a minha consciência e o meu dever. Sei que vou entrar numa tarefa onerosa; sei-o, porque conheço o nosso teatro, porque o tenho estudado materialmente. (Assis, III, 1037)

Do mesmo modo, seus estudos e o exercício profissional moldavam seu ideal, uma forma específica de se inserir e intervir no mundo social, tratando das questões de política ou daquelas mais voltadas à produção e à circulação da cultura:

> Protesto desde já uma severa imparcialidade, imparcialidade de que não pretendo afastar-me uma vírgula; simples revista sem pretensão a oráculo, como será este folhetim, dar-lhe-ei um caráter digno das colunas em que o estampo. Nem azorrague, nem luva de pelica; mas a censura razoável, clara e franca, feita na altura da arte da crítica. (Assis, III, 1037)

A riscos maiores, no entanto, ele esteve exposto, durante a vigência de sua coluna "Comentários da semana", um espaço que, dedicado essencialmente à política, teve seu início e término durante o Gabinete presidido por Luís Alves de Lima e Silva (2 de março de 1861 a 24 de maio do ano seguinte) e ao qual os liberais faziam oposição:

> Seria este ministério uma exceção? Não; tudo nele indica a filiação que o liga intimamente aos da boa escola. É um ministério-modelo; vive do expediente e do aviso; pouco se lhe dá do conteúdo do ofício, contanto que tenha observado na confecção dele as fórmulas tabelioas; dorme à noite com a paz na consciência, uma vez que de manhã tenha assinado o ponto na secretaria. (Assis, 2008a, p. 78)

A indagação aponta para a inação do governo, que tinha, entre seus membros, no Ministério da Fazenda, José Maria da Silva Paranhos, o visconde

---

5. Refiro-me especialmente à série "Revista de teatros", publicada em *O Espelho*, a partir do dia 11 de setembro de 1859 até 18 de janeiro de 1860.

6. Na *Marmota*, desde 1855, quando no dia 16 de janeiro saiu impresso a poesia "A Palmeira", Machado de Assis publicou alguns outros poemas, além de estudos e crítica, no jornal editado por Paula Brito. Destaque especial para "O Conservatório Dramático", publicado nos dias 13 e 16 naquele mesmo periódico.

de Rio Branco, antigo membro do Partido Liberal que havia debandado para o lado conservador, tornando-se um dos políticos mais influentes do Império. O governo seria omisso, medíocre e indolente, características que, no entanto, não lhe seriam exclusivas daquele gabinete:

> Em nosso país a vulgaridade é um título, a mediocridade um brasão; para os que têm a fortuna de não se alarem além de uma esfera comum é que nos fornos do Estado se coze e tosta o apetitoso pão-de-ló, que é depois repartido por eles, para a glória de Deus e da pátria. Vai nisto um sentimento de caridade, ou, direi mesmo, um princípio de equidade e de justiça. Por toda a parte cabem as regalias às inteligências que se aferem por um padrão superior; é bem que os que se não acham neste caso tenham o seu quinhão em qualquer ponto da terra. E dão-lhe grosso e suculento, a bem de se lhes pagar as injúrias recebidas da civilização. (Assis, 2008a, p. 78)

A crítica ao Gabinete de Luís Alves de Lima e Silva conseguia certa unanimidade entre seus pares do *Diário*. Isso não significava o mesmo que oposição ao sistema de governo em vigor, embora, com o agravamento das tensões, alguns, dentre os quais Quintino Bocaiúva, se tenham engajado na causa republicana. Tampouco o jovem comentarista defendia mudanças a ponto de despojar Pedro II de seu trono. Havia, sim, certo mal-estar em relação aos excessos do poder moderador e à predominância dos valores monárquicos, frente aos interesses da sociedade, mais precisamente aos interesses dos setores da elite ligados às atividades urbanas. Esse mal-estar tornou-se mais acirrado com a aproximação dos festejos em torno da inauguração do monumento a Pedro I.

A ideia original do monumento data de 1825, por iniciativa da Câmara Municipal do Rio de Janeiro e com a anuência do próprio homenageado. Inicialmente, o monumento seria instalado no Campo de Santana, local onde ocorrera a cerimônia de aclamação do monarca, em 1822. As agitações políticas da época e a impopularidade do imperador, que culminaram com sua abdicação, em 1831, acabaram por inviabilizar o projeto. A ideia foi, então, retomada em 1839, não por coincidência, um ano antes da declaração de maioridade de Pedro II; porém, só depois de algumas idas e vindas é que, finalmente, a inauguração da estátua equestre de Pedro I foi marcada para o dia 25 de março de 1862, data que se comemorava a Constituição, sendo transferida para o dia 30, em função das águas de março que fecham o verão.

Foram intensas as manifestações de contrariedade por parte dos setores mais identificados com a causa liberal, afinal, Pedro I teria sofrido forte oposição dos liberais do parlamento e da imprensa, acusando-o de desrespeito à Constituição e de pretender instalar, no Brasil, um sistema absolutista. Assim, o *Diário do Rio de Janeiro* do dia 26 de março de 1862, depois de anunciar o adiamento da cerimônia, resumia seu estado de espírito em relação àquele acontecimento: "Felizmente, o aniversário da construção política do Império deixou de ficar confundido com o da inauguração do monumento levantado àquele que menos a respeitou" (*Diário do Rio de Janeiro*, 26/03/1862).

Machado de Assis seguiu a mesma orientação de seus colegas do *Diário*, quando, no dia 7 de janeiro, ironizava os festejos em torno da inauguração do monumento do Largo do Rocio, atual Praça Tiradentes:

> Efetuou-se no dia 1.º o lançamento da pedra fundamental no baseamento da estátua do primeiro imperador. O Rocio nesse dia esteve de gala. A cerimônia correu como estava no programa. As folhas desse dia tinham feito uma apreciação retrospectiva dos acontecimentos políticos do ano, cujas conclusões eram muito desfavoráveis ao partido político que mantém, há alguns anos, uma ordem de coisas contrária à essência do sistema que nos rege.
> Não convinha que esse juízo rude, mas sincero, fosse para a caixa de cedro do pedestal, sem um conveniente tempero. Encarregou-se o *Correio da Tarde* da obra.
> Apareceu como nota festiva no meio do coro lúgubre da imprensa.
> Como as vítimas indianas, queria ser inumado radiante de plumas e miçangas. Estava realmente vistoso. Nada esqueceu; biografou os ministros, fez rápida estatística do que há hoje de mais notável, sem esquecer os principais advogados do foro. (Assis, 2008a, p. 151)

Ele só voltaria a comentar o monumento no dia 24 de março, véspera de sua prometida inauguração: "É amanhã a inauguração da memória do Rocio. É também amanhã o aniversário da proclamação da nossa carta política" (Assis, 2008a, p. 188). O comentarista, no entanto, não abria mão de ironizar o próprio monumento:

> Não me autorizarei mesmo de uma circunstância que alguém notou, a de estar a figura do primeiro imperador, que hoje se há de descobrir, com a constituição

> estendida para o lado do teatro, querendo daí concluir o malévolo que o pacto fundamental é uma comédia. (Assis, 2008a, p. 188)

Machado de Assis destacava o boato que corria pela cidade de que, no seu entendimento, teria sido promovido por membros do governo: "Na opinião do ministério, é amanhã a realização de uma revolta popular, preparada pelos chefes liberais a bem de se apossarem do governo" (Assis, 2008a, p. 188).

No editorial do dia 3 daquele mês, o *Diário* já havia responsabilizado o governo por esses rumores,[7] e o comentário de Machado de Assis insistia na tese da subserviência do governo frente ao imperador e que tais boatos tinham como propósito "ganhar conceito em ânimos augustos" (Assis, 2008a, p. 189). Isso porque, para o comentarista, não havia nada que prenunciasse uma rebelião:

> Por onde descobriria o ministério que o dia 25 seria ensanguentado pelos dentes do tigre popular? Onde encontrou sintomas denunciantes? Na imprensa? Não. Nunca ela foi mais moderada, nem mais sóbria no apontar os erros administrativos. [...] Insisto na minha apreciação; o ministério estéril, tacanho, ramerrameiro, como é, busca a confiança imperial na prevenção de revoltas imaginárias. (Assis, 2008a, p. 189)

Na crônica seguinte, dia 1º de abril, portanto um dia após a inauguração da estátua, Machado de Assis voltava ao tema, colocando-se ao lado daqueles que, "inquirindo a história, negam a esse bronze o caráter de uma legítima memória, filha da vontade nacional e do dever da posteridade, esses se reconhecem vencidos, e, como o filósofo antigo, querem apanhar, mas serem ouvidos"[8] (Assis, 2008a, p. 197). O comentarista se postou ao lado dos vencidos e acrescentava: "O historiador futuro que quiser tirar dos debates da imprensa os elementos do seu estudo da história do império,

---

7. (...) o público fora surpreendido por alguns rumores evidentemente propalados oficiosamente, (...). Por essas novelas da meia noite constava (... que) o Senhor T. Otoni achava-se em Minas promovendo uma revolução e que até haviam sido apreendidos alguns caixões com armamentos, que, em 25 de março, ao inaugurar a estátua equestre do primeiro imperador, igual movimento deveria rebentar aqui (*Diário do Rio de Janeiro*, 25 de março de 1862).
8. Provável referência a Platão, em *Fedon*. No dia de sua execução, Sócrates é alertado por seu executor de que deveria manter-se calado, pois do contrário sua morte seria mais dolorida, uma vez que seria necessário ingerir duas ou três doses da cicuta.

há de vacilar sobre a expressão da memória que hoje domina a Praça do Rocio" (Assis, 2008a, p. 197).

As atividades que marcaram a inauguração da estátua de Pedro I foram repletas de pompas e demonstração de apoio à monarquia. Machado de Assis, no entanto, punha em dúvida a proclamada unanimidade em torno dos festejos e deles fazia galhofa, assim como da subserviência da imprensa áulica. O excerto é longo, mas vale a transcrição:

> O que é fato é que a estátua se inaugurou e o bronze lá se acha no Rocio, com uma pirâmide de época civilizada, desafiando a ira dos tempos.
> O Rocio vestia anteontem galas e louçanias desusadas. As ruas por onde passou o préstito estavam ornadas de bandeiras e colchas, e juncadas de folhas odoríferas, segundo as exigências oficiais.
> Mas sabe o leitor quem teve grande influência nas festas de anteontem? O adjetivo. Não ria, leitor, o adjetivo é uma grande força e um grande elemento! E ninguém melhor que os publicistas do *Jornal do Comércio* compreendem o valor que ele tem, e nem o emprega melhor.
> Foi o adjetivo quem fez as despesas das arengas escritas anteriormente em defesa da estátua. Na apoteose, o adjetivo serviu de óleo cheiroso com que se incensou todas as virtudes duvidosas. Na censura, o adjetivo foi, por assim dizer, o suco venenoso com que aqueles bugres ungiram a ponta das suas flechas.
> Bem empregado, com jeito e a tempo, como do ferro aconselha o poeta para tornar mezinha, o adjetivo fez nos artigos ministeriais um grande papel. Veja o leitor como esta palavra – imortal – veio sempre em auxílio de um substantivo desamparado de importância intrínseca. Se, por cansado, não podia ele aparecer mais vezes, lá vinha um *ínclito*, lá vinha um *magnânimo*, lá vinha um substantivo *augusto*. E outros e outros da mesma valia e peso. (Assis, 2008a, p. 198)

Depois desses "Comentários da Semana", o folhetim de Machado de Assis só retornaria no dia 5 de maio, o maior intervalo entre uma aparição e outra. Entre os dias 10 e 21 de novembro de 1861 e entre os dias 14 e 26 de janeiro, o folhetim apareceu mais espaçadamente. Sobre esse último intervalo, o comentarista se teria desculpado com os leitores: "Razões que não podem ser devassadas, e que me tocam particularmente, ocasionaram esta falta de dever" (Assis, 2008a, p. 162). Meses antes, no comentário do dia 14 de janeiro, ele sugeria que seus comentários lhe teriam causado algum transtorno: "Sou um pouco audaz nas minhas investigações, e não poucas vezes tenho visto que a audácia acaba muitas vezes por dar na cabeça, bem que em alguns casos seja uma virtude preciosa" (Assis, 2008a, p. 156).

Não é o caso de afirmar que a acidez da sua pena tenha lhe custado o fim da sua coluna, como hipótese levantada por Jean Michel Massa (1971, p. 308): "talvez fosse preciso mostrar que o grupo não era composto por exaltados", em um momento no qual se desenhava para os liberais a oportunidade de participar do governo, como, de fato, veio a ocorrer, embora Zacarias de Góis tenha ficado à frente do Gabinete por apenas uma semana, de 24 a 30 de maio de 1862. É possível que, de fato, tivesse ocorrido alguma forma de censura ou que, ao menos, tenha sido admoestado. Há de se considerar, no entanto, que, no dia 05 de maio de 1862, Machado escreveu seu último "Comentário da semana", o vigésimo da série, confiando todo seu estado de ânimo ao papel da sua coluna no *Diário*:

> Não vou bem. Este exórdio dá ares de história de criança, dessas que eu ouvia à ama, nos tempos que lá vão, quando não me lembrava de fazer comentários, e nem de ser lido pelos leitores do *Diário*, no pressuposto de que sou lido. (Assis, 2008a, p. 203)

Não seria de todo improvável que, sendo a parte mais frágil entre os redatores do *Diário do Rio de Janeiro*, tenha sofrido alguma sanção por parte dos membros do governo ou mesmo de seus áulicos de plantão. A exposição de suas ideias a um público mais amplo do que sua roda de amigos tornava-o também alvo da crítica e da ação daqueles que se sentiam atingidos por seus comentários. Ainda no dia 22 de fevereiro, ele já dava mostras de suas dúvidas em relação aos entusiasmos:

> Causa tédio ver como se caluniam os caracteres, como se deturpam as opiniões, como se invertem as ideias, a favor de interesses transitórios e materiais, e da exclusão de toda a opinião que não comunga com a dominante. Para este resultado nem os mais altos escapam, e é tecendo defesas gratuitas ao príncipe que se procura provar a má fé alheia e os próprios fervores. (Assis, 2008a, p. 178)

Difícil precisar os motivos do fim de seus "Comentários da semana", diário político que expôs a crise do Gabinete conservador do, então, marquês de Caxias. Para Machado de Assis, significou que sua pena de cronista foi parar no *fundo da gaveta*, de onde só sairia dali a três meses, em *O Futuro*. Naquela nova publicação, ele confiaria ao papel lances de uma crise, mas, dessa vez, sua crise particular. Também vivenciou um processo de amadurecimento intelectual e artístico, experimentando tintas, desenhando máscaras, entoando notas e, sobretudo, arriscando dribles que, anos mais tarde, marcariam seu ofício.

2º tempo – O Futuro

Machado de Assis inaugura a sua coluna de crônicas em *O Futuro* em 15 de setembro de 1862. Como de costume, aquele era o momento de anunciar seu programa, suas intenções, e ele o fez dizendo do estado de ânimo de sua ferramenta de trabalho:

> Tirei hoje do fundo da gaveta, onde jazia a minha pena de cronista. A coitadinha estava com um ar triste, e pareceu-me vê-la articular por entre os bicos, uma tímida exprobração. Em roda do pescoço enrolavam-se uns fios tenuíssimos, obra dessas Penélopes que andam pelos tetos das casas e desvãos inferiores dos móveis. (*OC*, IV, 75)

Mais do que um programa, aquele preâmbulo revelava a disposição do cronista de adotar novas tintas, moderando a ousadia e a ênfase de suas convicções, evitando, sobretudo, envolver-se em polêmicas:

> Vamos lá; que tens aprendido desde que te encafuei entre os meus esboços de prosa e de verso? Necessito mais que nunca de ti; vê se me dispensas as tuas melhores ideias e as tuas mais bonitas palavras; vais escrever nas páginas do *Futuro*. Olha para que te guardei! Antes de começarmos o nosso trabalho, ouve amiga minha, alguns conselhos de quem te preza e não te quer ver enxovalhada. Não te envolvas em polêmicas de nenhum gênero, nem políticas, nem literárias, nem quaisquer outras; de outro modo verás que passas de honrada a desonesta, de modesta a pretensiosa, e em um abrir e fechar de olhos perdes o que tinhas e o que eu te fiz ganhar. O pugilato das ideias é muito pior que o das ruas; tu és franzina, retrai-te e fecha-te no círculo dos teus deveres, quando couber a tua vez de escrever crônicas. Seja entusiasta para o gênio, cordial para o talento, desdenhosa para a nulidade, justiceira sempre, tudo isso com aquelas meias-tintas tão necessárias aos melhores efeitos da pintura. Comenta os fatos com reserva, louva ou censura, como te ditar a consciência, sem cair na exageração dos extremos. E assim viverás honrada e feliz. (*OC*, IV, 75)

O Futuro foi uma publicação mais interessada em assuntos literários e no debate intelectual. Mesmo na crônica dos acontecimentos, a política quotidiana consumia pouco da tinta da pena machadiana e, ainda assim, em tom ameno, como ao comentar o encerramento dos trabalhos legislativos daquele ano de 1862: "Os membros do parlamento foram procurar no remanso da paz o repouso das lutas da tribuna e dos trabalhos com que auxiliaram a administração na sessão finda" (*OC*, IV, 75).

Encerrada aquela primeira crônica, Machado de Assis parecia ter consciência de que, ao impor "meia-tinta" à sua pena, ficava faltando algo: "Dito isto, ponho ponto final a esta crônica, e passo a ralhar com a minha pena, que tão esperançosa me surgiu da gaveta, e tão desalinhada e sensaborona se houve nestas páginas" (*OC*, IV, 78). Faltava-lhe ainda encontrar a textura, a densidade, as cores e os tons com que comporia seu texto.

O Futuro circulou quinzenalmente de setembro de 1862 a julho de 1863, trazendo poesias, novelas em folhetim, pequenos ensaios, crônicas, partituras musicais e algumas gravuras. De acordo com seu programa, tinha como objetivo, sobretudo, aproximar a comunidade letrada de Brasil e Portugal:

> [...] Estabelecer um campo comum, em que livremente, sem preocupações mesquinhas de opinião ou nacionalidade, viessem discursar os escritores de ambas as nações, levar a estas o conhecimento mútuo do movimento literário de cada uma, e dar impulso com o exemplo recíproco, ao progresso literário de países tão férteis em imaginações ricas e pensadores elevados [...]. (*O Futuro*, 15/09/1862)

É possível que esse ambiente de convívio com homens de letras, alguns bem mais experientes que ele, tenha, em alguma medida, contribuído para que Machado de Assis encontrasse a medida de suas tintas. Sobre isso, José Veríssimo (1963, p. 309) entendeu que o progresso na obra de Machado de Assis foi consequência, não apenas de seu talento, aplicação e estudos, mas também da interlocução com outros homens de letras, destacando alguns portugueses, dentre outros, os colaboradores de *O Futuro* Reinaldo Montoro, Emílio Zaluar e Faustino Xavier de Novais.

Vale lembrar, ainda, a tradição da poesia satírica cultuada por Faustino Xavier de Novais, editor e fundador de *O Futuro*. Machado de Assis devia estar mesmo interessado no gênero e, ainda mais, em Antonio Diniz da Cruz e Silva (ou Elpino, seu pseudônimo na Arcádia Lusitana), autor do poema *O Hissope*,[9] de 1768. No dia 26 de janeiro daquele mesmo 1862, publicou em sua coluna do *Diário do Rio de Janeiro* um poema sob sua inpiração, ridicularizando "a portaria do Sr. Presidente da Província do Rio de Janeiro a certo vigário, resolvendo umas dúvidas suscitadas por um sino sem badalo" (*Diário do Rio de Janeiro*, 26/01/1862).

Assim, na edição de *O Futuro* de 01/11/1862, Machado de Assis publicou "País das Quimeras" (Assis, 2008, p. 740-750),[10] narrativa dos devaneios de Tito, que, "como todos os homens de vinte anos, poetas e não poetas, sentia-se afetado da doença do amor" (p. 742). O sofrimento causado pela negativa de sua amada deixa o poeta dividido entre dois projetos: "um concluía pela tragédia, outro pela asneira" (p. 742), ou seja, o primeiro "era simplesmente deixar este mundo; o outro limitava-se a uma viagem". Escolhida a segunda opção, Tito conhece o país das quimeras, sendo levado à presença de seu soberano, "o gênio das bagatelas, de que fala Elpino" (p. 742).

Em "O país das quimeras", o tom satírico foi empregado para descrever as tolices, as futilidades, as vaidades e os modismos de que se ocupava grande parte da sociedade. Entre muitas dessas futilidades, existia a cerimônia do beija-mão,[11] "porque, segundo Tito ouviu depois, não se dá naquele país o ato mais insignificante sem que esta formalidade seja preenchida" (p. 746). Tito teve tempo, ainda, de assistir a uma execução em praça pública: "O povo quimérico contemplou a execução como se assistisse a um espetáculo de saltimbancos" (p. 748). Indagando se o condenado havia cometido algum assassinato, responderam-lhe que se tratava de "crime de lesa-cortesia (...), crime de não fazer a tempo e com graça uma continência; este crime é considerado naquele país como a maior audácia possível e imaginável" (p. 748).

9. O poema tem como tema uma das muitas questiúnculas eclesiais que se deu na Sé de Elvas e envolvia o deão e o bispo. O bispo se acostumara que o deão lhe entregasse o aspersório (o hissope) antes do início da missa. Como um dia o deão faltasse a este costume, o bispo recorreu aos cônegos que tornaram aquele costume uma obrigação. O deão, por sua vez, recorreu às instâncias superiores que deram razão ao bispo. Com a morte do deão, seu substituto recorreu à Coroa, o que gerou pânico na Sé daquela cidade alentejana, a ponto do bispo negar a existência daquela obrigação.

10. Em 1866, Machado de Assis publicou no *Jornal das Famílias* o conto "Uma excursão milagrosa", uma reescrita de "O País das Quimeras".

11. A cerimônia do beija-mão foi trazida para o Brasil por D. João VI e consistia na liberação do acesso ao Paço Imperial, em determinados dias, quando o público podia apresentar alguma reivindicação. Em sinal de respeito, antes de fazer seu pedido, beijava-se a mão direita do monarca. Esse hábito foi mantido por D. Pedro I e, durante a campanha pela maioridade de Pedro II, procurou-se restaurar a mística da figura imperial, restabelecendo o protocolo e as pompas reais nas solenidades públicas, inclusive o "beija-mão".

Por sua vez, a crítica aos governantes se evidencia quando Tito alcança uma sala de entrada restrita: "Era uma sala onde muitos quiméricos, à roda de mesas, discutiam os diferentes modos de inspirar aos diplomatas e diretores deste nosso mundo os pretextos para encher o tempo e apavorar os espíritos com futilidades e espantalhos" (p. 748). Assim, a sátira, o humor, a ironia e outros servem para compor uma máscara que não oculta, antes revela um tanto de crítica social e política.

Não é possível saber com exatidão quando Machado de Assis escreveu "O País das Quimeras". Pode ter sido um conto de ocasião, há muito guardado na gaveta, aguardando alguma oportunidade ou melhor acabamento. Ele já havia experimentado antes a ficção. Além de textos escritos para serem levados aos palcos, ele publicou em *A Marmota*, em 5/1/1858, "Três tesouros perdidos" (Assis, 2008, p. 739 e 740),[12] um intervalo de quatro anos entre este seu primeiro conto e o publicado em *O Futuro*. De todo modo, a leitura do "País das Quimeras" permite estabelecer relações com seus comentários no *Diário do Rio de Janeiro*, em relação à cultura e às práticas políticas dos governantes do Império brasileiro. Machado de Assis dava sinais de que estava descobrindo a eficácia da imaginação e do humor, contra a imposição de limites à autonomia do escritor, poeta ou cronista dos acontecimentos.

Esses mesmos recursos seriam aproveitados também pelo cronista dos fatos e dos acontecimentos. Melhor exemplo disso é a crônica publicada em *O Futuro* de 1º. de dezembro de 1862, a segunda da série. No introito, como se desse prosseguimento ao programa iniciado naquela primeira crônica de alguns meses antes (15 de setembro de 1862), Machado de Assis diz do lugar que lhe estava reservado em *O Futuro*. Não seria ao *rés do chão*, ao pé da primeira página, como de costume em outras publicações, mas em lugar bem mais modesto, nas últimas páginas, ao fim da leitura das matérias *mais relevantes*. Ele até poderia dar conta de acontecimentos, mas de forma amena, *mansamente*, ou a meias-tintas, tal como aconselhara sua pena:

> Neste aposento construído no fundo do edifício que o leitor acaba de percorrer instalo-me eu, aqui praticarei mansamente com o leitor sobre todas as coisas que nos fornecer a quinzena, sem fadiga para mim nem mágoa para ninguém. Durarão as nossas palestras o intervalo de um charuto, mais infelizes nisto que as rosas de Malherbe. Olhe o leitor: à roda da mesa, estão jornais de todo o império; sentemo-nos como bons e pacíficos amigos. (*O Futuro*, 1/12/1862)

12. Originalmente, publicado em *A Marmota*, em 05/01/1858.

Ao dizer da especificidade da crônica e mencionar os versos de François Malherbe,[13] o cronista apontava para a efemeridade da rosa e da crônica, ambas sobreviviam somente por uma manhã e teriam apenas a tarefa de entreter, de agradar, de embelezar. A receita da crônica não era a mesma dos artigos graves, dos apostolados, tratados, estudos, análises sobre temas políticos, econômicos ou da administração do império. Cabia tão somente ao cronista de *O Futuro* dividir *mansamente* com o leitor os acontecimentos da quinzena.

De fato, sua pena imprimia ao papel ares de uma conversa amena, alternando assuntos mais relevantes com outros mais prosaicos, como a notícia publicada na seção "Gazetilha" do *Jornal do Comércio* do dia 17 de novembro de 1862, dando conta da exumação dos restos mortais de Estácio de Sá:[14]

---

13. Referência à poesia de François Malherbe (1555-1628), intitulada "Consolação ao Sr. Du Périer, gentil-homem de Aix-en-Provence", pela morte de sua filha, na qual se lê esta estrofe: "Mais elle était du monde où les plus belles choses /Ont le pire destin; / Et rose elle a vécu ce que vivent les roses, / L'espace dun matin." (Mas era ela do mundo onde as mais belas coisas / Têm o pior destino; / E rosa ela viveu o que vivem as rosas, / Uma breve manhã).

14. "S. M. Imperial chegou à antiga Sé do Rio de Janeiro pelo meio dia, com os seus (ilegível) os Srs. Meira e Neto dos Reis. Já o esperavam os membros do Instituto (IHGB), os Sr. visconde de Sapucaí, Dr. Macedo, J. Norberto, Drs. Souza Fontes e Carlos Honório, Coruja; conselheiro Melo e Lagos, muitas pessoas gradas. O recinto da Igreja achou-se para logo invadido por uma multidão de ávidos curiosos de todas as classes e ambos os sexos. S. M. o Imperador ordenou que se fizesse a exumação. Removida a lápide com facilidade, conheceu-se que não havia depósito algum; era uma campa rasa sobre o solo artificial da igreja.

Na primeira camada de argila apareceu uns ossos esparsos de criança; depois os ossos de um adulto, todos de data não muito remota, e finalmente, onde se concluía o aterro e começava o solo da montanha, os ossos já delidos do grande capitão.

O Sr. Dr. Souza Fontes dirigiu as escavações com todo o cuidado, coadjuvado pelos Srs. Drs. Macedo e Pinheiro Guimarães – mas os ossos estavam em tal estado, que o crânio desfez-se nas mãos do Dr. Souza Fontes, quando ele dizia que Estácio de Sá devia ter uma bela cabeça.

A exumação durou até as 5 horas da tarde. S. M. o Imperador demonstrou grande interesse em que se não perdesse uma ó dessas relíquias que contam (contavam) duzentos e noventa e cinco anos! Seis horas seguidas esteve o imperador em pé, dirigindo as escavações arqueológicas, por meio de suas sábias indicações e conselhos.

Sua Majestade recomendou a Fr. Caetano de Messina que tivesse todo o cuidado nestes restos venerados; ao Sr. Dr. Souza Fontes que apresentasse um trabalho científico sobre o seu exame; ao Sr. Norberto que tomasse todas as notas e fizesse indagações históricas sobre a campa; e ao Sr. Visconde de Sapucaí que se lavrasse o termo respectivo pela parte do Instituto Histórico.

> Para alguns é duvidosa a autenticidade dos ossos achados na sepultura do Castelo; devo dizer que esta dúvida só a ouvi articular a pessoas que duvidam de tudo, pela razão de terem sido enganadas muitas vezes, o que é um procedimento acertado. Eu não sei se a dúvida tem lugar, mas louvo-me na opinião geral e na dos professores que dirigiram a exumação, para a qual não faltaram, segundo nos disse a imprensa, todas as instruções arqueológicas. (*Jornal do Comércio*, 17/11/1862)

Entre a desconfiança e a crença, Machado de Assis encontrava razões em ambas as possibilidades. No prosseguimento, o cronista preferiu trazer a lembrança de outro evento, eximindo-se de comentar aquela escavação que contou com a presença do imperador, de pesquisadores do Instituto Histórico e Geográfico Brasileiro e da Escola de Medicina e de membros do clero, além da audiência de uma multidão de curiosos. O trecho é longo, mas vale a transcrição:

> Lembra-me agora que *Méry*,[15] estando em Roma, encontrara um dia alguns sujeitos a cavar em certo lugar, animados por dois *lords* que, de quando em quando, atiravam uma moeda aos trabalhadores. *Méry*, apaixonado pelas ruínas, parou e assistiu à exumação do que quer que fosse. Finalmente apareceram uns fragmentos de estátua, a cujo aspecto um olhar experimentado não daria menos de mil anos.
>
> Grande contentamento dos ingleses, que fizeram conduzir até o carro as preciosidades encontradas no solo romano. *Méry* pediu humildemente para ajudar a carregar parte daqueles preciosos achados, e com toda a veneração foi depositar a sua carga no carro dos patrícios de *lord Palmerston*.[16]
>
> Compreendo a satisfação que deve ter um homem apaixonado pela antiguidade, ao ver diante de si os restos de uma obra que supõe haver encantado os olhos de todo o patriciado romano. E compreendo também o desgosto

---

Seguiu-se um momento rezado ante os ossos, pelos padres capuchinhos ao qual assistiu S. M. o Imperador, que retirou-se depois, descendo a montanha do Castelo acompanhado de todas as pessoas que presenciaram o ato de homenagem paga ao fundador da capital do império" (*Jornal do Comércio*, 17/11/1862).

15. Joseph Méry (Marselhe, 1798, 16/06/1866) foi poeta, publicista, romancista, dramaturgo francês, sendo, hoje, ainda lembrado como autor do libreto da ópera *Don Carlos*, de Verdi. A passagem que o cronista diz lembrar-se provavelmente é do livro *Scènes de la vie italienne*, publicado em dois volumes, em 1837.

16. Primeiro-ministro inglês de 1855-1858 e 1859-1865.

que havia de ter o autor da *Florida*,[17] quando, à noite, em uma reunião de pessoas distintas, depois de haver contado o fato da manhã, soube que os restos achados eram de véspera preparados de modo a parecer que datavam de longe, acrescentando o carrasco das suas ilusões que o Museu de Londres está cheio destas tais antiguidades, coisa que eu creio um pouco dura.

Não presuma o leitor malicioso que eu trouxe este conto para diminuir a idade aos ossos encontrados na sepultura de Estácio de Sá. Creio que são autênticos, e na verdade é isso que devemos crer todos, porque não podemos crer noutra coisa.

Compensa isso à fadiga dos que lá foram ao Castelo assistir ao ato. Eu não fui, e creio que fiz mal. De mais, se é verdade, como eu creio, que além desta vida há uma vida melhor, e que, portanto Estácio de Sá está nos olhando talvez por um destes óculos do céu que nós chamamos estrelas e dumas faíscas dos pés do Onipotente; se é verdade isto, sejam ou não aqueles os ossos autênticos, uma vez que a intenção é boa, Estácio ficará agradecido e aceitará lá de cima a fé, a intenção, se não puder aceitar os ossos. (*O Futuro*, 1/12/1862)

Ao admitir que o Museu de Londres pudesse estar repleto de falsas relíquias, o cronista sugeria que também os ossos encontrados no Morro do Castelo não eram autêticos. Isso pouco importava, uma vez que a intenção era boa e o que importaria, afinal, era a intenção, e não os ossos. Nesse sentido, o cronista estaria admitindo a hipótese de que tanto o Museu de Londres como a escrita da história estaria repleto de elementos inautênticos.

Tal percepção aponta para outra de suas crônicas, publicada por um Machado de Assis bem mais experiente, em 15 de setembro de 1876, na *Revista Ilustração Brasileira*. Naquela oportunidade, ele seria mais radical, pelo menos é o que se pode perceber em sua resposta a um leitor que colocava em dúvida a historiografia oficial e a versão dos acontecimentos em torno da Independência de 1822 e o *Grito do Ipiranga*:

Durante cinquenta e quatro anos temos vindo a repetir uma coisa que o dito meu amigo declara não ter existido. Houve resolução do príncipe D. Pedro, independência e o mais; mas não foi positivamente um grito, nem ele se deu nas margens do célebre ribeiro. Lá se vão as páginas dos historiadores; e isso é o menos. Emendam-se as futuras edições. Mas os versos? Os versos emendam-se com muito menos facilidade. Minha opinião é que a lenda é melhor do que a

17. *La Floride*, de Méry, é uma novela publicada em 1844.

> história autêntica. A lenda resumia todo o fato da independência nacional, ao passo que a versão exata o reduz a uma coisa vaga e anônima. Tenha paciência o meu ilustrado amigo. Eu prefiro o grito do Ipiranga; é mais sumário, mais bonito e mais genérico. (Assis, 2009b, p. 99-100)

Em 1862, o jovem Machado de Assis talvez não preferisse a lenda à história autêntica. De todo modo, já naquela crônica de *O Futuro*, havia o entendimento da legitimidade do recurso a falsas relíquias na tarefa de narrar e comentar os acontecimentos, uma vez que importa mais a própria narrativa do que os documentos, os testemunhos, os ossos, autênticos ou não. Da mesma forma, pouco importava a veracidade do acontecimento narrado por Méry, um apaixonado pelas ruínas. A alusão seria um recurso ficcional incorporado à sua crônica, uma forma de dizer da escavação no Castelo, dizendo do Museu de Londres.

Assim, ao relativizar os critérios de validação dos testemunhos, dos documentos, dos achados arqueológicos e, por conseguinte, da própria narrativa histórica, o cronista abriria espaço para a valorização do que seria simplesmente suposto, imaginado e, até mesmo, falsificado. A partir disso, teriam lugar no texto da crônica, da apreciação dos acontecimentos cotidianos, alguns elementos que seriam específicos ao texto ficcional, não apenas alusão ou metáfora, mas memória, lembrança falha e tudo mais que não tem comprovação de autenticidade e que, por isso mesmo, são apenas ruínas de um passado só recuperável com a imaginação e alguma verossimilhança, as quais, muitas vezes, são toda a verdade.

Dito isso, como não se lembrar dos "Comentários da Semana" de Machado de Assis em torno da inauguração do monumento de Pedro I? Ao leitor de um século futuro, talvez seja por demais oblíqua a referência a acontecimentos tão remotos. Em ambas as solenidades, pretendia-se consolidar laços de identidade, por meio de determinada narrativa histórica. O pai do imperador seria o libertador da pátria. Estácio de Sá, o fundador da cidade capital da nação independente. Tais iniciativas estariam inclusas em um projeto político que, para se consolidar, requer que Pedro I e Estácio de Sá estejam incorporados ao patrimônio cultural da capital do Império e da nação. Monumento e ossos seriam, portanto, parte do esforço de consolidar um discurso que se quer legítimo e hegemônico.

Em contrapartida, ao denunciar o embuste de ambos os acontecimentos – o monumento ao primeiro imperador e os ossos de Estácio de

Sá –, o comentarista do *Diário do Rio de Janeiro* e o cronista de *O Futuro* estavam interessados em se contrapor a um determinado projeto, a um discurso, a uma narrativa. O que difere um do outro, o comentarista do cronista, são os recursos utilizados pela pena de um mesmo Machado de Assis. Ao recorrer a elementos, em sua crônica, mais identificados com o texto ficcional, a zombaria do cronista de *O Futuro* se afasta da gravidade do comentarista do *Diário*. Tal estratégia pode fazer crer que sua pena se tornara mais amena, mas, ao fazer uso da dissimulação, da ironia, do humor e outros recursos ficcionais, seu texto desmascara o esforço empreendido para fazer valer um discurso, um patrimônio formador de identidade e aliança social, utilizando, para isso, documentos, monumentos e ossos, autênticos ou não, e, muitas vezes, simplesmente, mentirosos.

REFERÊNCIAS

Periódicos

Diário do Rio de Janeiro, 16/12/1861, 24/12/1861, 26/01/1862, 22/02/1862, 24/03/1862, 05/05/1862, 30/06/1862, 03/01/1865.

Jornal do Comércio, 17/11/1862.

O Futuro, 15/09/1862 a 01/07/1863.

Outras obras consultadas

ASSIS, Joaquim Maria Machado de. *Obras Completas.* Rio de Janeiro: Editora Nova Aguilar, 2008.

______. *Comentários da Semana.* Edição organizada por Lucia Granja e Jefferson Cano: Campinas: Ed. Unicamp, 2008 A.

______. *Obras completas.* Rio de Janeiro: Editora W. M. Jackson, 1961.

______. "A odisseia econômica do senhor ministro da fazenda". *Poesia e prosa.* Organização e notas de J. Galante de Souza. São Paulo: Editora Civilização Brasileira, 1957.

______. *Crítica literária e textos diversos*. Organização Silvia Maria Azevedo, Adriana Dusilek e Daniela Mantarro Calippo. São Paulo: Editora UNESP, 2013.

BROCA, Brito. *Machado de Assis e a política*: mais outros ensaios. São Paulo: Livraria e Editora Polis Ltda, 1983.

CASIMIRO, Renato. "Machado de Assis e imprensa". In: ROCHA, João Cezar de Castro (Org.). *Múltiplo Machado – I Colóquio Casa Dirce*. Rio de Janeiro: Eduerj, 2015.

______. *Memória de O Futuro*. Rio de Janeiro: Fundação Biblioteca Nacional, 2012. Disponível em: <https://www.bn.br/sites/default/files/documentos/producao/pesquisa/2012//renato_cesar_ribeiro_casimiro_lopes_trab_revisado_0.pdf>.

HALLEWELL, Laurence. *O livro no Brasil*. São Paulo: Edusp, 1985.

MEYER, Augusto. "De Machadinho a Brás Cubas". *Revista do Livro*, n.: 44, Ano 14. Rio de Janeiro: Fundação Biblioteca Nacional, 2002. p. 19-29.

VERÍSSIMO, José. *História da literatura brasileira*. Distrito Federal/Brasília: Editora Universidade de Brasília, 1963.

A VOZ DO LUGAR:
a narrativa memorialística de Benedito Guilherme e da favela Buraco da Lacraia

Sergio Barcellos

Em um artigo, defendendo-se das críticas recebidas pelo seu romance *Ragtime*, E. L. Doctorow argumenta que a linguagem literária representa o poder da liberdade, enquanto a linguagem dos fatos representa o poder do regime – sendo a literatura um ato de oposição a qualquer estrutura de poder. Assim como a literatura lançou mão de "falsos documentos" para atingir uma aparência de veracidade (*Dom Quixote* e *Robinson Crusoé* são seus exemplos), a história também necessitaria de um artifício narrativo para reivindicar a verdade dos fatos. Esse artifício seria a inserção do fato histórico dentro de um contexto de verdade histórica, processo apenas possível pela narrativa histórica. Através de Carl Becker (via E. H. Carr), Doctorow (1993, p. 161) explica que "os fatos históricos não existem para nenhum historiador até que ele os tenha promovido a tal". Doctorow vai além, ao incluir Nietzsche, quando este afirma que "não existem fatos em si mesmos. Para que um fato exista, é necessário designar-lhe um sentido" (Doctorow, 1993, p. 160). Sua conclusão é a de que não existiria ficção ou não ficção, apenas narrativa.

Diversas versões dos mesmos fatos históricos provam que a verdade definitiva não cabe em uma só narrativa histórica, se ainda nesse estágio da humanidade for de alguma relevância discutir se há ou não uma verdade absoluta. Ela será vária e tão diversa quanto forem as maneiras de narrá-la. Assim também acontece com as narrativas de vida. As experiências de vida tendem a ser incoerentes se não estiverem enquadradas em uma estrutura narrativa que lhes empreste uma coerência, uma causalidade, um sentido. De fato, assim somos: seres que editam e esquematizam as vivências, que atribuem sentido ao que antes parecia mera gratuidade, que reposicionam elementos para alcançar uma sequência lógica, muitas vezes cronológica como consequência, que se apresenta sob a forma de narrativa de vida.

Estudos atuais no campo das narrativas (auto)biográficas oferecem uma vasta gama de perspectivas que, até pouco tempo, eram preteridas em favor de abordagens reducionistas do potencial de tais textos. Narrativas autorreferenciais ou pessoais cumpriram e ainda cumprem sua função de caucionar uma crítica biográfica ou sociológica ou de servirem como documentos históricos. Em outros momentos, auxiliaram na compreensão de universos sociais até então pouco explorados ou revelados. Em muitos casos, narrativas (auto)biográficas vêm alimentando um mercado sedento de autorrevelações narcísicas e oportunistas. A diversidade da produção alimenta a curiosidade e o estabelecimento de novas perspectivas para a compreensão do fenômeno da narrativa (auto)biográfica.

No sentido de compreender, em primeiro lugar, as implicações de uma narrativa pessoal, faz-se necessário rever tanto os atos autobiográficos desempenhados ou passíveis de serem desempenhados em um projeto de narrativa pessoal quanto os conceitos inerentes a ele.[1] Em primeiro lugar, a memória[2] como recurso autenticador da narrativa; a experiência, como elemento essencial para a credibilidade da narrativa; identidade, que aproxima leitor e narrativa seja pela comunhão de vivências ou total distância entre experiência pessoal e experiência narrada; espaço, que tanto pode ser compreendido como o espaço ocupado pelo sujeito da narrativa, quanto pela representação e valor geopolítico desse entorno; a incorporação (*embodiment*), ou seja, o corpo como local onde a memória, em seu aspecto fisiológico, ocorre, mas também o corpo que viveu a experiência e que auxilia na narração, o corpo que ocupa um espaço no espaço empírico da vivência, um corpo que habita outro corpo ou que trava batalhas contra doenças ou deficiências que façam com que a sua narrativa transite entre a

1. Para uma visão mais completa tanto dos conceitos subjacentes aos atos autobiográficos quanto às estratégias de abordagens de narrativas de vida ver Smith & Watson (2010).
2. "What we refer to confidently as memory... is really a form of story-telling that goes on continually in the mind and often changes with the telling. Too many conflicting emotional interests are involved for life ever to be wholly acceptable, and possibly it is the work of the storyteller to rearrange things so that they conform to this end. In any case, in talking about the past, we lie with every breath we draw" (Maxwell, 1996, p. 27 *apud* Lee *in* Leander, 2015).

história de um sujeito e seu corpo para a história de um corpo;[3] autonomia, o indivíduo como agente de seu próprio destino, sem ser apenas uma peça em um mecanismo maior, seja uma estrutura social ou um inconsciente cultural coletivo. Tais conceitos não logram êxito, se considerados de forma estanque. São, no entanto, producentes se confrontados com a narrativa (auto)biográfica enquanto ato performático. Os atos (auto)biográficos podem incluir os seguintes elementos: o agente aliciador ou a ocasião; o local; os produtores da narrativa ou os "sujeitos autobiográficos"; os coadjuvantes do "sujeito autobiográfico"; a voz; os destinatários; os modos estruturantes do autoexame; padrões de enredamento; meios; consumidores ou audiência; e molduras paratextuais.

Autonomia, audiência e autoridade – O caso Benedito Guilherme

A convergência dessas três perspectivas em um empreendimento (auto) biográfico sinaliza uma riqueza de possibilidades analíticas. O caso explorado aqui, a narrativa de um certo Benedito Guilherme,[4] apresenta-se como um exemplo fértil. Os anos compreendidos entre 1953 e 1960 testemunham uma profusão de mudanças, obstáculos e superações, tanto na vida do narrador da história quanto na de seus coetâneos e de sua comunidade. Ex-combatente da Marinha do Brasil, com saúde frágil e dívidas crescentes com agiotas, trabalhando como zelador de um prédio e vivendo sozinho no Rio de Janeiro, o paraense Benedito Guilherme se encontra em um momento limite de sua vida: ou uma mudança ocorre ou melhor seria que

3. Ver G. Thomas Couser (2009, p. 3): "[...] the rise of the nobody/some body memoir represents a subtle but significant shift in the demographics and body politics of American life writing. Indeed, I consider the emergence of the some body memoir the most important development in American life writing in the last three decades or so and thus a cultural and historical phenomenon of great significance."

4. Os originais de *O Buraco da Lacraia*, de Benedito Guilherme, encontram-se na Biblioteca da Universidade de Harvard, como parte da coleção do antropólogo Anthony Leeds, doada à instituição por sua esposa, a cientista social Elizabeth Leeds. Benedito e Anthony se conheceram no Rio de Janeiro, no início da década de 1960. De acordo com documentos pertencentes à coleção, Benedito Guilherme confiou a Anthony Leeds a tarefa de traduzir e tentar negociar contrato de publicação do texto. Da tradução, existem somente uma dezena de folhas manuscritas. Em 1966, Benedito Guilherme enviou para Leeds uma carta de recusa de uma editora brasileira. Até o momento, a única cópia conhecida de *O Buraco da Lacraia* é a que está em Harvard.

sua vida terminasse ali. Como em um enredo de ficção, será a possibilidade de uma vida a dois o que fará com que ele dê o primeiro passo que alterará o percurso da sua história de vida. No prédio em que trabalha, conhece Tonica, empregada doméstica. Por ela, ousa embrenhar-se na região considerada a mais violenta do Rio de Janeiro da década de 1950, a favela Buraco da Lacraia, onde Tonica mora:

> Noite.
>
> Eu não buscava encrencas, nem comprava maconha, nem aventuras sangrentas. Pelo contrário: Procurava reencontrar uma amizade sincera que soubera estar morando ali, no "Buraco da Lacraia", favela cujo nome, lido ou ouvido fazia qualquer um sentir arrepios de medo, da cabeça aos pés.
>
> Por isso, ao passar pelo portão de ferro da igreja de São João Batista, na curva da rua Bela, onde as luzes multicores dos anúncios davam vida, vigor em tudo, eu me benzi e pedi a proteção do manto da Virgem de Nazareth, a Santa que ampara todo filho do Pará. (Guilherme, 1960, p. 3)

O narrador/protagonista da história relata nas páginas seguintes sua primeira incursão pela favela Buraco da Lacraia, no dia 10 de outubro de 1953. É a primeira vez que se aventura a entrar em uma favela.

> A razão de minha estada ali, naquela hora imprópria, perigosa, era profundamente sentimental. Há meses que nos conhecíamos, e fora o suficiente para sabermos que havia uma afinidade entre nós. Ambos encarávamos sem temores os infortúnios.
>
> Era uma mulher de coragem que arrancara-me d'uma dramática situação de desânimo que beirava ao suicídio. Uma mulher vivendo ali precisa de um homem; e que diabo, eu era esse homem ou não? (Guilherme, 1960, p. 4)

Subitamente surpreendido por uma troca de tiros, vê aflorar um desejo de restauração da ordem que vai acompanhá-lo ao longo de sua estada na favela. Nesse primeiro momento, ainda sem saber as motivações, permite-se fazer parte da cena:

> Subitamente ouvi o tiroteio. Os trabalhadores da garage saíram assustados para o meio da rua, alongando a vista para ver melhor os fatos, o trocar de balas entre os dois bandos maus.
>
> Não sei porque, a curiosidade dos operários deu-me coragem, despregar-me do chão, conhecer o resultado daquilo. Uma faceta nova em minha vida, boa ou má ~~(bem e má)~~ vivida palmilhando os sete mares desse nosso mundo.

> Tirei o meu 38 da cinta, meti no bolso do paletó e saí atrás deles. Meu terno azul marinho, única roupa que me restava dos dias de abastância, camisa branca, sapatos marrons, com mais de três meia-solas, davam-me aparência de policial. (Guilherme, 1960, p. 5-6)

Uma vez lá, antes mesmo de seguir ao encontro de sua futura companheira, envolve-se em uma cinematográfica caçada a bandidos, auxiliando os poucos policiais destacados para aquela região. Sua condição de militar reformado e seu direito de portar arma de fogo o qualificam para a tarefa. Assim, inserindo-se como um herói acidental em um universo inóspito, papel esse que exercerá ao longo dos anos em que habitará na favela, o narrador/protagonista revela sua primeira impressão:

> O resto era o abandono dos terrenos baldios, selvagens, de gente faminta, infortunada, engolida pela favela como fantasmas entrando em fúnebres sepulcros. Por ali, no mato crescido, existiam valões putrefatos, que conservavam águas, excrementos, lixo, animais mortos, trapos com nuvens de mosca, mosquitos, revolteando, causando a febre, o tifo.
>
> O lugar era tétrico, e sua fama de crimes e roubos era péssima. Vendo-se assim, o ambiente naquela hora, o coração gelava e a coragem fugia. (Guilherme, 1960, p. 3)

Apesar do cenário assustador e do medo, Benedito Guilherme se rende ao seu compromisso ético de auxiliar as forças da ordem na caçada aos bandidos e termina por não visitar sua futura companheira, sua "amizade sincera" naquela noite. Seu comprometimento com a ordem e a qualidade de vida da favela estará presente de forma até sutil ao longo de sua narrativa. Em um ambiente em que grassa a desordem, a libertinagem e a desinformação, Benedito Guilherme funcionará como um elemento orientador dos rumos da comunidade. Seu conhecimento adquirido durante seu tempo na Marinha será útil para minimizar os efeitos de algumas mazelas comuns na comunidade, como a falta de um posto de saúde, por exemplo. Enquanto, porém, se vê em ação, ainda desconhecendo a importância que terá para a comunidade, suas emoções são ambíguas: age pelo impulso de herói, mas também pelo desencanto na vida:

> — Minha vida era um mar revolto em águas turvas ~~(de onde)~~. Com sacrifício procurava repontar, mas só conseguindo com muito esforço ficar com a cabeça fora d'água. ~~O viver numa favela por certo era o final das forças, o afundar no~~

> ~~turbilhão sinuoso do oceano da existência. Ela estava numa favela.~~ E agora, se a questão era afundar e deixar de existir, então que ambos afundássemos juntos, não sobrevivêssemos. (Guilherme, 1960, p. 9)

Os originais datiloscritos de *O Buraco da Lacraia* apresentam correções feitas à mão e preservadas nas transcrições feitas aqui. Diversas palavras, sentenças e até parágrafos são riscados, o que determina uma leitura crítica e revisora visando à preparação do texto para submissão a editores – o que efetivamente acontece. O que chama a atenção no trecho excluído da citação anterior é sua avaliação sobre residir na favela, o que, para o autor, representaria um naufrágio inexorável no "oceano da existência". A exclusão dessa afirmação reforça o caráter da narrativa de superação, reafirmando o que consta das páginas iniciais dos originais, sob o título de "Uma explicação" e que será também constatado ao longo da narrativa:

> Da favela onde esses fatos se registraram nada mais existe; do seu aspecto antigo, palco de crimes, amontoado de casebres anti-higiênicos; apenas seus habitantes continuam vivendo, um pouco mais velhos, gostando da nova vida, da liberdade, acreditando mais um pouco na bondade dos seus semelhantes. (Guilherme, 1960, p. 1)

No entanto, antes de alcançada a superação, o herói terá de enfrentar vários percalços, eliminar obstáculos e se transformar, para que seja capaz de transformar a realidade que se lhe apresenta. Diferentemente do que se espera de uma narrativa memorialística/autobiográfica, o autor não estrutura sua narrativa a partir da cronologia dos acontecimentos de sua vida. Benedito Guilherme demonstra uma escolha bastante precisa do foco da narrativa, que é a história da favela Buraco da Lacraia, a partir do momento em que para lá se muda até o ponto culminante de sua história, que é a transformação do local em um bairro proletário. A sua história de vida, assim como a sua apresentação enquanto narrador/protagonista de um relato memorialístico, acontece tímida e estrategicamente ao longo do livro. Aos poucos, vai revelando ter tido problemas de saúde durante sua vida de militar da Marinha, assim como as viagens que fez durante e após a Segunda Guerra. Narra, também, com escassos detalhes, fatos de sua vida pessoal, como o primeiro casamento, desfeito, e o pagamento de pensão, que arruinou suas finanças e que fora uma das causas de sua decadência profissional e social antes de conhecer Tonica e se mudar para a favela.

O livro é dividido em doze capítulos intitulados: "Favela", "A Maconha", "'Joli'- O cachorro cagoete", "O Gurufim", "A Inveja", "As Religiões", "Juventude Fadada ao Crime", "A Volta da Odete", "Os Vencidos do Nordeste", "Delinquência sem Freio", "A Urbanização" e "Epílogo". Os títulos dos capítulos por si só deixam clara a intenção de elaborar uma crônica do local e dos seus habitantes, não havendo, de sua parte, a disposição de revelar nada além do necessário sobre sua vida pessoal e de sua família. O que narra nem sempre é produto de um testemunho ocular. Muitas cenas são recriadas a partir de informações ouvidas por vizinhos ou por indivíduos que presenciaram os fatos, além das informações recriadas ou criadas para conferir à narrativa um nexo causal e impor um ritmo de leitura. Sua presença – tanto como narrador quanto como personagem – atesta sua encorporação (*embodiment*) na narrativa, tanto como a voz que narra quanto como o corpo que vivencia o fato narrado no espaço empírico da vivência.

Os fragmentos de uma história pessoal

Em um pequeno texto intitulado "Agradecimento", que precede os capítulos, o autor se refere a dois professores, Ulisses e João, ambos do Colégio Bento XV, "da igreja de São João, pelo muito que fizerão [sic] por mim" (Guilherme, 1960, p. 2). A partir dessa referência e de duas outras, uma em que se refere à festa religiosa do seu estado "em que se louva a virgem de Nazareth" (Guilherme, 1960, p. 1), e outra na qual se denomina "filho do Pará" (Guilherme, 1960, p. 3), contidas nas páginas 1 e 3, respectivamente, toma-se conhecimento de sua procedência e do fato de que possui, pelo menos, o nível de educação fundamental. O colégio Bento XV a que se refere talvez venha a ser a atual Escola Estadual de Ensino Fundamental Bento XV, em Belém (PA).

A descrição de sua terra natal emerge em meio aos movimentos do bonde e ainda sob o torpor da experiência vivida na favela:

> Aquela favela se assemelhava a longínquas paragens do meu Estado. Outras imensas, tétricas favelas nos confins de um inferno de águas e florestas.
> Lentamente os fatos, os cenários, as vozes, iam surgindo, saindo do fundo das recordações, doces, amargas, más, recordações.
> Favelas, não surgidas as escondidas, por nordestinos, mineiros, fluminenses, baianos; mas, favelas feitas pelos governantes, cujos (~~binóculos dos seus~~)

interesses não alcançavam as fronteiras amazônicas, não alcançavam Tabatinga, não alcançavam o rio Javari, a cidade de Benjamin Constant, edificada de barracos, casebre, vielas tortuosas, lavada pelas barrentas águas do caudaloso Solimões. (Guilherme, 1960, p. 20-21)

As divagações do narrador revelam, ainda, sua participação na chamada Operação Letícia,[5] em que a Marinha do Brasil agiu para evitar uma guerra entre Peru e Colômbia:

---

5. "Peru e Colômbia tinham questões de fronteiras desde suas declarações de independência. De acordo com o tratado de Salomón-Lozano de 1922, o território de Letícia ficaria incorporado à Colômbia. Letícia era uma área pobre situada entre os rios Putumayo e Amazonas, e era de interesse colombiano ter acesso direto a este rio [...].
Para evitar que seus interesses pudessem ser feridos pelo tratado Salomón-Lozano, o Brasil fez certas "ponderações" ao Peru para que os territórios já reconhecidos brasileiros não pudessem ser incluídos nos ajustes entre Peru e Colômbia. [...] Posteriormente, em novo tratado, a Colômbia reconheceria a linha referida e o Brasil daria a ela o direito de livre navegação no Amazonas e em outros rios e de uma vez por todas Colômbia e Peru ratificariam o tratado de Salomón-Lozano. Com efeito Brasil e Colômbia firmariam tratado de limites, considerando a linha Apáporis-Tabatinga como divisória entre os dois países. Já solucionada a questão no plano diplomático, peruanos de Loreto revoltaram-se com a decisão do governo em ceder o território de Letícia à Colômbia e ocuparam a região. Primeiramente, o movimento foi considerado rebelde e não foi apoiado pelo governo. Entretanto, ao levar em consideração as manifestações nacionais contrárias à decisão de ceder Letícia, o governo muda seu posicionamento e passa a opor-se à intenção colombiana. As relações entre os dois países ficou tensa e o primeiro choque ocorreu em 1933. O Brasil ofereceu-se para mediar a questão, mas a proposta não foi considerada. A questão ficou no âmbito da Sociedade das Nações que designou em 1933 um comitê consultivo de três membros. A posição brasileira foi neutra e permitiu a livre navegação em seus rios aos dois países, somente proibindo a passagem de aviões em seu território. Após as dificuldades, os dois países, firmaram um acordo no mesmo ano sob a chancela da Sociedade das Nações, e constituiu uma Comissão Administradora, formada por Estados Unidos, Brasil e Espanha. Essa comissão administrou o território por um ano, enquanto no Rio de Janeiro acontecia uma conferência diplomática em Peru e Colômbia para solucionar de uma vez a questão.
As delegações chegaram a um acordo em Maio de 1934, quando os dois Estados passaram a aceitar o tratado de Salomón-Lozano, este somente podendo ser modificado por mútuo consentimento ou decisão da Justiça Internacional. Renunciaram a atos violentos e submeteram suas questões à Corte Permanente da Justiça Internacional de Haia, também sendo assinada uma Ata Adicional que entre outros assuntos, regulava a navegação fluvial dos dois países.
Ao Brasil interessava não só a resolução do conflito como também a garantia do reconhecimento da linha Apapóris-Tabatinga, o que ocorreu na manutenção do tratado de Salomón-Lozano. O Estado-Maior do Exército, na época não descartou o uso de armas para manter a soberania brasileira naquela área fronteiriça." Disponível em: <http://getuliovargas.weebly.com/questo-de-letcia.html>.

> Cidade da nossa fronteira com o Peru e a Colômbia, com escritórios de consulados estrangeiros, localizados em barracos. Cidade, eim;
> Final esquecido dum Brasil gigante; a cidade de trabalho anônimo; um punhado de brasileiros abandonados, escravos, sentinela constante, fanática do pendão Auri-Verde... Cidade mártir, de gente mártir; casebres, lama, florestas, feras e a doença mortífera dos germes da 'Febre Negra'. 'Febre Negra'! Pior do que todos males. Eu senti-lhe todos os males, a ardência queimante, ferro em brasa, na própria carne, quando tive a vida por um fio, na chamada 'Operação Letícia'. [...] A guerra ameaçada entre o Peru e a Colômbia, fora oportunamente evitada pela Marinha do Brasil, do convés corrido do encouraçado 'Floriano', na 'Operação Letícia'. Um caldeirão fervente de aço, cozinhando vidas, que na falta do carvão, entupia as cobertas, dormitório e rancho dos marujos com lenha e mais lenha. (Guilherme, 1960, p. 21)

Mediante um comentário sobre a ausência de lembrança dos oficiais mortos na operação, percebe-se que a situação de penúria na qual se encontra o narrador talvez seja em decorrência do descaso aos militares da reserva. Há, também, uma referência ao seu problema de saúde, certamente consequência das condições de vida a bordo. Suas divagações preenchem o tempo de viagem e, quando percebe, já está em seu destino – nesse caso, com um duplo sentido, pois, ao fazer a analogia entre o que vira na favela e as cidades de seu estado natal, Benedito Guilherme percebe que ambos são vítimas de algum descaso, de muita desesperança e de total abandono. Sente-se impelido a enfrentar o que o destino lhe reserva, uma nova guerra, talvez:

> As sombras temerosas da noite, desapareciam e em espiral erguia-se o reflexo tremuloso da madrugada; estranhamente sentia-me infeccionado pela obstinação da favela! A favela cozinhava honras, virtudes e vidas. A minha sorte estava lançada. Eu ia morar na favela. Ter cozinhada as minhas virtudes e erros, já que a guerra não deram cabo delas. (Guilherme, 1960, p. 22)

Na tarde desse mesmo dia, oficializa sua visita à favela, encontrando seus futuros vizinhos, sua companheira Tonica e sua filha, Maricela.[6] Um

6. Não fica claro se Benedito Guilherme é o pai biológico da menina e que somente nesse momento vem a conhecê-la. No entanto, ao descrever seu primeiro encontro, sugere que seja o pai: "- Chega menina. Toma benção. Teu pai, que tu não conheceu. A criança, moreninha, cabelos com falta de pente, era esperta, viva, um azougue; chegou-se a mim, agarrou-me a mão e beijou-a" (p. 23). Após essa passagem, relata a curiosidade dos vizinhos em encontrar seus traços fisionômicos na menina. Então, sugere que não é o pai biológico,

dado curioso no relato de sua chegada à favela e acolhida pela companheira e seus vizinhos é o fato de que o narrador se refere a si mesmo como "Belarmino" e não pelo seu nome real. Em outras passagens, poucas, repetirá essa informação, sem explicar, nem mesmo nas seções iniciais dos originais, as mudanças de nomes. Assim, fica comprometida a identificação de sua companheira, que no relato se chama Tonica, e sua filha, Maricela, nomes que poderiam também ter sido alterados para preservar a identidade real dos personagens[7]. Descreve a maloca como "um aglomerado de madeiras em pé, com telhados de zinco, cercados por todos os lados" (Guilherme, 1960, p. 23), em que viviam famílias de trabalhadores, unidas pela necessidade de se protegerem dos malfeitores. A miséria e a balbúrdia ao seu redor, somadas a sua aparência física, deveriam fazer com que ele se sentisse em casa, mas não era o caso, e ainda se sentia como um intruso:

> Minha barba por fazer, meus cabelos despenteados, começando a pratear, faziam-me um miserável também. Procurei ser agradável, tolerante com as crianças que passavam nos empurrando, conversar com todos, numa linguagem vulgar, fantasiando angústias, fome, desemprego. (Guilherme, 1960, p. 24)

Conversam e trocam juras. Decidem, juntos, enfrentar os obstáculos e buscar a felicidade. Benedito Guilherme reconhece que, naquele momento, está iniciando uma fase de provações em sua vida. Apesar de expressar sua convicção de que o futuro será melhor, teme estar diante de mais um fracasso: "Para falar a verdade esta primeira noite não dormi, dominado pelo pavor da favela. Uma insônia tremenda fazia-me sofrer pesadelos de olhos abertos. (...). Duvidei então que o meu sonho de viver ali para reerguer-me, talvez fosse um fracasso" (Guilherme, 1960, p. 28).

Benedito Guilherme tentava, ao mesmo tempo, entender aquele universo, infiltrar-se nele, mas, paradoxalmente, também manter-se à distância. Revela sua curiosidade em relação aos vizinhos, seus pensamentos, suas histórias. Tenta mesmo parecer-se com eles, recolhendo do lixo roupas usadas, consertadas posteriormente, aposentando seu único

---

mas que essa versão da história seria mais aceitável entre os favelados que moravam na mesma maloca, por ser comum os homens deixarem as mulheres só, seja por estarem presos ou por serem casados: "Eu voltava... deixei que pensassem. Era melhor assim. Na favela não se pergunta de onde vem, o que se faz, nem tão pouco para onde vai" (p. 25).

7. Embora haja essa alteração do nome, nos textos iniciais do manuscrito fica clara a natureza autorreferencial da narrativa, não havendo, assim, dúvidas quanto ao pacto autobiográfico do relato.

terno, aquele com que apresentara sua imponente figura ao chegar à favela. Suas horas, no início, são preenchidas com pequenas tarefas domésticas, já que não tem emprego. Alfabetizava Maricela, apanhava água no Bicão, preparava o jantar, aceitando, aparentemente, a inversão dos papéis sociais convencionais, além de, curiosamente, fazer incursões no aterro sanitário, conhecido como "xepa"[8], à procura de qualquer coisa que pudesse transformar em dinheiro: "Não me esforçava como os outros, ia mais para passar as horas. No princípio, a fedentina me transtornara, enjoara, causando-me febre, desarranjo intestinal. Continuei contudo, não queria ser melhor do que os outros 'xepeiros'" (Guilherme, 1960, p. 31).

A Urbanização

O ano de 1956 vem a ser um momento definidor do papel de Benedito Guilherme na comunidade. Os acontecimentos daquele ano vêm contribuir para que surja no Buraco da Lacraia uma esperança de melhorias. Antes, porém, de agir à frente e em nome da comunidade, o narrador testemunha a degradação sem fim e o alarmante nível de desordem de sua comunidade. Isso ocorre a partir do seu retorno, após um hiato de oito meses fora do convívio da favela, "ausente do Rio de Janeiro, em Belém do Pará, para onde

8. Benedito Guilherme (1960, p. 31-32) assim descreve a "xepa": "Nuvens de moscas cobriam como um lençol negro, os fétidos montões, montanhas de restos de carnes, quartos inteiros de boi frigorificados, sacos de arroz fedendo a mofo, caixas e mais caixas de cebolas podres, com odor penetrante, ardente, de mistura com batatas, já brotando de velhas, esqueletos de animais, papéis, sapatos e mais sapatos de todos os tamanhos e feitios, cortados, sem pares; latas, latões, transformando a 'xepa' num horripilante, selvagem campo de batalha entre homens, mulheres, crianças, na disputa de tudo que lhes parecia útil, melhor e que era quase tudo o que a cidade jogava fora, e ali ficava nas entranhas daqueles montes e mais montes de monturo, e que para aquela gente, representava dinheiro, dinheiro para um pedaço de pão, uma migalha de feijão, um litro de cachaça, que na realidade era mais água misturada com pimenta do reino para dar ardência, queimar os peitos. E aquela gente toda que abaixados, curvados, removendo o lixo, se assemelhavam aos bandos de urubus, suas asas negras, se mexendo. Então suas vozes agudas, em xingamentos na disputa duns restos de pestífera alimentação em latas de conservas, se pareciam com o grasnar daquelas aves nojentas. Mas às vezes, para espanto meu, e não deles que estavam acostumados a ver, os caminhões jogavam na 'xepa' gêneros alimentícios em perfeitas condições de higiene. Nestas ocasiões eu com ódio no coração, tendo mesmo pensamentos homicidas, indagava o porquê da destruição daqueles alimentos, quando o povo na cidade, fazia filas e filas para adquiri-los."

voara a fim de desincumbir-me duma obrigação filial, o falecimento do meu pai, velho funcionário Federal, com mais de 84 anos de idade" (Guilherme, 1960, p. 186). Na bagagem, trouxe lembranças de sua terra natal, das frutas, do frescor dos banhos de rio e dos sabores do Pará, mas

> Agora no regresso, notara que a favela estava mudada, os barracos ocupavam totalmente todas as áreas disponíveis, não havia um só lugar vazio, algumas telhas francesas surgiam aqui e ali, mas os seus moradores se trancavam cada vez mais; as cercas deram lugar às verdadeiras muradas de tábuas de zinco, portões com ferrolhos. As malocas se isolavam, fechavam-se. E havia razão. As mulheres perdidas aumentaram, ressurgiam desbragadamente num despudor incrível, num achincalho às famílias honestas. (Guilherme, 1960, p. 186)

Além das prostitutas, os marginais também tomaram as vielas, ocupando-as com seus jogos de azar, com a repartição de seus roubos, com círculos para comunhão da droga. A favela Buraco da Lacraia se transformara no polo de convergência da marginalidade da região, já que representava um território completamente sem lei. Outros, fugitivos do presídio da Ilha Grande, também encontravam no Buraco da Lacraia um abrigo seguro. Do outro lado da cidade, uma esperança para os pobres e favelados surgia na figura do Cardeal D. Helder Câmara.

Organizado pelo prelado, o I Congresso da Favela aconteceu no dia 6 de Janeiro de 1957, no Teatro João Caetano, no Rio de Janeiro, com a presença do prefeito da cidade. O jornal *A Noite* noticia o evento em sua edição de 7 de janeiro de 1957:

> FAVELADOS DEBATEM EM CONGRESSO OS SEUS PROBLEMAS
> Presentes o Representante do Presidente da República e autoridades – Os discursos de D. Helder Câmara, dos representantes das favelas e do prefeito Embaixador Negrão de Lima – As reivindicações das favelas plenamente asseguradas pelo prefeito.
> Conforme NA NOITE antecipou, efetuou-se ontem, dia dos Santos Reis Magos, no Teatro João Caetano, o Primeiro Congresso das Favelas, organizado pela Cruzada São Sebastião.
> A Mesa estava assim constituída: D. Helder Câmara, arcebispo auxiliar e comandante da Cruzada São Sebastião; D. José Vicente Távora, bispo auxiliar; prefeito, embaixador Negrão de Lima, Sr. Adolpho Aguiar, autoridades representantes do presidente da República, do ministro da Justiça, do chefe

> de Polícia e do senhor Barreto Pinto, diretor dos Teatros, que cedeu graciosamente todo o serviço do João Caetano [...].
> As Reivindicações
> Falaram, a seguir, os representantes das favelas, Srs. Zillon Soares Campbell, da zona Central; Djalma da Silva e Sá, da zona Centro; José de Almeida Netto, da zona Sul; João Farias, da zona Norte; e Benedicto Barreto, da Zona da Leopoldina.
> Disse o último – 'No céu dos favelados surgiu uma estrela radiosa – D. Helder!'
> Os oradores expuseram as reivindicações das favelas: água, luz, telefone, esgotos, ambulatórios, escolas, policiamento ordeiro, etc., tendo sido todos calorosamente aplaudidos. D. Helder, então, apoiou todas as reivindicações e disse que, unidos e com a benção de Deus, tudo haveriam de conseguir [...]. (1º CAD., p. 2)

É um momento de mudanças e de esperanças para os favelados. Essa energia vai contaminar a narrativa de Benedito Guilherme, que, a partir desse momento, passa a tematizar o processo que chama de "urbanização" da favela Buraco da Lacraia. Na dedicatória do livro a D. Helder Câmara, Benedito Guilherme explicita o quão importante fora a figura do cardeal arcebispo para o processo de melhoria de vida nas favelas do Rio de Janeiro, durante a década de 1960. Para o autor, o prelado teria tido a coragem de agir, com doçura e grandeza, em prol dos cidadãos das favelas, que sofriam privações. Considerados uma "massa indisciplinada", alijados do processo econômico do estado, esses cidadãos foram retirados da prostração causada pelo "complexo de favelado" e reintegrados à vida da sociedade, mediante o trabalho e a confiança por parte das autoridades, além do trabalho coletivo de melhorias de vida em suas comunidades. Benedito Guilherme ressalta que D. Helder compreendia o linguajar "rude dos miseráveis das favelas, e sabia transmitir as suas vontades às classes competentes. E o fazia sem humilhar uns, sem ferir susceptibilidades de outros" (1º CAD, p. 4).

Em seguida a essa dedicatória, Benedito Guilherme oferece ao leitor, à guisa de explicação, o contrato de leitura que deseja realizado: "Todos os personagens aqui apresentados são verídicos, viveram o desenrolar desta história. Se alguns desapareceram definitivamente tragados pelo mar dos acontecimentos, outros ainda estão vivos, reintegrados na sociedade, dispostos a confirmar a verdade dos fatos" (1º CAD, p. 1). Nessa "Explicação", está também clara a natureza de sua narrativa de superação. O autor acredita que a mudança ocorrida alterou definitivamente os rumos das vidas dos moradores da favela e quer, com seu relato, não somente registrar o processo de superação, mas também exaltar o grande responsável pela mudança, D. Helder Câmara: "Da favela onde esses fatos se registraram nada mais existe; do seu aspecto antigo, palco de crimes, amontoado de casebres anti-higiênicos; apenas seus habitantes continuam vivendo, um pouco mais velhos, gostando da nova vida, da liberdade, acreditando na bondade de seus semelhantes" (1º CAD, p. 1). Vale notar que o tom desse primeiro parágrafo pode levar o leitor a compreender, erroneamente, que os fatos narrados aconteceram em um momento remoto – ou, pelo menos, mais remoto do que na realidade. Benedito Guilherme, nessa mesma página, informa o período em que redigiu o texto e, também, o período dos fatos narrados:

> Estes mal traçados rabiscos tiveram início em setembro de 1958, e foram se prolongando preguiçosamente até o mês de Junho de 1960. Mas na verdade o seu relato vem desde o dia 10 de Outubro de 1953. Lembro-me bem deste dia e mês por ser de grande festa religiosa no meu Estado, em que se louva a virgem de Nazareth. (Guilherme, 1960, p. 1)

Em um intervalo de sete anos, o narrador muda-se para a favela, efetua diversas incursões na vida dos favelados para compreendê-los. Gradativamente passa a se mostrar como alguém com potencial para liderar e, finalmente, engaja-se no mutirão promovido pela Cruzada São Sebastião, na pessoa de D. Helder Câmara, para promover a mudança do Buraco da Lacraia como uma favela perigosa e sem infraestrutura em um bairro proletário, chamado Parque Alegria. São somente sete anos, mas a acreditar na percepção do narrador, foram tempos intensos, e, talvez, por isso, haja essa sensação de que durou mais do que efetivamente sete anos.

O processo de urbanização, como narrado por Benedito, não se dá de maneira tranquila. Há forças contrárias a sua realização e, também, uma ala de descrentes na possibilidade de melhoria das condições da favela. Os desiludidos o são com razão. O próprio narrador relata ou comenta que somente em tempos de eleições é que políticos e autoridades visitam a favela e, obviamente, fazem promessas que jamais cumprem. Aqueles que apostavam nas mudanças compareceram ao I Congresso das Favelas, naquela tarde e noite do dia 6 de janeiro de 1957. Esse congresso, na opinião de Benedito Guilherme, serviria para demonstrar às autoridades públicas o grau de engajamento das comunidades carentes no movimento de melhoria das favelas. Cento e setenta e duas famílias faveladas estavam presentes: segundo o narrador, "o 'Buraco da Lacraia' estava em massa" (Guilherme, 1960, p. 188); uma massa barulhenta, movida pela esperança que surgia na figura de D. Helder e pela voz de um representante seu, identificado no texto como o "crente": "A algazarra que fizeram quando o crente falou fez tremer as velhas paredes daquela casa de espetáculos. Fui à última hora escolhido para fazer parte do seu comitê" (Guilherme, 1960, p. 188). Revelando ter comparecido mais por curiosidade do que por real envolvimento com a causa, Benedito contrabalança a euforia dos presentes no evento com os comentários contrários ou descrentes de outros favelados sobre a urbanização da favela, que acreditavam que os bandidos impediriam a todo custo qualquer iniciativa de organização da comunidade – o que representaria a eliminação do crime na comunidade.

No dia seguinte, os jornais estampavam fotos do I Congresso das Favelas. Na edição do jornal *Última Hora*, fora publicada uma foto em que aparece o comitê do Buraco da Lacraia. O fato, motivo de orgulho para aquela comunidade, dura pouco. Em poucos dias, novo assassinato na favela ocupa a primeira página dos jornais:

> Pela primeira vez, moradores da favela eram fotografados entre tão importantes personalidades em manchete que não falava em crime. Foi uma sensação. Mas infelizmente essa alegria durou pouco, porque logo no dia seguinte os jornais publicavam o retrato de um cadáver, e noticiavam o crime. (Guilherme, 1960, p. 190)

O crime estava, de certa forma, ligado ao processo em curso. O bandido "Zezinho" teria se desentendido com seus comparsas e passado a apoiar os organizadores do mutirão de urbanização. Outro bandido, "João Beicinho", garantia que não deixaria acontecer as melhorias na favela, pois isso significaria o fim da delinquência – dizia isso mostrando a fotografia publicada no jornal do comitê do Buraco da Lacraia: "esses puxa saco de padre, não eram homem" (Guilherme, 1960, p. 190). A altercação resultou na morte de "Zezinho".

Em vez de abalar a confiança dos favelados, tal evento fez com se unissem ainda mais no mutirão. Cerca de vinte homens se uniram para combater qualquer reação ou estratégia por parte dos bandidos contra o mutirão. Dias depois, "João Beicinho" morria, após receber cinco tiros, quando descia do bonde em plena Avenida Brasil. Sua morte significou, para os moradores, o fechamento de um ciclo de crimes e desordem. Embora a comunidade conhecesse a identidade dos assassinos do bandido, nada foi revelado à polícia. O Buraco da Favela estava pronto para assumir sua nova identidade: o bairro proletário Parque da Alegria! Contudo, alguns obstáculos ainda apareceriam e uma operação tática teria que ser executada para, enfim, atingirem o objetivo final.

Operação Mutirão

Com a assinatura da "ordem de urbanização", os moradores do Buraco da Lacraia receberam uma injeção de ânimo. Reuniram-se em torno do comitê local, no que posteriormente viria a ser chamado de "Operação Mutirão". Se, por um lado, essa euforia resultava em esforços conjuntos nos trabalhos de melhorias do bairro, como, por exemplo, a abertura da primeira via pública oficial, a Rua do Paraíso, por outro, acirrava a oposição dos bandidos ao projeto:

> Mas para dificultar esse trabalho honesto, higiênico, lá estava a sucia dos despreocupados, dos vagabundos, as 'grinfas', os coiteiros, os intrujões, fazendo toda espécie de empecilhos. Os 'cachorrinhos' jogavam pedras nos caminhões que transportavam o aterro; os moradores os repeliam; apareciam os que defendiam, alegando que não se podia bater em crianças, havia acirrado bate-boca, bofetões, surgiam peixeiras, armas de fogo. A R.P. intervinha, e acabava levando quem não devia; - era um fim de mundo. (Guilherme, 1960, p. 191)

Benedito Guilherme registra que o Serviço Especial de Recuperação de Favelas e Habitações Anti-Higiênicas, o SERPHA, ofereceu auxílio complementar, colocando, à disposição do comitê local, guardas para garantir o andamento das obras. O resultado dessa medida é a abertura da primeira rua, que, segundo o narrador, recebera seu nome, Rua do Paraíso, talvez por um "lampejo de sabedoria que até hoje os filósofos não conseguiram explicar (...) talvez em ilusão [sic] a quem acabava de sair do inferno, da caldeira do diabo, a entrar no caminho do céu" (Guilherme, 1960, p. 192).

O projeto consistia em aterrar o terreno, dividi-lo em lotes iguais e iniciar a construção das casas, simultaneamente à demolição dos antigos barracos. Essa mudança deixava as atividades dos bandidos mais vulneráveis, porque mais visíveis e passíveis de repressão. E o fato não agradava ao crime. Em represália, os bandidos derrubavam as casas recém-construídas, durante a noite quando os guardas não faziam a ronda. A situação ameaça o sonho dos moradores. O comitê local chegou a recorrer à Cruzada São Sebastião, sabendo que poucas chances teria de conseguir auxílio repressor dessa organização. Aos poucos, foram-se tecendo planos em conjunto com a 16ª Delegacia de Polícia e os guardas do policiamento da linha férrea. A tática seria simples: permitir que os criminosos se sentissem seguros e em controle. Quando baixassem a guarda, seriam surpreendidos pelas forças policiais. O papel de Benedito Guilherme é essencial nesse plano de combate aos bandidos. Vivendo dentro da favela, ele seria o observador e acenaria quanto ao momento mais propício para a ação:

> Deram-me a incumbência de orientar a 'Blitz', usando as minhas credenciais de ex-combatente, que não melindraria as outras autoridades. Assim, conhecedor do lugar e dos maus elementos, eliminaria o perigo de prendermos os operários por falta de documentos. Eliminávamos assim o vexame de levarmos para o Distrito para nos dia seguinte serem defendidos com estardalhaço pelos jornais e rádios da oposição que muito desmoralizava a polícia. Tudo assentado, demos asa aos malfeitores, deixando-os à vontade 'cantando suas marras'. Sem nenhuma ação policial, eles passavam a praticar violências, roubos, espancamentos nos moradores honestos, nos trabalhadores. Eu sentia o desespero da situação, mas era preciso esperar. Ouvia sem poder responder, queixas, reclamações, clamor, justo daquela gente simples que não possui armas para se defenderem. O serviço quase que paralisou. (Guilherme, 1960, p. 192)

Benedito Guilherme relata que esteve junto ao delegado de polícia e ao capitão da PM, durante a batida policial, identificando os criminosos detidos pelos agentes. Dentro da favela, havia mais um morador, disfarçado, guiando os policiais e apontando os barracos onde estavam os bandidos – evitando, assim, que entrassem em barracos de moradores não relacionados com o crime. A ação tática funcionou, pois os marginais não previram a invasão e foram surpreendidos pela polícia. Horas depois, a operação era finalizada com êxito, pois havia sido realizada com o apoio dos moradores da favela.

Dessa forma, na narrativa de Benedito Guilherme, o local deixa definitivamente de ser a favela Buraco da Lacraia para merecer o nome do bairro proletário Parque da Alegria. Os moradores sentiam-se protegidos e notados pelo poder público, e com espaço para agirem em seu próprio benefício. Com isso, conseguiam provar que não eram apenas uma turba de bandidos desocupados, mas um grupo de cidadão que merecia e que faria por merecer uma vida digna. Os trabalhos de aterramento e loteamento prosseguiu e, com isso, outra vitória fora conquistada: a água. A Prefeitura trouxe os canos e, em uma semana, as ligações necessárias já haviam sido instaladas. A cena é descrita assim: "Tomara-se banho na rua. As tendinhas esgotaram os estoques de cachaça, mas agora quem bebia sem receio de brigas, tiroteios, eram os trabalhadores, em festas, regozijo" (Guilherme, 1960, p. 195).

A inauguração da rede elétrica contou com a presença de D. Helder: "Finalmente, D. Helder ligou a chave e um mundo de luz varrendo a escuridão definitiva da antiga favela 'Buraco da Lacraia'" (Guilherme, 1960, p. 204). Sua presença ali, para além de uma retribuição pelo seu apoio ao processo de urbanização, marcava também o grau de mitificação da sua figura, pelo narrador/protagonista:

> Quando a festa ia no auge do entusiasmo e os discursos iam saindo da garganta elétrica dos alto falantes, ele fez um sinal, chamou disfarçadamente suas secretárias, e sem que ninguém notasse a sua saída, foi saindo, com acenos discretos, sorridente, ao lado do vigário da Igreja de São João.
> E com a sua retirada, as suas mãos miraculosas haviam riscado definitivamente do mapa da cidade a famigerada favela 'O Buraco da Lacraia'.
> Tinha colocado ao alcance do governo a solução dum problema que até aquele momento só havia servido para demagogia.
> Com o esplendor de um milagre, fizera nascer um bairro simples, humilde, higiênico, urbanizado, iluminado e humano. (Guilherme, 1960, p. 205)

O epílogo da narrativa de Benedito Guilherme apenas repete o tom com que fecha o capítulo precedente. Embora alguns crimes tenham ocorrido, eles não abalaram a nova vida dos moradores, agora com esgoto, água encanada, luz elétrica e serviços públicos à disposição. Entre si, fiscalizavam os novos hábitos de higiene e orientavam-se mutuamente, para evitar um retrocesso na situação do bairro. Os criminosos ainda tentaram retornar ao bairro, mas, segundo Benedito Guilherme, os próprios moradores recusaram-se a lhes dar cobertura. Assim, o narrador encerra sua história pessoal, que tem, como foco principal, a narrativa de superação da favela Buraco da Lacraia. Nada mais sobre si é dito, como se seu personagem nessa história só fizesse sentido dentro do enredo da superação: "Estava confirmado que a marginalidade não encontrava mais ambiente para esconder-se dos seus crimes nas favelas que se urbanizaram. Tomavam forma de bairros. Fim" (Guilherme, 1960, p. 209).

Estratégias de abordagens – o caso de Benedito Guilherme

Autonomia

Em geral, narrativas de vida estão subjugadas a imperativos e cerceamentos culturais. A autorrepresentação, que deveria inventar sua própria matriz, diferente e diversa de quaisquer outras por se tratar de um projeto pessoal e singular, obedece a exigências e demandas que põem em xeque sua autonomia. E em se tratando de uma narrativa que visa também expor e transformar uma dada realidade, como ela pode operar essa mudança se é forçada a negociar e se curvar diante das formas de representação/narrativas disponíveis e aceitas? Qual o nível de barganha efetuada na transação de dar voz e espaço para uma narrativa que quer reverberar no espaço cultural mais amplo a voz ou vozes de experiências, vivências, territórios e histórias? A autonomia também reposiciona o narrador/produtor dessa narrativa de vida ao forçá-lo a um autoconhecimento e a uma habilidade de interpretar o conjunto de elementos humanos, geográficos, e históricos de seu entorno. Em muitos casos, tendo conquistado um local de fala, como se apresenta sua narrativa? Como se deve receber essa narrativa?

Pela revisão do percurso de Benedito Guilherme em sua narrativa da transformação da favela Buraco da Lacraia em bairro proletário Parque da Alegria (1953-1960), nota-se como sua autonomia fora ameaçada, não apenas enquanto sujeito e agente autobiográfico mas também como ator em um jogo político e de abrangência comunitária. Em primeiro lugar, destaca-se o contexto histórico das lutas comunitárias, a partir de uma ruptura paradigmática na forma como a sociedade e o poder público viam o *favelado*. Até a década de 1940, a favela representava o "lugar da desordem", "o habitat de indivíduos pré-civilizados" (Burgos, 2004, p. 35). Nesse contexto, não haveria a possibilidade de um diálogo entre poder público e lideranças comunitárias, havendo, portanto, uma tomada de decisões verticalizada e impositiva. Com a entrada em cena da Cruzada de São Sebastião, na década de 1950, estabelece-se uma ponte entre comunidade e poder público, em direção a uma urbanização dos espaços da favela via uma "pedagogia cristã".

Desse diálogo, surge uma voz mais autônoma dos favelados, a Coligação dos Trabalhadores Favelados do Distrito Federal (1957), em que

> A presença desse novo interlocutor indica que a categoria favelado, originariamente forjada para identificar negativamente os excluídos e justificar ações civilizatórias arbitrárias do Estado e da Igreja, estava sendo requalificada. Com presença informal no mercado de trabalho e, portanto, desconectada da luta operária, a categoria favelado emprestava uma identidade coletiva aos excluídos, dando-lhes maior possibilidade de lutar por direitos sociais. (Burgos, 2004, p. 30-31)

Essa requalificação fica evidente com a narrativa de Benedito Guilherme. Embora ele não figure em sua própria história como o protagonista lógico dessa mudança - permanece, durante toda sua narrativa, como uma iminência parda, um poder discreto que apoia e fortalece a luta dos favelados, liderados por um líder comunitário, o "Crente" –, sua voz e seu ponto de vista moldarão a história de superação da favela, ao mesmo tempo que relata sua própria história pessoal de superação. Ele, ao se transferir para a favela, assume com distanciamento sua nova condição e dela retira uma narrativa que visa renunciar, também, à imagem cristalizada do favelado enquanto "indivíduo pré-civilizado".

Destinatários ou audiência

O texto auto/biográfico deveria, em princípio, destinar-se a um público variado e abrangente (afinal, todos temos uma vida e uma história para contar). No entanto, o que se percebe na trajetória de alguns casos emblemáticos é uma situação bastante específica de recepção. O mercado editorial, a crítica literária e os meios de comunicação em geral criam um nicho para determinadas narrativas de vida ou a existência de um público leitor efêmero. Há, portanto, narrativas de superação, de revelação, de fracassos e de redenções. Há aquelas que se originam de espaços onde a produção de narrativas é escassa e, por isso, de grande curiosidade para um leitor que não deseja descobrir por si mesmo as mazelas de outros sujeitos, a não ser no conforto e na segurança de seu próprio espaço. Essa situação de destinação e de investigação da audiência de narrativas de vida é de grande importância para a compreensão do gênero como fenômeno (literário, editorial, social ou histórico).

No caso de *O Buraco da Lacraia*, ao contrário do que aconteceu com *Quarto de Despejo – Diário de uma favelada*, de Carolina Maria de Jesus, o momento e a perspectiva adotada para narrar o tema foram contraproducentes. A começar pela natureza do relato, uma narrativa de superação por meio do empoderamento de uma comunidade carente destoava da imagem de submissão necessária para uma política de assistencialismo do governo sob a ditadura militar. A autonomia e o protagonismo das camadas inferiores da sociedade, através de uma conscientização política, surgiam como uma ameaça ao controle da disseminação de ideais socialistas ou comunistas e representavam um terreno fértil para a multiplicação de discursos desestabilizantes da nova ordem imposta. Note-se que, no caso de Carolina Maria de Jesus, o momento era propício, pois havia um nicho mercadológico em sintonia com tendências intelectuais de esquerda de desvelar a verdadeira face de iniquidade da sociedade brasileira. Além disso, devido ao trabalho de edição efetuado pelo jornalista Audálio Dantas, assim como à preparação, na mídia, para o lançamento do livro, Carolina despontou como vítima indefesa, cuja única arma eram suas palavras de denúncia. Em seguida, e na direção oposta a de Benedito Guilherme, que atua na comunidade para atingir a superação e lá permanece, Carolina reaparece como a ex-favelada, em *Casa de Alvenaria*, a sequência de seu diário.

Autoridade ou autenticidade

Quem tem o direito de narrar tal ou qual história? O não pertencimento do narrador a uma realidade social, histórica ou geográfica específica o desautoriza enquanto tal? Quem pode contar a história da situação limite? Quem pode falar por si ou por seu grupo? Essas questões vêm acompanhando desde sempre as narrativas (auto)biográficas, principalmente no que diz respeito aos *testimonios* latino-americanos (para citar apenas dois, o de Rigoberta Menchu e o de Carolina Maria de Jesus). Benedito Guilherme se encontra perfeitamente colocado no espaço dos acontecimentos e, portanto, com autoridade para narrar o que ocorre. Não é somente o pertencimento, um pouco claudicante no início, que o autoriza, mas a capacidade de narrar. Ele é o elemento com o dom da palavra, com o olhar distanciado o bastante para ter uma visão crítica do que testemunha. De certa forma, opta por pertencer à comunidade e lhe expõe as entranhas, sem, contudo, se resumir a confirmar o estereótipo da favela como mundo da desordem. Demonstra, tanto pelas suas ações quanto pelas suas palavras, que alguma ordem pode ser alcançada, ainda que efêmera.

Sua narrativa se encerra no momento em que a superação é alcançada. Sabemos, hoje, que as diversas tentativas de urbanização (e, atualmente, pacificação) das favelas descortinaram um cenário de obstáculos com raízes muito mais profundas e dificuldades ainda sem solução. Uma narrativa, porém, que aponta para um movimento de superação é necessária, principalmente quando as esperanças se esvaem e o fundo do poço parece estar, uma vez mais, tão próximo.

REFERÊNCIAS

BURGOS, Marcelo Baumann. "Dos parques proletários ao Favela-Bairro: as políticas públicas nas favelas do Rio de Janeiro". In: ZALUAR, Alba & ALVITO, Marcos (Org.). *Um século de favela*. 4ª ed. Rio de Janeiro: Editora FGV, 2004. p. 25-60.

COUSER, G. Thomas. *Signifying bodies – Disability in contemporary lifer writing*. Ann Arbor: The University of Michigan Press, 2009.

DOCTOROW, E. L. "False Documents". In: *Jack London, Hemingway and the Constitution*. New York: Random House, 1993.

"FAVELADOS debatem em congresso os seus problemas". *Jornal A NOITE*. Rio de Janeiro, 7 jan. 1957, p. 2, 1º Caderno.

GUILHERME, Benedito. *O Buraco da Lacraia*. Rio de Janeiro: Texto datiloscrito, 1960.

MAXWELL, William. *So long, See You Tomorrow*. London: Vintage, [1980], 1996, p. 27 *apud* LEE, Hermione. "Literary Encounters and Life-Writing". In: LEADER, Zachary. *On Life-Writing*. (ed). Oxford: Oxford University Press, 2015.

SMITH, Sidonie & WATSON, Julia. *Reading Autobiography – A guide for interpreting life narratives* [Second Edition]. Minneapolis and London: University of Minnesota Press, 2010.

SOBRE OS AUTORES

ANA CHIARA

Doutora em Letras pela PUC-Rio, professora associada de Literatura Brasileira na Universidade do Estado do Rio de Janeiro desde 1995, dedica-se à pesquisa nos seguintes temas: arte & vida, corpo, sexualidade, memória. Autora dos livros *Pedro Nava: um homem no limiar* (EdUERJ, 2001) e *Ensaios de Possessão (Irrespiráveis)* (Caetés, 2006), organizadora junto com Fátima Cristina Dias da Rocha dos livros *Literatura Brasileira em foco* volumes 2, 3, 4 e 5, co-organizadora também do livro *Escritas do corpo* (Caetés, 2011), autora de *Angela Melim por Ana Chiara* (EdUERJ, 2011), com Artur de Vargas Giorgi, *Enxerto para uma vida feliz* (Casa Doze, 2012). Participa do GT ANPOLL de Literatura Comparada e Coordena o GPESq/CNPq Bioescritas (https://bioescritas.wordpress.com/). Bolsista de Produtividade CNPq e Procientista da UERJ, desde 1995.

ANA LÚCIA M. DE OLIVEIRA

Doutora em Literatura Comparada (UERJ, 1999), é professora associada de Literatura Brasileira na Universidade do Estado do Rio de Janeiro, pesquisadora no programa PROCIÊNCIA da UERJ/FAPERJ e bolsista de Produtividade em Pesquisa do CNPq. Traduziu e/ou coordenou a tradução de várias obras filosóficas, das quais se destacam: *Caosmose*, de Félix Guattari; *Ensaios sofísticos* e *O efeito sofístico*, de Bárbara Cassin; *Mil platôs*, de Gilles Deleuze e Félix Guattari. É autora de *Por quem os signos dobram: uma abordagem das letras jesuíticas* (EdUERJ, 2003) e organizadora das obras *Linhas de fuga: trânsitos ficcionais* (7Letras, 2004), *Antônio Vieira: 400 anos* (EdUERJ, 2011) e *Cartas e papéis vários*, tomo I, volume 5 da Obra Completa do Padre Antônio Vieira (Lisboa: Círculo de Leitores, 2014; São Paulo: Loyola, 2014).

ANDRÉ MASSENO

Assistente de Literatura e Cultura brasileiras na Cátedra de Estudos Brasileiros no Romanisches Seminar/Universidade de Zurique, onde também desempenha a função de docente e desenvolve sua pesquisa de Doutorado. Mestre e Especialista em Literatura Brasileira pela UERJ.

ANDRÉA SIRIHAL WERKEMA

Professora adjunta de Literatura Brasileira da Universidade do Estado do Rio de Janeiro (UERJ), onde coordena atualmente o curso de especialização em Literatura Brasileira. Doutora em Literatura Brasileira pela UFMG. Publicou, entre outros, *A crítica literária brasileira em perspectiva* (Org.) (Ateliê, 2013) e *Macário, ou do drama romântico em Álvares de Azevedo* (Ed. UFMG, 2012).

ANNA FAEDRICH

Doutora em Letras, foi pesquisadora da Fundação Biblioteca Nacional, pelo Programa de Apoio a Pesquisadores Residentes (PNAP-R), onde coordenou pesquisa sobre escritoras brasileiras do século XIX e a imprensa periódica. É organizadora da edição crítica do romance *Exaltação*, da escritora carioca Albertina Bertha (1880-1953), publicada pela Gradiva Editorial e Fundação Biblioteca Nacional (2016). Realizou pós-doutorado em autoficção e literatura brasileira contemporânea na UFF. Estudou autoficção como pesquisadora-visitante na Université Sorbonne Nouvelle – Paris 3.

BEATRIZ DAMASCENO

Atua como professora e pesquisadora na área de Literatura Brasileira. Possui Graduação em Letras pela UERJ, Mestrado em Literatura Comparada pela UERJ, Doutorado em Letras - Estudos de Literatura pela PUC-Rio e Pós-doutorado pela UFMG. É professora dos Cursos de Especialização em Literatura, Artes e Pensamento contemporâneo e Formação do Escritor na PUC-Rio, de Língua Portuguesa e Literaturas, no Instituto Superior de Ciências Humanas e Sociais Anísio Teixeira e na SEEDUC/RJ.

CARMEM LÚCIA NEGREIROS DE FIGUEIREDO

Professora associada da Universidade do Estado do Rio de Janeiro, possui doutorado em Teoria da Literatura pela UFRJ. Bolsista Prociência FAPERJ/UERJ e pesquisadora CNPq. Possui artigos e livros publicados sobre o escritor Lima Barreto. Atualmente, tem no prelo (EDUSP) o volume *Lima Barreto, caminhos de criação.*

DAVIDSON DINIZ

Doutor em Teoria da Literatura e Literatura Comparada pela Faculdade de Letras da Universidade Federal de Minas Gerais (2014). Foi professor substituto de literaturas hispano-americanas na Faculdade de Letras da Universidade Federal do Rio de Janeiro (2015/2016) e bolsista do "Programa Nacional de Apoio a Pesquisadores Residentes" (PNAP-R) da Fundação Biblioteca Nacional (2015/2016). Traduziu para o português o romance *A vida porca* (Relicário, 2014), do escritor argentino Roberto Arlt. É autor de diversos artigos acadêmicos publicados em revistas e livros editados no Brasil e na Argentina, entre os quais se destaca a *Historia comparada de las literaturas argentina y brasileña* (EDUVIM, 2016), obra coletiva, a sair em seis tomos, dirigida por Marcela Croce.

FÁTIMA CRISTINA DIAS ROCHA

Professora associada de Literatura Brasileira do Instituto de Letras da UERJ. Publicou, entre outros artigos, "O peculiar realismo confessional de Antonio Prata, em *Nu, de botas*" (In: CHIARA, Ana e ROCHA, Fátima (Org.). *Literatura brasileira em foco VI*: em torno dos realismos. Rio de Janeiro: Casa Doze, 2015); "Modos de lembrar, modos de inventar: a escrita de si em Lygia Fagundes Telles e Nélida Piñon" (In: *Memórias da Borborema* 5, Campina Grande: Abralic, 2014); "Vontade de realismo e elaboração do passado: o *eu* e a nação na autobiografia brasileira" (In: CHIARA, Ana e ROCHA, Fátima (Org.). *Literatura brasileira em foco V:* realismos. Rio de Janeiro: Casa Doze, 2012). Organizou as obras coletivas *Literatura brasileira em foco VI*: em torno dos realismos (Casa Doze, 2015); *Literatura brasileira em foco V:* realismos (Casa Doze, 2012); *Literatura brasileira em foco IV:* o eu e o outro (Casa Doze, 2011)*; Literatura brasileira em foco:* escritas da intimidade (Casa Doze, 2009); *Literatura brasileira em foco*: o eu e suas figurações (Casa Doze, 2008), *Cenas do discurso:* deslocamentos e transformações (7Letras, 2006) e *Literatura brasileira em foco* (EdUERJ, 2003).

FÁTIMA MARIA DE OLIVEIRA

Doutora em Estudos de Literatura pela PUC-Rio (2004), onde também obteve o grau de Mestre (2000). Graduou-se em Letras, Português/Literaturas pela UFRJ (1984). É autora do livro *Correspondência de Lima Barreto: à roda do quarto, no palco das letras* (Ed. Caetés, 2007). Participa do Grupo de Pesquisa/CNPq "Estudos de literatura e cultura na Belle Époque: LABELLE", liderado pela Prof. Carmem Lúcia Negreiros de Figueiredo. Atua desde 2004 no Curso de Pós-Graduação *lato sensu* em Literatura Brasileira do Instituto de Letras da UERJ.

GIOVANNA DEALTRY

Professora de Literatura Brasileira do Instituto de Letras da Universidade do Estado do Rio de Janeiro. É doutora em Estudos Literários pela PUC-Rio. Publicou *No Fio da Navalha - malandragem na literatura e no samba* (Casa da Palavra/FAPERJ, 2009) e co-organizou *O futuro pelo retrovisor - Inquietudes da literatura brasileira contemporânea* (Rocco, 2013), entre outros.

JÚLIO FRANÇA

Doutor em Literatura Comparada pela UFF (2006), com pós-doutorado pela Brown University (2015). É professor de Teoria da Literatura do Instituto de Letras e coordenador da área de Estudos de Literatura do Programa de Pós-graduação em Letras da UERJ. É líder do grupo de pesquisa Estudos do Gótico (CNPq) e integrante do GT da ANPOLL "Vertentes do Insólito Ficcional". Seus artigos mais recentes podem ser lidos no site "Sobre o Medo" (sobreomedo.wordpress.com). E-mail para contato: julfranca@gmail.com

LEONARDO DAVINO DE OLIVEIRA

Professor adjunto de Literatura Brasileira na Universidade do Estado do Rio de Janeiro (UERJ). É doutor em Literatura Comparada pela UERJ, especialista e mestre em Literatura Brasileira. Ensaísta, procura refletir sobre as múltiplas e heterogêneas modalidades da poesia cantada, focando na canção popular urbana mediatizada, em especial nas canções em que a ideia de experiência voco-performática apareça com suas possibilidades de relação antropofágica entre a canção e outras linguagens estético- artístico-filosóficas. É autor do blog "Lendo canção" (lendocancao.blogspot.com). É autor do livro *Canção: a musa híbrida de Caetano Veloso* (Ibis Libris, 2012) e coorganizador e autor do *livro Palavra cantada: estudos transdisciplinares* (EdUERJ, 2014).

MARCUS VINICIUS NOGUEIRA SOARES

Professor associado de Literatura Brasileira do Instituto de Letras da Universidade do Estado do Rio de Janeiro (UERJ), onde também se doutorou. É autor de *A crônica brasileira do século XIX: uma breve história* (É Realizações, 2014).

PEDRO DOLABELA

Professor adjunto de Literatura Brasileira e Teoria Literária da Universidade Federal do Paraná (UFPR). Doutor em Literatura Comparada pela Universidade do Estado do Rio de Janeiro (2007), Doutor em Estética e Filosofia da Arte pela UFMG (2010). Desenvolve projetos de pesquisa sobre a episteme artística moderna, o romance brasileiro do século XX e a teoria e a história do romance.

RENATO CASIMIRO

Doutor em Literatura Brasileira pela Pontifícia Universidade Católica do Rio de Janeiro (2013), com a tese "Machado de Assis e o pugilato das ideias (1858 - 1878)". Autor de vários estudos, sendo o mais recente "Machado de Assis e a imprensa", inserido em: *Múltiplo Machado*, organização de João Cezar de Castro Rocha (EdUERJ, 2015). Atualmente é Pesquisador Visitante da Fundação Biblioteca Nacional e coordenador do Núcleo de Promoção do Livro e da Leitura da Casa de Leitura Dirce Cortes Riedel da Universidade do Estado do Rio de Janeiro.

SERGIO BARCELLOS

Doutor em Estudos de Literatura pela PUC-Rio. É autor de *Armadilhas para a narrativa - estratégias narrativas em dois romances de Carlos Sussekind* (Editora Velocípede, 2006), *Toque de silêncio - uma história de homossexualidade na Marinha do Brasil* (Geração Editorial, 1997) e *Vida por escrito - Guia do acervo de Carolina Maria de Jesus* (Bertolucci Editora, 2015). É autor de diversos artigos acadêmicos e membro fundador da IABA-Américas (Associação Internacional de Auto/Biografia). Como pesquisador independente, dedica-se à pesquisa de escritas auto/biográficas, com ênfase nos diários pessoais.

1ª EDIÇÃO [2017]

Esta obra foi composta em Minion Pro e Din sobre papel
Pólen Bold 70 g/m² para a Relicário Edições.